타로상담의 정석

기본편

세계 유명 타로카드 종합 콜라보레이션

한국타로& NLP상담전문가협회
The Korean Association For Tarot & NLP Counseling Expert

공동 저자 김 현 식

- 한국타로 & NLP상담전문가협회 타로상담 마스터 트레이너
- 한국타로 & NLP상담전문가협회 컬러타로상담전문가 트레이너(1급)
- 데카메론 타로상담 전문 트레이너(1급)
- 마르세이유 타로상담 전문 트레이너(1급)
- 전문상담교사 1급, 에니어그램 전문가
- 유아교육 및 특수교육 석사
- 충북대 평생교육원, 충청북도교육청 단재교육연수원 타로상담 교직원
  연수 출강, 現) 유치원 원감
- 타로카드상담과 NLP 힐링치유, 칼라심리&상담카드, 타로상담전문가
  외 3권 공저

공동 저자 서 경 은

- 한국타로&NLP상담전문가 협회 회장
- 한국타로&NLP상담전문가 협회 타로상담 전문가
- 한국타로&NLP상담전문가 협회 오쇼젠 타로상담 전문가(1급)
- 컬러타로상담 전문가 프랙티셔너(3급)
- 마르세이유타로상담 전문가 프랙티셔너(3급)
- 타로심리상담사(1급),색채심리상담사(1급),만다라컬러리딩상담사(3급)
- 충청북도교육청 단재교육연수원 퇴근길연수 강사
- 위클래스 타로상담,컬러타로상담 교원연수 출강
- 충청육아 종합지원센타 힐링타로연수 출강
- 중/고등학교 타로상담 교원 및 학생동아리 출강
- 전국타로상담 교사연구회 타로강사

공동 저자 박 신 영

- 한국타로 & NLP상담전문가협회 타로상담 트레이너(1급)
- 한국타로 & NLP상담전문가협회 컬러타로상담전문가 트레이너(1급)
- 국제공인 미국 NLP협회 NLP Master Practitoner
- 심볼론 타로상담 전문 트레이너(1급)
- 전국타로상담 교사연구회 및 전문적학습공동체 타로 강사
- 충청북도교육청 단재교육연수원 타로상담 교직원연수 출강, 現) 교사
- 컬러타로상담카드 공동 제작
- 타로상담전문가 프레젠테이션, 타로상담전문가 외 2권 공저

공동 저자 장 선 희

- 한국타로 & NLP상담전문가협회 타로상담 트레이너(1급)
- 한국타로 & NLP상담전문가협회 오쇼젠 타로상담 전문 트레이너(1급)
- 심볼론 타로상담 전문 트레이너(1급)
- 마르세이유 타로상담 전문 트레이너(1급)
- NLP 상담 전문 트레이너(1급)
- 컬러 타로상담 전문가(3급), 데카메론 타로상담 전문가(3급)
- 전국타로상담 교사연구회, 충청북도교육청 단재교육연수원 타로상담
  교직원연수 출강, 現) 교사
- 타로상담전문가 프레젠테이션 외 2권 공저

GOLD

목차

제3장 타로카드 실전 상담 노하우   171

한국타로& NLP**상담전문가협회**
The Korean Association For Tarot & NLP Counseling Expert

RAINBOW

프롤로그(Prologue)

코로나19가 극성을 부린 지 어언 3년….

얼마 전 테워드로스 아드하놈 거브러여수스 세계보건기구(WHO) 사무총
장이 스위스 제네바의 WHO 본부에서 기자회견을 통해 전 세계 코로나 사
망자가 2020년 3월 이후 가장 적었다면서 팬데믹이 전환점에 접어들었을
수 있다고 밝힌 내용이 전 세계에 전해졌다.

코로나19로 인해 소수는 경제적 풍요로움을 얻었을 수 있겠으나, 대부분
사람은 경제적 어려움을 실감했을 것이다. 이런 경제적인 제한뿐 아니라,
대면적인 제한도 상당했다. 근무의 방식에서는 재택근무, 원격근무로의 전
환이 많이 이루어졌으며, 학생들의 학교 수업 또한, 비대면 수업이 많이 이
루어졌다.

저자 또한 삶의 많은 변화가 있었다.

코로나19 예방 접종을 3차까지 하였으나, 얼마 전 코로나 확진으로 병원
에 7일이나 입원을 하여야 했고, 한 달이 지난 지금까지 잔기침과 저림 등
의 후유증을 겪고 있다. 코로나19 이전, 매년 서울과 지방에 있는 수백 명
의 수강생에게 대면으로 강의해 오던 방식이 온라인 줌(Zoom)을 통한 비대
면으로 전환되었고, 전국 교원을 대상으로 하는 교원 연수 및 특강 등도 비
대면으로 전환하거나 혹은 취소를 하는 상황이 비일비재했다.

그나마, 2022년부터는 비대면 강의와 대면 강의가 혼합되어 블렌디드로
서서히 진행되고 있으며, 한국타로&NLP상담전문가협회와 경기대 서울 평
생교육원 주관으로 우리나라 최고의 타로상담 트레이너를 배출하는 타로
상담 전문가 1기 트레이너 과정을 진행하고 있다. 또한, 한국교원연수원에
서는 교원과 비교원 모두 타로상담 전문가 자격 과정에 입문할 수 있는 온
라인 원격 연수 타로상담 자격 과정도 2022년 하반기 시스템을 구축하여

운영하고 있다'. 하지만 여전히 코로나19로 인한 타로상담 전문가 강의에 갈증을 느끼는 전국의 타로상담 전문가를 꿈꾸는 많은 예비 타로상담 전문가를 위해 많은 집필 활동을 하여, 기존의『타로카드상담과 NLP힐링치유(2쇄, 2천 권 품절)』,『타로카드상담전문가(2쇄)』,『칼라심리&상담카드(1천 세트 품절)』,『타로상담전문가 프레젠테이션』,『데카메론 타로카드상담전문가』,『심볼론카드 상담전문가』,『마르세이유 타로카드 상담전문가』책에『컬러타로상담전문가』,『컬러타로상담카드』,『학교 타로상담&NLP상담(기본편)』등을 추가하게 되었으며, 한국타로&NLP상담전문가협회의 타로상담 트레이너 1기 배출을 기념하고, 우리나라 타로상담의 수준을 높이기 위해 이 책,『타로상담의 정석(기본편)』을 집필하게 되었다.

2017년, 학교 현장에 타로상담이 보편화되어, 그 상담의 효과를 보면 좋겠다는 간절함으로 전국 타로상담&NLP상담교사연구회(https://cafe.naver.com/tarotedu)라는 온라인 카페를 개설한 이래, 현재 700명이 넘는 전국 교원 회원이 가입, 활동하고 있다.

얼마 전, 2022년 9월에는 전국의 진로진학상담교사, 전문상담교사 및 관련 업무를 담당하는 교원 및 전문가들로 구성, 전국 진로진학&전문상담 타로교사연구회를 구성하여 여러 멘토 멘티 활동, 학교 현장에서의 타로상담 적용 등을 연구하고 있다. 감사하게도 구성 안내 후 하루 만에 열정적인 전국의 수십 명 회원이 가입을 희망하여, 회원 모집을 조기 마감하는 상황이 이루어졌다. 올해 하반기 정도에는 그 결과물이 세상에 출판되어 나와 진로진학상담&전문상담의 교육 현장에 많은 기여를 하게 될 것이라 큰 기대를 하고 있다.

현재까지 저자에게 타로상담을 수강한 수천 명의 타로상담 전문가가 전국 각지에서 대학 강의, 상담 센터 강의, 교원 연수 강의, 기타 강의 및 상담을 통해 타로상담 전문가로 활동하는 모습을 보면, 정말 뿌듯하다. 하지만 여전히 제대로 된 교육, 지도자를 찾고 있는 타로상담 전문가를 꿈꾸는 수

많은 예비 전문가가 있을 것이다.

  이제 곧, 코로나19가 종식된다면 전국의 수많은 타로상담 전문가를 꿈꾸는 예비 전문가와 이런 많은 내용을 공유하고 알리며, 타로를 상담의 한 분야로 확고히 하는 시간을 가져가면 좋겠다 싶다.

  과학 문명이 발달할수록 더욱 진정한 본인을 숨기며, 나 홀로 사는 삶의 비중이 늘어나는 경향이 크다. 이에 따라 현대인들은 삶에서 여러 문제 상황에 봉착하며 마음의 병이 내면에 자리 잡게 되는 경우가 많다. 타로상담이 우리의 닫힌 마음을 열고, 세상 밖으로 나와 행복한 삶으로 이어 갈 수 있도록 밝은 세상을 열어 줄 수 있는 상담의 도구가 되었으면 하는 바람과, 수많은 타로에 대한 정보가 있으나, 보다 제대로 된 타로상담 내용이 일반 대중에게 전달되면 좋겠다는 마음으로 이 책을 저술하게 되었다.

코로나19 극복과 행복한 세상을 위해
2022년 가을의 시원한 바람을 느끼며
저자들을 대표하여

대표 저자 **최옥환** (필명, 최지훤)

제1장

타로카드
상담의 기본

01. 타로카드 상담 일반

1) 타로카드의 상징과 기원

(1) 타로카드의 상징

이 책을 읽고 있는 대다수의 독자는 타로상담 전문가가 되기를 희망할 것이다. 어떻게 하면 타로상담 전문가가 될 수 있을까?

타로상담 전문가가 되기 위한 첫 번째 단계이면서 가장 기본이 되는 정석이 바로 타로카드의 상징을 이해하는 것이다. 한마디로, 상징의 정확한 이해는 타로상담 전문가가 되기 위한 첫 단추라 이야기해도 전혀 지나치지 않는다. 타로카드 상담에 입문하는 경우, 한 장 한 장 타로카드의 상징을 파악하는 방법을 제일 먼저 시도, 학습할 것이다. 하지만, 타로카드 상징을 한 장, 한 장씩 파악하는 방법으로 그치게 된다면 폭넓은 타로상담을 진행하는 데 여러 부족함이 발생할 수 있다.

따라서 타로카드를 서로 종합적으로 비교 분석하는 방법과 서로 연계된 이미지를 여러 장의 타로카드에서 전반적으로 비교 분석하는 방법을 이해하는 것이 타로상담 전문가로 나아가는 초석이라고 할 수 있다. 물론 이 방법에는 한 장 한 장의 타로카드 상징을 파악하는 노하우가 포함되어 있다.

① 타로카드를 서로 종합적으로 비교 분석하는 방법

타로카드를 보는 순간 이미지의 아름다움에 매료될 수도 있고, 신비로움에 빠져들 수도 있다. 또한, 두려움에 사로잡힐 수도 있고, 아이러니한 의구심을 품을 수도 있다.

아름다운 이미지에 빠져들다가도 문득 두려움을 느낄 수 있고, 불길한 이미지에 빠져들다가도 어느 순간에 행복감을 맛볼 수도 있다. 타로카드는 컬러를 포함한 이미지, 즉 상징으로 되어 있다. 또한, 타로카드에는 긍정적 의미와 부정적 의미의 양면적인 의미를 모두 포함한 여러 심오한 의미를 포함하고 있다. 타로카드의 이미지는 여러 그림의 연계로 이루어져 있으며, 우리의 현실 세계, 이상 세계를 표현하듯이 여러 컬러풀한 색상으로 표현되어 있다. 이것은 모든 타로카드에 있어서 공통된 사항이다. 이러한 타로카드를 정확히 이해하고 전문적으로 활용하기 위해서는 바로, 타로카드의 이미지를 정확히 이해하는 것이 가장 중요한 노하우이다.

아래의 두 장의 카드를 예로 들어 보자.

0. THE FOOL.(바보) 카드에서는 먼저 짙은 노란색 배경으로 넘치는 자신감이 느껴지는 반면에 7. THE CHARIOT.(전차) 카드는 0. THE FOOL.(바보) 카드보다는 연한 일반적인 노란색 배경으로 안정 추구를 위한 추진력이 느껴진다.

노란색은 우리가 알고 있는 일반적인 노란색을 기준으로 채도와 명도를 달리한 서로 다른 의미의 노란색이 존재한다. 이 부분에 대해서는 **제2장 타로카드 상담전문가 필수 코스 02. 타로카드 상담전문가를 위한 전문 고급 타로카드 2) 컬러타로상담카드**에서 자세히 살펴보도록 하자.

좀 더 자세히 각각의 타로카드 이미지를 파악하여 카드의 의미를 이해해 보자.

먼저 우측의 0. THE FOOL.(바보) 카드의 이미지를 살펴보자. 온 세상에 눈이 덮여 있는 상황이지만, 주인공이 서 있는 곳에는 태양이 강하게 빛(에너지)을 발하고 있어 눈이 모두 녹아 맨땅이 보인다. 주인공은 안쪽 컬러가 빨간색이고 아직 여물지 않은 석류가 그려진 컬러풀한 색상의 옷을 입고 있으나, 옷의 테두리를 보니 찢겨 있는 듯 보인다. 그 안에는 하얀 옷을 입고 있으

며, 장화를 신고 있다. 머리에는 월계관을 쓰고 있으며, 빨간 깃털을 꽂고 있다. 어깨에는 빨간 보자기를 엮은 나무 봇짐을 메고 있으며, 왼손에는 하얀 장미를 들고 있다. 주위 배경은 노란색을 띠고 있으며, 주인공은 설산으로 둘러싸여 있다. 주인공 옆에서는 하얀 강아지 한 마리가 주인공과 같은 동작을 취하고 있다. 하지만, 주인공은 끝을 알 수 없는 낭떠러지 위에 서 있다. 더욱이 주인공은 발밑의 낭떠러지를 인식하지 못하고 바보의 시선은 하늘을 향하고 있다.

이제, 이상의 이미지를 가지고 0. THE FOOL.(바보) 카드의 의미를 분석해 보자.

온 세상에 눈이 덮여 있는 상황이란 타로카드에서 어떤 의미로 작용할까?
한번 상상해 보자. 우리가 사는 세상이 하얀 눈으로 덮여 있는 모습을…. 온 세상이 눈으로 덮여 있다면 그 안의 우리의 실제 세상은 보이지 않을 것이다.
그렇다. 실제의 세상, 즉 0. THE FOOL.(바보) 카드의 주인공 바보가 인생의 여정을 펼쳐 나갈 앞으로의 실제 세상은 현재로서는 명확히 알 수 없음을 의미한다. 바로 이러한 미지의 세계를 주인공 바보가 인생의 여정을 통해 채워 나가야 하는 것이다.

주인공 주변은 설산으로 둘러싸여 있지만, 주인공이 서 있는 곳에는 태양이 강하게 빛(에너지)을 발하고 있어 눈이 모두 녹아 맨땅이 보이는 이미지

는 어떻게 해석이 가능할까?

태양의 상징은 신비 사조가 연구하여 체계화한 생명의 나무*에서 정중앙에 위치하는 티페레트(TIPHARETH) 세피라를 살펴보면 쉽게 이해할 수 있다. 티페레트는 체계의 질서를 확립하고 통합을 위해 음양의 조화를 이루는 공간이며, 가장 아름다운 빛을 발하는 세피라이다. 균형과 통합을 추구하며 태양계의 중심인 태양, 우리 신체의 중심인 심장과 같은 역할을 수행한다. 즉, 태양이라는 이미지는 우주에 빛과 에너지, 생명력을 부여하는 신과 같은 의미로 사용되기도 하며, 인간 생명력의 근원, 심장과 같은 역할을 한다. 주인공이 서 있는 곳에는 태양이 강하게 빛(에너지)을 발하며 눈이 모두 녹아 있다는 이미지는 바로 주인공인 바보가 출발 시점에서부터 신의 은총, 에너지를 부여받았음을 의미한다.

따라서 누구보다도 자신감에 차 있고, 누구보다도 당당한 상황임을 의미한다. 하지만, 완전한 태양의 형체가 아닌 4분의 1 크기라 시작 시점에서 신의 은총, 에너지는 4분의 1밖에 부여받지 못함을 파악할 수 있다. 나머지 4분의 3은 인생의 여정을 통해 주인공 자신이 채워 나가야 할 과업인 것이다.

주인공은 안쪽 컬러가 빨간, 아직 여물지 않은 석류가 그려진 컬러풀한 색상의 옷을 입고 있으나, 옷의 테두리가 찢겨 있는 듯 보이는 이미지를 해석해 보자.

빨간색은 '정열, 열정, 정의, 기쁨, 의욕, 뜨거움, 활동, 리더십, 자신감, 힘, 에너지, 생명, 순수'를 의미한다. 이 빨간색이 옷의 안쪽 컬러이니, 주인공은 '정열, 열정, 정의, 기쁨, 의욕, 뜨거움, 활동, 리더십, 자신감, 힘, 에너지, 생명, 순수'라는 보이지 않는 내면을 소유하고 있는 것이다. 아직 여물지 않은 석류는 미래의 가치를 섣불리 판단하기 어려운 무한 가치가 존

---

* 생명의 원천, 세계의 중심, 또는 인류의 발상지가 되는 나무. 이 사상은 예로부터 메소포타미아·이집트·이란·인도·북부 유럽·아시아 등지의 민간 신앙·신화·전설 속에 널리 분포되어 있는 수목 숭배의 한 형식인데, 에덴동산의 선악을 아는 '지혜의 나무' 같은 것이 이에 속한다. 출처: DAUM 백과

재하므로, 주인공이 앞으로 무한한 잠재력을 소유하고 있음을 의미한다.

컬러풀한 색상은 다재다능, 개성이 있음을 의미하기도 하며, 이는 컬러의 무지개색으로 '활발, 조화, 화려함, 개성, 무질서, 즐거움, 기쁨, 희망, 창조력, 창의력, 다재다능, 자유, 애매모호, 불확실성, 복잡, 분출, 영광, 갈등, 혼란, 독특성'으로 파악할 수 있다. 컬러타로카드에 대한 부분은 저자의 『컬러타로카드 상담전문가(하움출판사)』를 살펴보면 큰 도움이 될 것이다.

옷의 테두리가 찢겨 있는 듯 보이는 이미지는 보이는 시선에 크게 영향을 받지 않음을 의미한다. 즉, 주인공의 상황이 남들에게 어떻게 보이든, 외부에 어떻게 인식되든 큰 의미를 부여하지 않음을 의미한다. 내부에 하얀 옷을 입고 있음은 순수한 마음을 소유하고 있음을 의미하며, 장화를 신고 있다는 것은 세상 어디든지 본인의 의지대로 나아갈 수 있음을 의미한다.

머리에 월계관을 쓰고 있다는 것은 이미 성공이라는 과정을 경험했음을 의미하며, 빨간 깃털을 꽂고 있음은 자유롭고 열정적임을 의미한다. 어깨에 빨간 보자기를 엮은 나무 봇짐을 메고 있음은 소박함을 의미하기도 하며, 무계획적이고 즉흥적임을 의미할 수도 있다. 왼손에 들고 있는 하얀 장미는 아무 욕심이 없이 소박, 순수함을 의미한다.

주인공 옆의 하얀 강아지 한 마리가 주인공과 같은 동작을 취하고 있음은 주인공의 동반자를 의미하며, 그 또한 주인공과 같은 클래스를 가지고 있음을 의미한다. 끝을 알 수 없는 낭떠러지 위에 서 있지만, 주인공은 낭떠러지를 인식하지 못하고 바보의 시선은 하늘을 향하고 있음은 현재 위험한 상황이 주위에 도사리고 있지만, 주인공인 바보는 그 상황을 인식하지 못하고 한껏 자신의 기분으로 들떠 있음을 의미한다.

이상의 이미지를 기반으로 카드의 의미를 정리해 보면 0. THE FOOL.(바보) 카드는 '자유로움, 충동, 시작, 무계획, 자유연애, 경솔함, 상황 인식의 부족, 성과 없음, 비현실적인, 혼돈, 순수한, 낭만적인, 열정에 들뜬, 포기, 자연스러운'이라는 의미가 있다.

이제 Ⅶ. THE CHARIOT.(전차) 카드의 이미지를 살펴보자. 노란색 배경이 강 건너 저 멀리 보이고, 그곳에 안정적이고 평화로운 성이 보인다. 주인공은 흑과 백의 두 마리 스핑크스가 이끄는 전차 위에 우뚝 서 있다. 주인공은 별 왕관을 머리에 쓰고, 양쪽에 초승달 모양의 우림과 둠밈을 착용하고 있다. 또한, 월계관을 쓰고 지팡이를 들고 있으며, 돌 왕좌와 같은 사각형 틀 위에 서 있다. 전차 앞부분에는 날개 달린 원반과 빨간 팽이 모양의 이미지가 보인다. 두 마리 흑과 백의 스핑크스는 정면을 향하고 있지만, 시선은 조금 삐뚤어져 있다.

이제, 이상의 이미지를 가지고 Ⅶ. THE CHARIOT.(전차) 카드의 의미를 분석해 보자.

평화로운 성이 위치한 노란색 배경을 뒤로하고 전차의 주인공이 강을 건너왔다는 것은 타로카드에서 어떤 의미로 작용할까?

안정적인 성에서의 왕, 어떤 사람들은 현재 상황에 안주하며 만족할 것이다. 하지만 전차의 주인공은 바로 이러한 현재의 안정을 거부하고 더 완전한 왕이 되기 위해 앞으로 나아간다는 것을 의미한다. 흑과 백의 두 마리 스핑크스가 이끄는 전차 위에 주인공이 우뚝 서 있지만, 두 마리 스핑크스의 시선이 삐뚤어져 있음은 무엇을 의미할까?

한번 생각해 보자. 내가 AI 관련 프로젝트를 추진할 때, 그 프로젝트를 이끄는 나의 참모가 2명이 있다. 두 명의 참모 모두, 성공적으로 프로젝트가 진행되기를 원하지만, 한 명의 참모는 투자의 확대를 통한 방법으로, 나머지 한 명의 참모는 투자금의 일부 회수를 통한 방법으로 추진하기를 주장한다면 어떻게 될까?

그렇다. 이러한 상황에서 AI 관련 프로젝트는 발전적인 방향으로 나아갈 수 없으며, 여러 트러블을 만들게 될 것이다. 이처럼 두 스핑크스의 시선이 삐뚤어져 있음은 전차가 원하는 목표지로 나아갈 수 없음을 의미한다. 즉, 주인공 자신의 내면과 외면적 요인을 포함한 주위의 환경 요소의 조화, 합일이 필요한 상황임을 의미하는 것이다. 또, 주인공이 별 왕관과 월계관을 머리에 쓰고, 양쪽에 초승달 모양의 우림과 둠밈을 착용하고 있는 이미지가 보인다. 별은 우주적 영향력을 의미하며 별 왕관은 우주, 신이 왕의 권한, 영향력을 부여함을 의미한다. 또한, 양쪽 초승달 모양의 우림과 둠밈은 제사장의 의복에서 사용되던 물건이다. 즉, 주인공이 우주, 신에게 부여받은 왕의 역할을 수행하고 있으며, 신성한 자세로 전차를 몰고 목표를 향해 나아감을 의미한다.

Ⅲ. THE EMPRESS.(여황) 카드에서 여황은 별 왕관을 쓰고 있지만, Ⅳ. THE EMPEROR.(황제) 카드에서 황제는 별이 없는 왕관을 쓰고 있음도 이와 연관된다. 또 지팡이를 들고 있으며, 돌 왕좌와 같은 사각형 틀 위에 서 있는 이미지와 전차 앞부분에 날개 달린 원반과 빨간 팽이 모양의 이미지는 어떻게 해석이 가능할까?

전차의 주인공이 들고 있는 지팡이는 Ⅰ. THE MAGICIAN.(마법사)에서 주인공이 하늘을 향해 오른손에 들고 있는 지팡이이다. 날개 달린 원반과 빨간 팽이는 Ⅵ. THE LOVERS.(연인)에서 두 남녀의 사랑을 축복해 주는 천사의 이미지와 연계된다. 또한, 돌 왕좌와 같은 사각형 틀 위에 서 있는 이미지는 Ⅳ. THE EMPEROR.(황제)에서 돌 왕좌에 앉아 있는 황제와 연관이 된다. 이는 Ⅶ. THE CHARIOT.(전차)는 Ⅰ. THE MAGICIAN.(마법사)부터 Ⅵ. THE LOVERS.(연인) 카드까지 인생의 여정을 통한 과정을 거쳐, 배움을 가져왔음을 의미한다.

따라서, Ⅶ. THE CHARIOT.(전차) 카드의 주인공은 Ⅰ. THE MAGICIAN.(마법사)의 강한 자신감과 능력을 소유하고 있으며, Ⅱ. THE HIGH PRIESTESS.(고위 여사제)의 지혜로움, Ⅲ. THE EMPRESS.(여황)의 풍요로움, Ⅳ. THE EMPEROR.(황제)의 권위도 소유하고 있다. 또한, Ⅴ. THE HIEROPHANT.(교황)의 전문가적 능력, Ⅵ. THE LOVERS.(연인)의 사랑도 소유하고 있는 인물임을 의미한다.

주인공이 입고 있는 흰색 옷 위에 검은색 갑옷, 금색(금발)의 머리 이미지를 해석해 보자.

흰색은 '순수, 신성, 자연스러움, 가능성, 반사, 고독, 부활, 청결, 순결, 깨끗함, 소박, 정직, 공허, 새로움, 단순, 숭고, 죽음, 시작, 투명'을 의미한다. 이 흰색이 안쪽에 입은 컬러이니, 주인공은 '순수, 신성, 자연스러움, 가능성, 반사, 고독, 부활, 청결, 순결, 깨끗함, 소박, 정직, 공허, 새로움, 단순, 숭고, 죽음, 시작, 투명'이라는 보이지 않는 내면을 소유하고 있는 것이다.

검은색은 '부정, 절망, 어둠, 배신, 종말, 죽음, 힘, 공포, 두려움, 암흑, 허무, 불안, 악, 엄숙, 무게감, 권위, 권력'을 의미한다. 이 검은색을 갑옷으로 입고 외부로 표출하고 있으니, 외부에서는 주인공을 권력자로서 권위가 있고, 힘이 있으며, 엄숙한 사람으로 여김을 의미한다. 간혹 공포스럽고 불안한 대상으로 느낄 수도 있을 것이다.

그렇다면, 주인공의 금색(금발) 머리 이미지는 어떻게 의미를 부여할 수 있을까?

금색은 '영원성, 완성, 성공, 축복, 태양, 가족(아버지), 풍요, 부, 권위, 영혼, 지혜, 사랑, 생명력, 영광, 충만, 고귀함, 자비, 불변, 지배, 자신감, 절정기'로 파악할 수 있다. 머리에 해당하는 컬러가 금색이니, 주인공은 신의 축복을 받는 사람으로, 현재 불변하지 않는 강한 자신감으로 절정기를 누리는 사람이라 할 수 있을 것이다.

위의 이미지를 기반으로 카드의 의미를 정리해 보면 Ⅶ. THE CHARIOT. (전차) 카드는 '승리, 결정적 시간, 통제력, 추진력, 결심, 판단, 주도적인, 목표 달성, 강한 의지'라는 의미가 있다.

이상 각각의 타로카드에서 살펴본 이미지, 그리고 이를 기초로 한 카드의 의미를 가지고 실전 상담에 적용해 보자. 만일, 두 장의 카드를 내담자의 과거와 현재 상황으로 역할을 주어 상담에 적용하면 어떻게 될까?

과거   현재

과거에는 무계획적이고 충동적이며 비현실적인 내담자였으나, 현재는 목표를 향해 강한 의지를 발휘하는 변화를 이끌고 있다고 해석할 수 있다. 두 장의 카드를 나의 현재 상황과 조언&코칭의 역할로 상담에 적용하면 어떻게 될까?

현재의 나는 무계획적으로 자유로움을 추구하는 삶을 살아가고 있으며, 이러한 나에게 자신을 통제하며 컨트롤해 나갈 필요가 있다고 상담할 수 있다. 또, 두 장의 카드를 나와 배우자로 역할을 주어 상담에 적용한다면 어떻게 될까?

나는 행복을 추구하며 자유로움을 추구하는 삶을 살아가지만, 배우자는 주도적으로 목표 달성을 위한 강한 의지를 불태운다고 해석할 수 있다. 이처럼 각각의 카드 이미지를 이해함과 서로 간의 카드를 비교 분석함은 타로상담 전문가로 나아가는 초석이 되는 것이다.

② 연계된 이미지를 통해 여러 장의 타로카드에서 전반적으로 비교 분석하는 방법

앞의 세 장은 0. THE FOOL.(바보), Ⅱ. THE HIGH PRIESTESS.(고위 여사제), Ⅲ. THE EMPRESS.(여황) 카드이다. 각 타로카드를 구성하는 여러 가지 이미지가 보일 것이다.

물론 연계된 이미지도 보일 것이다. 어떤 이미지가 서로 연계되어 있을까? 가장 눈에 띄는 이미지가 바로 석류일 것이다.

그렇다면 석류라는 이미지는 일반적으로 어떻게 해석이 될까?

독자들은 석류를 잘라 본 적이 있는가? 잘라 본 적이 있다면 석류의 속은 어떠한가?

그렇다. 석류를 칼로 자르면 그 안은 많은 씨(열매)로 가득 차 있다. 석류의 씨(열매)는 다산, 여성성, 잠재력을 의미하며, 그리스 신화에 나오는 페르세포네를 연상하게 하는 열매이다. 석류가 이러한 상징적 의미가 있다고 한다면, 앞의 세 장의 0. THE FOOL.(바보), Ⅱ. THE HIGH PRIESTESS.(고위 여사제), Ⅲ. THE EMPESS.(여황) 카드에는 석류가 모두 동일한 의미로 적용이 될까? 전혀 아니다. 동일한 석류의 이미지라도 그 석류가 각 타로카드의 이미지에 어떻게, 어떤 방향으로 작용하는지를 살펴보는 것이 석류의 의미를 제대로 파악하는 것이다.

그럼 세 장의 타로카드에서 석류가 어떤 의미로 적용될까?

이 부분을 파악하려면 타로카드 전체에서 석류의 이미지가 어떻게 연결되어 묘사되었는지를 파악해야 한다.

0. THE FOOL.(바보) 카드에는 주인공이 입고 있는 화려하지만 찢어진 옷에 그려진 석류가 보이고, Ⅱ. THE HIGH PRIESTESS.(고위 여사제) 카드에서는 흑과 백의 두 기둥을 연결하여 뒤의 강(바다)과 차단을 이룬 차양 막에 석류가 보인다. 또, Ⅲ. THE EMPRESS.(여황) 카드에서는 주인공이 입고 있는 원피스와 같은 편안한 옷 위에 그려진 석류가 보인다.

먼저, 0. THE FOOL.(바보) 카드와 Ⅲ. THE EMPRESS.(여황) 카드는 석류를 옷에 그려 넣었고, Ⅱ. THE HIGH PRIESTESS.(고위 여사제) 카드에서는

등 뒤의 차양 막에 석류를 그려 넣었다. 이것은 어떤 의미일까?

우리가 보통 다른 사람이나 주위에 자신의 현재 상황을 과시하거나 뽐내기 위해서는 자신이 소유하고 있는 것을 밖으로 드러내어 보여 주기를 원한다. 반대로 자신의 현재 상황을 쉬쉬하거나 숨기기 위해서는 자신이 소유하고 있는 것을 속으로 숨겨 감추길 원한다.

이처럼 생각하면 이해하기가 쉽다.

0. THE FOOL.(바보) 카드와 III. THE EMPRESS.(여황) 카드에서 석류를 옷에 그려 넣은 것은 현재 상황을 외부에 알리고 드러내길 원하는 마음이다. 즉, 석류의 성향을 소유하고 있음을 자랑스럽게 생각한다고 볼 수 있다. 하지만, II. THE HIGH PRIESTESS.(고위 여사제) 카드에서 등 뒤의 차양 막에 석류를 그려 넣은 것은 석류의 성향을 소유하고 있지만, 그것을 외부에 알릴 만큼 자랑스럽게 생각하지 않는다는 것이다. 또한, 강(바다)은 감정을 상징하니, 강(바다)과 주인공 사이에 차양 막을 쳤다는 것은 자신의 감정을 차단할 수밖에 없는 상황임을 나타낸다.

석류의 모양을 자세히 살펴보자.

II. THE HIGH PRIESTESS.(고위 여사제)와 III. THE EMPRESS.(여황) 카드에서의 석류는 완전히 익은 석류를 의미하지만, 0. THE FOOL.(바보) 카드에서의 석류는 아직 무르익지 않은 석류이다. 이것을 긍정적으로 해석한다면 앞으로의 흐름에서 무한한 가능성, 잠재력을 소유하고 있다고 해석할 수 있는 것이다. 따라서 0. THE FOOL.(바보) 카드는 여성성, 다산이라는 의미보다는 무한한 가능성, 잠재력이라는 의미로 상담에 적용되어 사용된다.

II. THE HIGH PRIESTESS.(고위 여사제)와 III. THE EMPESS.(여황) 카드에서는 무르익은 석류로 표현되어 여성성, 다산이라는 의미가 적용된다. 그런데, 여기에서는 앞에서 언급한 내용을 조금 더 살펴볼 필요가 있다. II. THE HIGH PRIESTESS.(고위 여사제) 카드는 석류를 등지고 있고, III. THE EMPESS.(여황) 카드는 자신이 입고 있는 옷 위에 그려 놓았다. 즉, II. THE HIGH PRIESTESS.(고위 여사제) 카드에서는 주인공은 여성성, 다산의 능력은 소유하고 있으나, 현실적인 상황으로 그것을 외부에 드러내기도 어렵고 또한, 발휘하고 싶은 마음도 차단할 수밖에 없는 것이다. 이에 반해, Ⅲ. THE EMPESS.(여황) 카드는 외부에 드러내고 그것을 자랑스러워한다는 것이다. 그래서 Ⅲ. THE EMPESS.(여황) 카드에는 임신이라는 카드의 의미가 들어가 있는 것이다.

이러한 방법으로 연계된 이미지를 여러 장의 타로카드에서 전반적으로 비교 분석하는 방법은 타로 전반의 큰 체계를 형성해 줄 수 있다. 또한, 큰 틀의 전반적인 이미지의 상징을 이해하는 것도 중요하지만, 타로카드 전체에서 해당 이미지가 어떻게 묘사되었는지를 파악함은 타로카드를 전문적으로 상담할 수 있는 하나의 노하우가 된다.

(2) 타로카드의 기원

인류가 시작되면서 모든 생명체는 미래에 대한 불확실성에서 오는 두려움과 더불어 호기심을 간직하여 왔다. 그 두려움과 호기심은 부정적 상황의 미래에 대한 불안감일 수도 있고, 긍정적 상황의 미래에 대한 기대감일 수도 있다. 시간이 흐르며 이러한 불확실한 미래를 파악하고자 하는 많은 영역의 연구가 더욱 활발히 이어져 내려왔다. 우주와의 연계성을 통해 미래를 알아보려고 점성학이 연구되었고, 인간의 타고난 운명을 알아보고자 여러 부류의 역학이 연구되었다. 타로카드도 이러한 불확실한 미래를 알아보고자 하는 하나의 도구였다. 타로카드는 수천 년 전 고대 이집트 혹은 그 이전부터 시작된 것으로 전해진다.

서양에서 타로카드가 처음 사용된 것은 중세 시대부터이다. 혼란했던 중세 시대의 신비 학교들은 가르침을 전하는 암호로 타로카드의 상징을 사용했다. 지금까지 타로카드는 미래를 예언하는 데 사용되기도 했고, 가벼운 실내 오락으로 사용되기도 했으며, 비술(祕術) 계통에서는 알 수 없는 신비한 정보를 얻는 방법으로 사용되기도 했다. 시간의 흐름과 과학의 발달로 인해 최근에는 미래를 예측하고 상담과 연계하는 도구로 발전하게 되었다.

　이렇게 타로카드는 신비로움을 간직한 채 수백 년 이상 계승되어 오면서 잊히거나 쇠퇴하기는커녕 오히려 태초의 신비로운 의미를 찾고 발전시키기 위해 신비주의 등의 연구자들에 의해 더욱 연구가 활발하게 이루어지며 큰 발전을 통해 우리의 삶 속에서 지혜를 밝혀 주고 있다.

　타로카드가 인류의 역사와 같이 발전하며 이어져 내려왔지만, 정확히 언제부터 만들어져서 우리 인류와 같이 접목되어 왔는지를 명확히 알 수 있는 자료는 존재하지 않는다. 아니, 정확히 이야기한다면 아직 발견하지 못했다. 이는 타로카드의 역사가 우리가 예측하는 시기를 훨씬 더 뛰어넘을 수 있음을 의미한다. 우리가 많이 사용하는 웨이트 타로카드의 기본 형태인 메이저 카드 22장과 마이너카드 56장, 전체 78장의 체계를 이룬 가장 오래된 타로카드는 15세기 만들어진 비스콘티 스포르자 카드이다. 이 비스콘티 스포르자 타로카드는 비스콘티, 스포르자 두 가문의 혼인, 작위 수여식 등의 큰 행사에서 자신의 가문 위상을 드러내 보이기 위해 제작된 타로카드이다. 하지만, 안타깝게도 비스콘티 스포르자 타로카드는 후대 계승의 과정에서 몇 장의 카드가 유실되어 새롭게 복원되었다. 이러한 점을 고려한다면 78장의 완벽한 체계를 현재까지 유지하여 온 타로카드는 마르세이유 타로카드라 할 수 있다. 마르세이유 타로카드는 15C 이탈리아를 침공한 프랑스에 의해 제작된 타로카드로 완벽한 계승을 이어 오고 있는 현존하는 가장 오래된 정통 타로카드이며, 이후 제작되는 타로카드의 모체 성향을 띈다고 할 수 있다.

　이후, 프리메이슨* 및 엘리파스 레비** 등의 신비주의자들의 노력으로 타로

---

* 중세의 숙련 석공(Mason) 길드에서 비롯된 세계 최대의 박애주의 비밀 결사체. 출처: DAUM 백과

** 엘리파스 레비(Eliphas Levi, 본명 알퐁스 루이 콩스탕(Alphonse Louis Constant), 1810년 2월 8일~1875년 5월 31일)는 프랑스·파리 출신의 낭만주의 시인, 오컬티스트이다. 41세 때에 본명을 히브리어 바람으로 한 '엘리파스 레비'로 개명해, 오컬트의 저작을 남겼다. 파리의 소낭만주의의 문예 살롱에 출입하고 있었지만, 후에 카발라, 연금술, 헤르메스 트리스메기스투스, 기독교 신비주의 등의 연구를 실시해, 근대 유럽에서의 마술 부흥의 상징적 존재가 되었다. 마술은 이성에 근거한 합리적 과학이라 주장해, 실제로는 그 교의 체계는 정밀함이 부족한 것이었지만, 고대의 비공개 종교의식, 타로, 의식 마술 등 다양한 전통을 '마술'의 이름 아래에 총괄하려고 했다. 후의 프랑스, 영국의 오컬티스트에 큰 영향을 미쳐, 또 샤를 보들레르, 빌리에 드 릴라당, 스테판 말라르메, 아르튀

카드는 눈부신 발전을 이루어 냈다. 우리가 가장 많이 접할 수 있는 타로카드인 웨이트 계열의 타로카드를 창안해 낸 아서 에드워드 웨이트[*](Arthur Edward Waite, 1857년 10월 2일~1942년 5월 19일)도 신비주의자 중의 최고로 손꼽힌다. 이번 『타로상담의 정석(기본편)』 배열법에서 소개하고 있지만, 『타로상담의 정석(실전편)』에서 전문적인 내용으로 소개할 켈틱 크로스 배열법도 바로 아서 에드워드 웨이트가 1910년 소개함으로써 이후, 전 세계적으로 유명해지게 된 것이다.

아서 에드워드 웨이트의 업적으로 타로카드에 대한 덱, 비의(祕義) 등 전 분야에서 놀랄 정도의 큰 발전을 이루게 되었다. 이러한 큰 업적으로 아서 에드워드 웨이트가 창안한 웨이트 계열의 타로카드를 기준으로 이전과 이후를 정통 타로카드와 현대 타로카드로 구분하기도 한다. 타로카드의 기원은 『타로상담의 정석(실전편)』에서 더 자세히 소개하기로 한다.

2) 타로카드 구성과 현대 과학의 적용 원리

(1) 타로카드의 구성

유니버셜웨이트 타로카드는 아서 에드워드 웨이트에 의해 창안, 파멜라 콜먼 스미스에 의해 도안되었으며, 메이저카드와 마이너카드로 구분되는 전

르 랭보, 윌리엄 버틀러 예이츠, 앙드레 브르통, 조르주 바타이유 등의 작가, 시인도 영향을 받았다고 여겨진다. 출처: 위키백과

* 웨이트는 은비학 관계의 저작을 많이 집필했다. 그 소재는 점복, 장미십자회, 프리메이슨, 흑마술과 의식 마술, 카발라, 연금술 등이었다. 웨이트는 또, 몇 개의 중요한 은비학이나 연금술에 관한 저작을 번역해, 재판했다. 성배에 관한 웨이트의 저작은 친구인 아서 막켄의 영향을 받은 것으로, 특히 주목할 만하다. 웨이트의 저작 중 몇 개는 근년에도 출판되고 있다. 『의식 마술의 책(Book of Ceremonial Magic)』, 『성스러운 카발라(The Holy Kabbalah)』, 『프리메이슨 신백과(New Encyclopedia of Freemasonry)』라는 서적이다. 웨이트는 웨이트판 타로의 공동 제작자로서 또 그 해설서 『타로 도해(Pictorial Key to the Tarot)』의 저자로서 가장 잘 알려져 있다. 이 책은 22장의 대 아르카나만이 아니고, 78장의 카드 모두를 삽화 첨부로 설명한 최초의 책으로 주목할 만한다. 카드의 일러스트 제작은 황금의 새벽단의 파메라 콜맨 스미스가 맡았다. 초판은 1909년이다. 출처: 위키백과

체 타로카드의 장수는 78장이다. 전체의 타로카드 이미지는 아래와 같다.

위 카드들을 자세히 살펴보면 특징이 있다. 먼저, 맨 위의 두 줄과 아래 네 줄에 배치된 타로카드의 이미지를 잘 살펴보자.

그중 각각을 대표할 수 있는 세 장, 10. WHEEL of FORTUNE.(운명의 수레바퀴), THREE of CUPS.(컵 3), QUEEN of PENTACLES.(펜타클 여왕)의 이미지를 살펴보자. 10. WHEEL of FORTUNE.(운명의 수레바퀴)는 다른 두 장의 타로카드와는 다른 특징을 가지고 있다. 바로 타로카드의 상단에 로마 숫자가 있고, 하단에 제목이 있다는 점이다.

10. WHEEL of FORTUNE.(운명의 수레바퀴)과 같이 이러한 특징을 가지고 있는 위의 두 줄을 메이저카드라고 한다. 메이저카드는 전체 22장으로 구성되며 우리 인생의 중요한 상황과 흐름, 인생을 통해 우리가 얻을 수 있는 교훈들, 인생에서 정신적으로 추구하는 것, 나아가야 할 길을 의미한다. 또한, 메이저 카드는 아래의 배치처럼 초년기, 중년기, 장년기의 인생 흐름의 세 단계로 구분할 수 있으며, 의식, 무의식, 초월의식이라는 세 부류 마음의 영역으로 구분할 수도 있다.

어떻게 배치되어 구분이 되더라도 한 가지 공통점이 있다.

바로, 0. THE FOOL.(바보)이라는 주인공이 인생의 여정이라는 다른 카드들의 경험을 통해 마지막 21.THE WORLD.(세계)로 나아간다, 완성을 이룬

다는 점이다. 한마디로 우리 인생의 여정을 타로카드에서는 여러 스토리로
담아내고 있다.

이제 옆 두 장의 타로카드를 살펴
보자. THREE of CUPS.(컵 3),
QUEEN of PENTACLES.(펜타클 여
왕)은 상단의 숫자나 하단의 제목
중 어느 한 가지만이 표시되어 있
다. 이러한 카드들을 바로 마이너
카드라고 칭한다. 마이너카드는 총

56장으로 구성되며 메이저카드보다 상황을 구체화시켜 디테일하게 표현할
수 있다. 마이너카드는 THREE of CUPS.(컵 3)와 같이 숫자로 구성된 숫자
(PIP)카드와 QUEEN of PENTACLES.(펜타클 여왕)와 같이 인물로 구성된 궁
정(COURT)카드로 구분된다.

이 두 부류에 대해 세부적으로 살펴보자.

위 네 줄에 해당하는 10장의 카드에는 위에 숫자가 표시되어 있다.

물론, 1번 카드에 해당하는 ACE카드에는 1이라는 숫자 대신 특별함을 강조하기 위해 ACE로 시작되는 제목으로 표시되어 있다. 이러한 카드들을 숫자카드 또는 핍(PIP)카드라고 한다. 유니버셜웨이트 타로카드에는 완드, 컵, 소드, 펜타클이라는 4원소(슈트)에 대해 1번부터 10번까지 10장의 숫자카드가 존재하므로, 유니버셜웨이트 타로카드에서 숫자카드의 장수는 총 40장이다. 우리는 이 숫자카드를 통해서 내담자가 직면하고 있는 세부적인 문제 상황이나 해결 방법 등을 파악할 수 있다. 또한, 숫자카드에서 해당 원소의 개수를 숫자로 표시해 놓았음을 살펴볼 수 있다.

우측 네 줄에 해당하는 16장의 카드에는 밑에 제목이 표시되어 있다. 이러한 카드들을 궁정카드 또는 코트(COURT)카드라고 한다. 유니버셜웨이트 타로카드에서 코트카드는 시종, 기사, 여왕, 왕의 네 인물에 완드, 컵, 소드, 펜타클이라는 4원소(슈트)에 해당하는 카드가 연결되어 총 16장으로 구성된다. 이 코트카드는 해당 인물이 해당 슈트를 잡거나 들고 있는 이미지로 표현되며 인물의 특성, 성향을 나타내 준다. 이와 같이, 유니버셜웨이트 타로카

드는 메이저카드 22장과 숫자카드 40장, 코트카드 16장인 마이너카드 56장으로 구성되어 타로카드 전체는 78장으로 구성되어 있다. 카드의 구성이 유니버셜웨이트 타로카드와 동일한 경우에는 타로카드라는 명칭으로 사용하고, 그렇지 않은 경우에는 오라클카드라는 명칭을 사용하나 최근에는 편의를 위해 타로카드라는 명칭을 모두 사용하고 있는 추세이다.

(2) 현대 과학의 적용 원리

타로카드에는 타로카드에 그려진 이미지로 압축 표현된 상징의 원리, 아주 작은 부분이 전체를 대표한다는 양자의 원리, 미래는 정해져 있지 않고 변화 가능하다는 현대 물리학의 원리 등 많은 원리가 적용되어 있다.

상징의 원리는 앞에서 설명한 대로, 이미지가 의미한 바를 나타내며, 아주 작은 부분이 전체를 대표한다는 양자의 원리는 작은 세포 속에 우주의 전체적인 원리가 들어 있다는 것을 의미한다. 고전 물리학에서 이야기하는 미래는 정해져 있다는 개념은 현대 물리학에 이르러 미래는 고정되어 있지 않고 변할 수 있다고 이야기한다. 이러한 타로카드의 적용 원리 중 가장 대표적인 것이 '칼융의 동시성의 원리'이다. 쉽게 설명하자면, 칼융의 동시성의 원리란 우연이라고 생각하는 여러 가지 현상이 단순한 우연이 아니라 우리 안의 잠재의식*의 에너지가 표출된 정신, 멘탈적인 연결임을 의미한다.

예를 들어, "대학 졸업 후 10여 년이 지난 어느 날 무심코 예전의 여자 친구가 문득 떠올라, 한 번쯤 얼굴이라도 보았으면 좋겠다고 생각했다. 며칠 후 우연히 계획되지 않은 백화점에 방문하게 되었고, 자동차로 3시간 거리에 사는 예전의 여자 친구가 엘리베이터 문이 열리고 나의 앞에 얼굴을 내보이게 되었다." 같은 이러한 경험이 독자들도 많이 있을 것이다. 어떻게 본다면 우리가 살아가는 시간의 상황은 우리 내부에 잠재되어 있는 잠재의식의 발현이라고 할 수 있다. 따라서 우리는 잠재의식을 긍정적으로 사용할 필요가 있음을 타로카드를 통해 배울 수 있다.

3) 타로카드 상담의 일반적인 질문 모음

트레이너 강사 자격 과정부터 3급 자격 과정까지 타로상담 전문가 강의에서 많은 수강생의 질문이 나온다. 이에 『타로상담의 정석(기본편)』에 꼭 필요한, 독자들이 반드시 알아야 할 BEST 10 질문을 파악해 본다.

---

* 마음은 의식과 무의식으로 구분되어 있다. 무의식은 잠재의식이라고도 하며 마음의 90% 정도를 차지한다. 하지만, 우리는 10% 정도밖에 되지 않는 의식에 영향을 받으며, 잠재의식의 중요성을 망각할 때가 많다.

Q1. 타로 상담은 원하는 결과가 나올 때까지 몇 번이든 계속 진행할 수 있나요?

　타로상담을 진행하고 결과가 내담자의 맘에 들지 않는 경우가 허다하다. 그도 그럴 것이 타로상담의 결과는 현재 상황으로부터 가장 일어날 가능성이 큰 미래를 보여 주는 것이지 결코 내담자를 만족시키기 위함이 아니기 때문이다. 하지만, 사람의 욕심은 본인이 원하는 결과가 나오기를 기대하며, 그렇지 않을 경우에는 강하게 거부하며 결과를 부정하기에 이른다. 또한, 본인이 원하는 결과가 나올 때까지 몇 번이든 반복하여 타로상담을 진행하려고 한다.

　이렇게 하여 본인이 원하는 결과가 나와도 그 결과대로 미래가 진행되지 않음을 뒤늦게 다시 확인하게 된다. 타로상담을 진행할 때는 처음 타로상담의 결과가 제일 중요하다. 따라서 타로상담을 진행할 경우에는 첫 상담에서 집중하고 몰입하여 상담을 진행해야 할 필요가 있다. 또한, 부정적인 결과가 나왔다 하더라도 그 결과를 바꾸기는 어려우며, 과정의 변화를 통하여 긍정적인 미래의 설계를 이끄는 방법을 사용하여야 할 것이다.

Q2. 78장 외에 추가되어 있는 2장의 공백카드의 의미 부여 방법은 무엇인가요?

　타로카드를 개봉하여 살펴보면 메이저카드 22장, 마이너카드 56장, 총 78장의 타로카드 외에 아래와 같은 2장의 카드가 더 있음을 살펴볼 수 있다.

　이 2장의 카드를 공백카드 또는 여백카드라고 말한다.

　물론, 이 2장의 공백카드는 제작 시기에 따라 다른 이미지를 가지고 있으나 많은 영문의 글이 표시되어 있다는 공통점을 가진다.

그렇다면 이 2장의 카드의 의미 부여는 어떻게 해야 할까?

무의식적으로 상담을 진행하다가 선택되어 나온 공백카드는 신중한 상담이 필요함을 알려 준다. 즉, 현재 상담에서 중요한 잘못된 사항은 없는지, 내담자가 상담에서 숨기거나 속이는 부분은 없는지, 상담자가 상담에서 큰 실수를 저지르고 있지는 않은지 등을 공백카드가 알려 준다. 따라서 타로상담에서 공백카드가 나올 경우에는 현 상담의 상황을 조심스레 살펴볼 필요가 있다. 분명히 상담자는 공백카드를 제외하고 78장으로 상담을 진행했는데, 알지 못하는 사이에 공백카드가 선택될 때가 저자도 간혹 있었다.

Q3. 타로카드 상담을 수월하게 진행하는 방법상 노하우는 무엇인가요?

타로상담을 수월하게 진행하는 노하우는 타로상담의 5요소를 생각하며 진행하는 것이다. 타로상담의 5요소는 질문, 셔플, 스프레드, 해석, 조언&코칭이다. 타로상담은 질문으로 시작되며, 질문에 집중하여 타로카드를 잘 섞고 펼쳐, 카드를 선택하여 배열한다. 그 배열된 카드를 잘 살펴보고 내담자의 질문에 맞추어 해석하며, 최종적으로 내담자에게 조언&코칭을 통해 상담을 마무리한다.

물론 위의 5요소 중 셔플, 스프레드, 조언&코칭 등은 상담 상황에 따라 생략 또는 축약될 수 있다. 예를 든다면 타로카드를 섞은 상태에서 내담자의 질문에 맞는 카드를 바로 선택할 수 있고, 조언&코칭 없이 해석으로 타로상담을 마무리할 수도 있다.

Q4. 타로상담을 진행하면서 계속 나오는 카드의 의미 부여는 어떻게 해야 할까요?

타로상담을 진행하면서 유난히 계속하여 나오는 타로카드가 있을 수 있다. 예를 들어 서로 다른 여러 질문에 유난히 우측의 0. THE FOOL. (바보) 카드가 반복하여 선택되어 나오는 경우라면, 현재 상황이 위태로운 상황임을 알려 줄 수도 있고, 너무 자유분방함을 알려 줄 수도 있다. 또, 체계적인 계획이 필요함을 알려 줄 수도 있고, 상대가

자유연애자임을 알려 줄 수도 있다. 이렇게 계속하여 반복되어 나오는 카드는 무심코 넘어가지 말고, 현재 내담자에게 중요하게 연관되어 나오는 상황임을 이해하고 신중하게 접근할 필요가 있는 것이다.

Q5. 타로 초보자가 타로상담의 실력을 키울 수 있는 방법은 무엇이 있나요?

타로를 처음 접하는 초보자들은 빠른 시일 내에 타로상담 전문가가 되기를 희망하며, 지름길이 될 수 있는 여러 가지 정보를 알아보게 된다. 효과적인 방법은 아침에 오늘 하루 펼쳐질 상황을 파악해 보는 하루의 카드를 꾸준히 연습해 보는 것이고, 또 한 가지는 일과를 모두 마친 후 잠자리에 들기 전에 오늘 지나온 하루의 상황을 파악해 보는 타로일기를 작성하는 것이다.

초보자는 타로카드의 의미를 전문적으로 해석하기에 어려움이 많아 타로 일기를 작성하는 방법이 훨씬 효과적일 수 있다. 즉, 오늘 지나온 하루의 일과는 내담자 스스로 모두 알고 있는 과거이기에, 타로카드를 선택하여 하루의 일기를 작성할 경우에 지나온 과거와 연결하여 상담해 나갈 수 있다는 장점이 있다. (추후, 쓰리카드 배열법에서 자세히 소개한다.)

Q6. 타로카드 상담 시 유니버셜웨이트 타로카드 말고 다른 타로카드를 사용하는 상황은 무엇인가요?

타로카드의 종류는 수백, 수천 가지가 된다. 이 중 핵심적으로 상담에 잘 사용되는 메인 카드들의 사용법을 잘 파악하여 활용할 수 있다면 타로상담의 유형에 적합한 전문적인 타로상담을 진행할 수 있다. 예를 들어 현재 상황에서의 내면의 문제를 파악하고자 할 때에는 오쇼 젠 타로카드가 적합하고, 특별한 잠재의식과 연관된 내면의 상황을 파악하기 위해서는 컬러타로 카드가 유용하다. 물론 내담자의 질문을 어떻게 연계할지를 판단하는 것은 타로상담 전문가의 몫이다.

자세한 내용은 **제2장 타로카드 상담전문가 필수 코스 02. 타로카드 상담전문가를 위한 전문 고급 타로카드**에서 설명하도록 한다.

Q7. 타로상담을 진행할 때, 정해진 배열법(스프레드)이 있나요?

타로상담을 진행할 때 질문에 적합한 고정된 배열법(스프레드)을 사용하는 방법을 고정 배열법이라고 하며, 정해진 배열법(스프레드)을 사용하지 않고 자유롭게 진행하는 방법을 자유 배열법이라고 한다. 특히, 고정 배열법에서 원 카드, 쓰리 카드, 켈틱 크로스 배열법 등 일반적인 상담에 널리 사용되는 방법을 범용 배열법(스프레드)이라고 한다.

예를 들어, 우리는 삶을 살아가면서 선택의 연속이라고 해도 과언이 아닐 정도로 계속적인 선택의 상황을 접하게 된다. 이러한 선택의 상황에서 전체적인 흐름을 파악함으로써 어떤 선택이 더 효율적인지를 파악할 수 있는 상담에서 효율적으로 상담을 진행할 수 있는 배열법(스프레드)은 오른쪽과 같

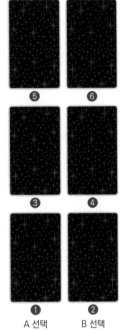

은 갈래길/선택 배열법이다. 자세한 내용은 **제3장 타로카드 실전 상담 노하우**에서 살펴보도록 한다.

Q8. 타로상담에서 정방향과 역방향의 사용이 필요한가요?

모든 타로카드를 똑바로 나온 정방향만 사용하는 상담자가 많다. 하지만 이것은 잘못된 상담이다. 알리에트(Alliete)가 자신의 이름 스펠링을 거꾸로 하여 카드의 이름을 명명하며, 에떼일라(Etteilla) 카드가 만들어지면서 타로카드에 역방향의 의미가 부여되었다. 정방향, 역방향의 사용은 타로카드 제

작자의 의도를 살펴 정방향만 사용하는 카드인지, 역방향도 사용하는 카드인지를 살펴보는 것이 선행되어야 한다. 유니버셜웨이트 타로카드의 해설서를 보면 정방향과 역방향을 모두 사용하게 안내되어 있다. 즉, 유니버셜웨이트 타로카드는 정방향과 역방향을 모두 사용하는 카드이다. 정방향과 역방향의 의미를 한꺼번에 이해하기란 쉽지 않다. 따라서 정방향을 먼저 공부하고, 정방향을 토대로 역방향을 이해하는 것이 좋은 학습 방법이다. 정방향을 공부할 때는 정확성이 조금 떨어지지만 상담이나 실습을 진행할 때도 정방향으로만 진행하고, 추후 역방향의 의미를 이해하고 나서 정방향과 역방향을 모두 사용하는 것이 효율적인 방법이다. "급하게 먹은 떡은 체한다."라는 말이 있듯이 마음과 연계되어 진행하는 타로상담에서는 더욱더 전문가로 나아가는 과정에서 기초를 다지는 것이 중요하다.

Q9. 타로카드 중 메이저카드 혹은 마이너카드만으로도 상담을 진행할 수 있나요?

타로카드는 메이저카드 22장, 마이너카드 56장, 총 78장으로 구성되어 있다. 메이저카드는 우리 인생의 중요한 상황과 흐름, 인생을 통해 우리가 얻을 수 있는 교훈들, 인생에서 정신적으로 추구하는 것, 나아가야 할 길을 의미한다. 마이너카드는 메이저카드보다 상황을 구체화시켜 세세하게 표현해 준다. 한마디로 메이저카드는 인생에서의 굵직굵직한 부분을 커다란 상황으로 설명해 준다고 할 수 있다.

따라서 문제 상황의 큰 틀을 파악하거나 내담자와 연관된 부분을 파악하고자 할 때는 메이저카드만으로 상담을 진행할 수 있다. 성격카드를 파악할 경우, 성격이라는 것은 그 사람을 대표할 수 있는 그 개인의 개성, 주관적인 부분이라 메이저카드를 사용하는 것과 마찬가지이다. 물론 객관적인 상황이나 디테일한 상황을 파악하기 위해서 마이너카드만을 사용하여 상담을 진행할 수도 있다. 하지만, 가장 좋은 방법은 메이저카드 22장과 마이너카드 56장 전체를 사용하는 것이다.

추가하여 설명한다면, 마르세이유 타로카드 상담에서는 메이저카드로 먼저 큰 틀을 파악하고 마이너카드를 통해 디테일한 부분을 파악하는 방법을 사용하기도 한다. 물론, 이 방법은 유니버셜웨이트 타로카드를 이용한 상담에서도 사용될 수 있다.

이 밖에 처음 내담자를 만나 내담자의 질문을 받지 않은 상태에서 타로상담 전문가의 전문 능력으로 내담자와 라포를 형성하고 상담을 이끌어 나가는 노하우 등은 『타로상담의 정석(실전편)』에서 자세히 소개하도록 하겠다.

Q10. 타로상담의 과정에서 결과카드의 의미를 부여하기 어려운 경우에는 어떻게 해야 하나요?

완벽한 타로상담 전문가가 아닌 일반 상담자가 타로상담을 위해 타로카드를 배열(스프레드)하여 결과카드를 파악하는 순간, 그 결과카드를 이해하지 못해 막막함을 느끼며 긴장하는 경우가 많다. 결과카드로 나온 카드를 해석하기 어려운 경우나, 해석은 할 수 있으나 내담자의 질문과 어떻게 매칭을 시켜 내담자에게 상담으로 연결시켜야 할지 그 방법을 모르는 경우이다. 너무 걱정하거나 긴장할 필요가 없다. 이러한 경우는 그 결과카드를 대신할 한 장의 카드를 추가로 선택하여 상담을 진행하면 된다. 하지만 결과카드를 대신하여 선택한 한 장의 카드마저 의미 부여가 어렵게 된다면….

그렇다. 타로상담에서 중요한 것은 바로 타로상담자의 전문 역량 강화이다. 한마디로 실력 향상이라는 것이다. 물론, 결과카드를 내담자의 문제 상황과 잘 매칭을 시켜 상담을 하였다 하더라도 추가적인 조언의 필요를 느낀 경우에도 이 방법을 사용할 수 있다.

이상으로 타로상담 전문가 강의에서 수강생들이 많이 하는 BEST 10 질문을 파악해 보았다. 전문적인 노하우를 발휘할 수 있는 차원 높은 질문은 『타로상담의 정석(실전편)』에서 자세히 소개하도록 하겠다.

02. 타로카드 상담 활용

1) 성격 카드와 올해의 카드, 영혼 카드

    1987년 Angeles Arrien(앤젤레스 애리언)이 『Tarot Handbook』에 최초로 성격 카드를 소개한 이래, 타로카드 상담과 관련하여 타고난 인생의 개인별 차트를 구성하기 위한 본격적인 연구가 전 세계적으로 계속되고 있다. 이에 『타로상담의 정석(기본편)』에서는 타로상담의 기반을 다질 수 있는 기본적인 내용인 성격 카드, 올해의 카드, 영혼 카드 등의 기본 내용을 전반적으로 살펴보고 이후 『타로상담의 정석(실전편)』에서는 타로상담의 활용을 통해 실력을 확장할 수 있도록 도전 카드, 파트너십 카드를 포함한 종합적인 퍼스널 차트에 대해 구체적인 사례를 통한 전문 내용을 세부적으로 살펴볼 예정이다.

(1) 성격 카드

    최근에 MBTI 검사, 에니어그램 검사 등 성격을 알아보는 내용이 각종 매스컴을 통해 상당한 인기를 끌고 있다. 심지어 자신의 성격 유형을 알지 못하면 모임에 참여하기 어렵고 모임의 내용을 이해하기 어려운 상황이다. 왜 이렇게 성격이라는 부분에 많은 사람이 큰 관심과 호응을 갖는 것일까?

    그 이유는 바로 다른 사람과 차별화해서 온전한 자신을 전체적으로 표현하는 대표적인 방법이 성격이기 때문이다. 이러한 성격을 타로카드로 파악해 보는 방법을 살펴보도록 하자.

    이 방법은 위에서도 소개했듯이 1987년 Angeles Arrien(앤젤레스 애리언)이 『Tarot Handbook』에 최초로 성격 카드를 소개하면서 전 세계적으로 많은 호응을 얻게 되었다. 누구나 자기만의 '성격 카드'를 가지고 있고, 생년월일로 이 성격 카드를 알 수 있다. 정통 타로카드, 현대 타로카드를 대표하는 마르세이유 타로카드, 웨이트 계열 타로카드의 기본 구성은 메이저 카드 22장과 마이너 카드 56장, 총 78장으로 이루어져 있다. 이 중 메이저 카드는 개인과 직접적으로 연계된 사항을 살펴볼 수 있는 카드이기에, 22장의 메이저 카드 중 하나가 자신의 성격 카드가 된다.

성격 카드는 서양에서 연구되었기에, 음력이 아닌 양력 생년월일이 필요하다. 따라서, 양력으로 생일을 파악하고 있는 독자라면 그대로 생년월일을 사용하면 되겠지만, 음력으로 생일을 파악하고 있는 독자라면 양력 변환기 등을 사용하여 음력 생년월일을 양력 생년월일로 변환하여 사용하여야 한다.
성격 카드는 우리의 모습이 외부에 어떻게 비추어지는지를 나타내는 카드로 자신이 인생을 어떻게 설계해 나가야 하는지를 보여 준다. 타로카드를 통해 본인의 타고난 성격을 파악하는 방법은 아래 예시와 같다.

예 **음력 1974년 2월 17일생의 성격 카드를 계산하는 방법**

❶ 양력 변환기를 이용하여 양력 생일로 변환한다.
　음력 1974년 2월 17일 ▶ 양력 1974년 3월 10일
❷ 양력 생년월일의 각 자리 숫자를 세로로 모두 더한다.

생년	1974
월	3
일	10
결과	1987

❸ 이렇게 나온 4자리 숫자를 다시 더한다.예: 1+9+8+7=25

위의 ❸에서 나온 숫자가 1~21 사이의 숫자일 때는 그 번호의 카드가 자신의 성격 카드가 되고, 22일 경우에는 0번이 자신의 성격 카드가 된다. 23 이상일 경우에는 앞뒤 숫자를 다시 한번 더해야 한다.

❹ 25는 2+5=7(7번이 자신의 성격 카드)이 성격 카드로 7. THE CHARIOT.(전차) 카드는 하나의 목표를 가지고 진취적으로 앞으로 나아가는 성격으로 강인한 결단력, 추진력을 가지고 있다. 하지만 환경, 주변 사람과의 조화로움, 통합을 이끌어 나가야 한다는 삶의 과제를 안고 있다.

7. THE CHARIOT.(전차) 카드가 성격 카드로 나온 사람은 다음과 같은 재미있는 성격을 가지고 있을 수 있다. 물론 모든 사항이 아니라 일부에 해당할 수 있다.

» **마음을 사로잡는 카드별 성격 해석**(카드에서 의미하는 독특하고 특별한 해석)
7. THE CHARIOT.(전차)

"이것 하나로는 만족 못 해."
일 추진에 그 누구보다 최선을 다한다.
어려움이 있지만 어려움을 극복해 낸 후의 성공의 맛을 안다.
일이 많이 주어지는 것을 본인의 능력이라 믿고 힘차게 진행한다.
행동함에 있어 본인을 믿고 따르는 사람들에게 힘을 얻는다.
모든 것을 사용하여 앞만 보고 달려가는 성향이 있다.
주변의 상황을 파악하여 나아가야 함을 교훈으로 깨닫게 된다.
독불장군식의 일방적인 추진을 즐겨한다.
모든 상황에 자신이 중심이 되어야 한다고 생각한다.

(2) 올해의 카드

해마다 연말이 다가오는 11월부터 많은 사람이 새로운 해인 내년의 본인 삶의 흐름을 알고 싶어 한다. 이러한 궁금증은 보통 다음 해 일정 기간까지 계속된다. 많은 사람이 이 궁금증을 해결하기 위해 여러 가지 방법을 동원한다. 이러한, 본인의 1년의 전반적인 상황을 앞의 **(1) 성격 카드**의 방법을 활용하여 타로카드로 살펴보는 방법을 소개한다.

❶ 앞에서 설명한 나의 성격 카드 찾기에서 본인의 양력 생년월일 중, 생년 부분을 올해의 해에 해당하는 수로 바꾼다.

❷ 이하 성격 카드 찾기와 똑같은 방법으로 진행한다.

앞의 〈예시〉에서 음력 1974년 2월 17일생은 양력 변환기를 이용하여 양력 생일로 변환하니 양력 1974년 3월 10일이다. 생년 1974년을 올해의 해가 2022년이라면 2022로 변경하여 2035가 되고, 2035를 환원하면,
2+0+3+5=10

올해	2022
월	3
일	10
결과	2035

즉, 나의 올해의 카드는 10. WHEEL of FORTUNE.(운명의 수레바퀴) 카드가 된다. 올해는 자연적인 순환이 이루어지는 순탄한 해이며, 인생에서 좋은 기회를 맞이할 수 있는 해이다. 또한, 주변과 어우러짐이 중요한 한 해이기도 하다.

참고로, 앞의 예에서 작년(2021년)의 카드는 9. THE HERMIT.(은둔자) 카드가 될 것이고, 내년(2023년)의 카드는 11. JUSTICE.(정의) 카드가 될 것이다. 우리의 인생도 이렇게 한 걸음 한 걸음 나아가고 있음을 파악할 수 있다. 다만 유의할 점은 올해의 카드는 해가 바뀔 때 무조건 순차적으로 1씩 늘어가는 개념이 아니기 때문에 그 해마다 계산을 해 볼 필요가 있다.

(3) 영혼 카드

우리는 인생을 살아가며 진정한 내면의 모습을 파악하길 원하는 경우가 부지기수(不知其數)이다. 이러한 경우, 우리는 영혼 카드를 살펴볼 수 있다. 영혼 카드는 우리가 개발해야 할 내면의 모습을 보여 주는 카드로 우리 자

아 또는 영혼의 핵심을 끌어낼 수 있는 감춰진 힘을 상징한다. 영혼 카드를 살펴보는 방법 또한 성격 카드와 연관된다.

영혼 카드는 앞에서 설명한 성격 카드의 각 자리를 더하여 한 자리의 수로 만들면 된다. 만일 성격 카드가 한 자리이면 그 수가 성격 카드이면서 영혼 카드가 되고, 성격 카드가 두 자리일 경우는 각 자리의 숫자를 더하면 영혼 카드가 된다. 이는 신이 인간에게 부여한 수는 한 자리의 수임을 감안한 방법이다.

앞의 예시에서 살펴본 1974년 3월 10일의 경우, 1974+3+10=1987
1+9+8+7=25, 2+5=7 즉, 7번 전차 카드가 성격 카드이자 영혼 카드가 된다. 예를 들어, 양력 생년월일이 1946년 6월 14일인 사람이 있다면,

생년	1946
월	6
일	14
결과	1966

1946+6+14=1966, 1+9+6+6=22, 22 ▶ 0 이므로, 성격 카드는 0번 바보 카드, 영혼 카드는 4번(이때는 2+2=4) 황제 카드가 된다.

올해의 카드는 8번 힘 카드가 된다.

올해	2022
월	6
일	14
결과	2042

2022+6+14=2042, 2+0+4+2=8

정리하자면, 양력 생년월일이 1946년 6월 14일인 사람은 성격 카드는 0번, 영혼 카드가 4번이 나온 것으로 보아 자유롭고 개성이 강한 모습으로 사람들에게 보일 수 있으나 그 내면에는 황제가 자리 잡고 있어 성숙한 의식과 강인한 일의 추진력 등을 마음에 품고 있다고 할 수 있다. 특히, 2022년 올해의 카드로는 8번 힘 카드가 나온 것으로 보아 외부적인 방향으로만 적극적으로 취해 왔던 상황을 용기 내어 내면으로 전환하여 진행하는 새로운 업(Up)이 이루어지는 한 해가 될 것이라 짐작할 수 있다.

2021년 작년은 7번 전차 카드로 강한 외적 성장을 위한 한 해였으며, 2022년 올해는 8번 힘 카드로 외부적인 방향으로만 적극적으로 취해 왔던 상황을 내면으로 전환하여 발전적인 상황을 이끌게 되며, 2023년 내년은 9번 은둔자 카드로 내적인 완성, 자아 성찰을 이루게 되는 한 해가 될 것이라는 흐름을 파악할 수 있다. 진정한 실력을 겸비한 타로상담 전문가라면 성격 카드, 올해의 카드, 영혼 카드와 『타로상담의 정석(실전편)』에서 다루게 될 도전 카드, 파트너십 카드를 포함한 퍼스널 차트에 대해 종합적으로 분석하여 내담자에게 도움이 되는 조언&코칭을 포함한 상담을 진행할 수 있어야 할 것이다.

2) 수비학의 적용

수비학(數祕學, Numerology)이란, 숫자라는 라틴어 Numerus(누메르스)와 논리, 이성, 학문이라는 희랍어 Logos(로고스)가 합해진 단어로 수(숫자)와 사람, 사물 등의 사이에서 숨겨진 의미와 연관성을 연구하는 학문이다. 대표적인 수비학으로는 칼데아의 수비학, 피타고라스의 수비학, 카발라의 게마트리아 수비학 등이 있다.

최초의 수비학은 메소포타미아의 남부 지역인 칼데아에서 기원한 칼데아의 수비학이며 이 칼데아 수비학은 1부터 8까지의 수로 모든 사물, 글자를 치환하여 사용하였다. 피타고라스의 수비학은 수비학의 시조로 알려져 있으며 수학자이며 종교 교단의 창시자이기도 한 피타고라스(학파)에 의해 만들어졌다. 피타고라스 학파는 여러 큰 업적을 이루었으나 종교 결사의 정치적 세력 확장으로 인해 강제 해산을 불러오게 되었다. 마지막으로 카발라의 게마트리아 수비학은 단어를 이루는 문자들의 총 숫자 값을 계산, 동등한 단어로 전환하였다.

수비학에서는 숫자 하나하나의 개별적인 의미 파악이 상당히 중요하지만 타로상담 전문가가 되기 위해서는 1~9의 전체적인 흐름 파악을 이해하는 과정이 필요하다. 1에서 9까지의 전체적인 흐름을 파악하면 1이라는 수에 1이 더해져서 2가 되고, 2라는 수에 1이 더해져서 3이 되고, 3이라는 수에 1이 더해져서 4가 된다는 것을 알게 된다. 9까지 이러한 수의 확장이 이루어진다. 따라서 1, 2, 3은 1에서 9까지 전체 수의 초기수로 인생의 초기, 상황의 초기, 관계의 초기로 파악할 수 있고 4, 5, 6은 과정수로 인생의 과정, 상황의 과정, 관계의 과정으로 파악할 수 있다. 또, 7, 8, 9는 후기수로 인생의 후기, 상황의 후기, 관계의 후기로 파악할 수 있다. 뿐만 아니라 1, 2, 3 자체에서 1은 초기, 2는 중기, 3은 후기로 파악할 수도 있다. 이러한 전체적인 흐름의 의미 파악은 1~9의 각각의 수비학적 의미 파악과 동시에 이루어져야 한다.

1의 본연의 나로부터 출발하여 2의 서로 간의 협력이 이루어지고 3의 확장이 이루어진다. 4의 사각형에서의 안정을 찾았다면 5에서 변화로 인한 불안정의 상황이 이루어지고, 6에서의 이상적 입체가 만들어진다. 7에서의 고독과 각성이 이루어져서 8에서의 재구조화를 통해 9의 완성을 이루게 된다.

이상을 홀수와 짝수로 구분하여 정리하면 다음과 같다.

- 홀수: 나(자아)-확장-불안정-각성-완성
- 짝수: 협력-안정-이상적-재구조화

전체적인 흐름을 통해 짝수는 계속적인 안정을 유지, 성장해 나감을 파악할 수 있으며, 홀수는 자아인 나로부터 출발하여 과정상 진보, 나아감을 통한 불안정을 나타내지만, 마지막 9에서 완성을 이루어 냄을 알 수 있다.

타로카드 상담에 있어서 수비학을 파악하는 방법은 크게 다음과 같은 세 가지로 살펴볼 수 있다.
❶ 10이라는 완성의 수를 도입하는 방법
❷ 10 이상을 각 자리의 수의 합으로 표현하는 방법
❸ 자연수 중앙값을 이용하는 방법

15라는 숫자를 예를 들어 살펴보자.
❶ 15는 10+5로 분해할 수 있으며 이는 한 단계 업(Up)된 새로운 5를 나타낸다.
❷ 15를 각 자리의 합으로 표현하면 1+5가 되므로, 15는 6이라는 수를 나타낸다.
❸ 15÷2=7.5가 되므로, 15는 7과 8을 나타낸다.

이 중에서 ❷ 10 이상을 각 자리의 수의 합으로 표현하는 방법이 많이 사용되며, 이 방법으로 1에서 9까지 수비학에 해당하는 타로카드 이미지와 기초 의미 및 대표 의미를 정리하면 다음과 같다.

1 숫자 1

① 기초 의미
우리는 인생을 살면서 1이라는 숫자를 많이 사용한다. 상대방의 능력을 인정해 주는 최고라는 의미로, 주위의 누구보다도 월등하다는 1등이라는 의미로, 첫 번째라는 의미로…. 이 모든 사용에는 긍정의 의미가 강하다. 즉, 숫자 1은 의지적 새로운 시작을 의미한다.

② 대표 의미

나, 순수함, 새로운 시작, 의욕적, 근원적인, 독자적인, 강인함, 에너지, 목표 지향적, 독선, 독립, 리더십, 자신감, 개성, 확신, 책임감, 용기, 주관

② 숫자 2

① 기초 의미

숫자 2는 나, 너를 의미하는 대표적인 수이다. 숫자 2는 1+1로, '나'라는 1의 수에 또 다른 '너'라는 1의 수가 만나 2라는, '나-너'라는 '관계'를 형성한다. 이 '관계'가 서로에게 긍정적인 좋은 관계일 경우 조화, 협동의 의미로 사용될 수 있으며 서로에게 부정적인 나쁜 관계일 경우 대립, 갈등의 의미로 사용될 수 있다.

② 대표 의미

여성을 의미하는 수, 관계, 협동, 수용, 중립, 이중성, 화합, 균형, 조화, 의존, 민감, 수동, 평화, 봉사, 소유, 시기, 질투, 우유부단, 갈등, 대립, 신중, 소극적, 선택

③ 숫자 3

① 기초 의미

숫자 3은 2+1로 '나'와 '너'라는 2를 넘어 '우리'라는 확장이 이루어진다. '따라서'라고 읽는 ∴ 기호는 지금까지의 여러 과정, 상황의 종합을 의미한다. 기존의 점, 선에서 최초의 면이라는 새로운 영역의 창조를 의미한다. 또한, 면의 창조로 나의 공간, 영역이 생기게 된다.

② 대표 의미

남성을 의미하는 수, 종합, 확장, 창조, 활력, 소유, 충동, 창의성, 성장, 생동, 성공, 독창적, 협력, 행동, 사교성, 낙천주의

④ 숫자 4

① 기초 의미

숫자 3이 최초의 면으로 확장, 활동력을 의미한다면, 4는 삼각형 2개가 만나 다시 숫자 2의 균형을 이루는 사각형이 된다. 숫자 4는 2+2로 2는 균형을 의미하므로 4는 안정, 기초를 의미함과 동시에 현재의 안정, 기초를 계속 유지해 나가려는 보수적인 수이다. 본인이 추구하는 전통을 이어 가기 위해서는 과거의 청산이 필요할 수 있다.

② 대표 의미

안정, 정지, 질서, 기초, 전통, 신중, 계획성, 현실적, 구조, 권위, 물질, 계약, 현상, 보수적, 실용적, 실천, 가치, 신뢰, 완고

⑤ 숫자 5

① 기초 의미

숫자 5는 숫자 4의 평면(삼각형 2개)에서 입체로의 불완전한 변화가 시작된다. 즉, 기초적인 점, 선, 면의 상황에서 새로움을 추구하면서 입체로의 변화가 일어난다. 숫자 5는 2+3이므로 여성과 남성의 결합의 의미로 중매, 연결자의 역할을 수행하기도 한다. 새로움을 추구하는 단계에서는 적극성, 활발함으로 인해 상황적으로 어수선함, 불안, 실망, 갈등, 실패 등의 부정적인 요소가 유발될 수 있다.

② 대표 의미

변화, 산만, 발전, 불안정성, 불확실성, 진보(적), 다양성, 모험적인, 혼란함, 독선, 무책임함, 자유로움, 충동적, 이해, 갈등, 복합

⑥ 숫자 6

① 기초 의미

숫자 6은 숫자 5의 불완전한 변화에서 완벽한 입체를 통한 안정적인 이상적 변화를 이루어 낸다. 숫자 6은 3+3이고, 3은 협력, 확장을 의미하므로 완벽성을 추구하는 목표 달성, 새로운 변화 등을 의미한다.

② 대표 의미
이상주의, 완성, 안정적인, 조화로움, 협력, 창조, 균형감, 완벽함, 평형, 보상, 보호, 책임, 공감, 치유

7 숫자 7

① 기초 의미
숫자 7은 숫자 6의 안정적인 이상적 변화 이후 큰 목표 달성을 추구하기 위해 새로운 개혁을 시도하는 수이다. 숫자 7은 3+4이고, 3은 협력, 확장을 4는 안정, 물질을 의미하므로 안정(최고의 위치)을 위한 확장을 의미한다. 현재에 만족하지 못하고 나아감의 신중함과 주변의 상황 파악, 조화가 이루어지지 않는다면 어려움에 봉착할 수 있는 수이다.

② 대표 의미
준비, 자기 보호, 자아 성찰, 고독, 명확성, 상상, 완벽주의, 분석, 은둔, 현명한, 불안정, 철학, 내면의 이해, 각성, 큰 변화

8 숫자 8

① 기초 의미

숫자 8은 숫자 7의 새로운 개혁을 시도한 후의 완벽한 목표 달성을 위한 안정과 재구조화를 추구하는 수이다. 숫자 8은 4+4이고, 2는 균형, 4는 안정을 의미하므로 안정을 위한 확장을 의미한다. 8은 기존의 점, 선, 면으로 시작된 수 체계에서 6의 이상적인 입체를 이루고 목표 달성의 개혁을 의미하는 7까지 확장이 이루어진 전체 상황의 안정을 추구하는 재구조화의 수이다.

② 대표 의미

구조 조정, 전진, 자유로운 이동, 진행, 조직화, 체계화, 야망, 자기 파괴적인, 권한, 권력, 자립, 실용성

9 숫자 9

① 기초 의미

숫자 9는 숫자 8의 완벽한 목표 달성을 위한 안정과 재구조화 이후 완성을 의미하는 수이다. 숫자 9는 4+5이고, 4는 안정, 5는 변화를 의미하므로 변화를 통한 안정을 의미한다. 9는 한 자리의 수 중 가장 큰 값으로 최대, 극대, 완성을 의미한다.

② 대표 의미

완성, 종결, 완벽, 달성, 기대, 성공, 인간적인, 자기 이해, 완전함, 보편적, 일반적, 성취한 지혜

이상의 수비학을 기초적인 실전 상담에 접목하여 간단히 살펴보도록 하자.

기존의 카페를 운영하고 있는 내담자가 카페 사업이 잘 이루어지지 않는 상황에서 지방 소재 대학의 메인 상권에 카페를 운영하게 될 경우의 흐름을 문의하는 질문에 스프레드는 쓰리 카드(과거-현재-미래)로 상담을 진행한 내용이다. 수비학의 개념을 이용하여 상담 내용을 연계하여 살펴보자.

과거   현재   미래

위의 상담에서 배열된 카드들은 '컵 5-펜타클 5-소드 5'이다.

타로상담 전문가를 꿈꾸는 독자라면 이 스프레드에서 빠르게 파악할 두 가지 부분이 있다.

첫째, 모두 마이너 카드로만 구성이 되었다는 것이다.

이것이 상담에서 의미하는 부분은 무엇일까?

그렇다. 위 상담은 주변과 맞물려 이루어지는 상황으로 자신의 의지, 노력 등도 필요하나 그보다 환경적인 요소가 중요하게 작용한다는 것을 의미한다.

둘째, 모두 5번의 카드들로 구성되었다는 점이다.

이것은 수비학 5의 의미를 파악하는 것이 선행되어야 할 것이다. 앞에서 살펴본 수비학 5는 숫자 4의 평면(삼각형 2개)에서 입체로의 불완전한 변화가 시작되는 수로 변화를 추구하는 단계에서는 적극성, 활발함으로 인해 상황적으로 어수선함, 불안, 실망, 갈등, 실패 등의 부정적인 요소가 유발될 수 있으며 대표적 의미인 변화, 산만, 발전, 불안정성, 불확실성, 진보(적), 다양성, 모험적인, 혼란함, 독선, 무책임함, 자유로움, 충동적, 이해, 갈등, 복합 등으로 살펴보아도 알 수 있듯이 숫자 5는 부정적인 의미를 느낄 수 있는 숫자이다.

이를 토대로 상담을 진행해 보자.

과거의 위치에 감정적 실추, 실망스러움을 의미하는 컵 5번이, 현재의 상황에 경제적 어려움, 궁핍함을 의미하는 펜타클 5번이 그리고 미래 상황에 패배, 실패를 의미하는 소드 5번이 배치되어 있다. 즉, 기존 카페 사업에서 감정의 실추 등을 경험한 내담자가 새로운 환경으로의 전환을 모색하는 상황이며, 경제적 어려움을 실감하는 현재 상황에서 메인 상권으로 카페 사업을 새롭게 시도한다고 하더라도 자신의 생각과 다르게 미래의 상황이 부정적임을 알려 주는 상담이다.

이상 기초 실전 상담의 내용을 수비학의 개념과 연계하여 살펴보았고, 수비학을 이용한 여러 스프레드를 포함한 고급 실전 상담은 『타로상담의 정석(실전편)』에서 자세히 설명하도록 한다.

3) 주 카드와 보조 카드의 활용

어떤 타로상담 전문가는 내담자가 줄을 서서 대기하는 상황이고, 어떤 타로상담 전문가는 파리만 날리고 있다. 똑같은 타로카드를 사용하는데 왜 이러한 차이가 생길까?

바로 진정한 타로상담 전문가와 자칭 전문가라 외쳐 대는 타로상담 전문가가 존재하기 때문이다. 주위에서 인정하지 않는, 자칭 외쳐 대는 타로상담 전문가에게 타로상담을 손쉽게 보는 것보다 몇 시간을 대기해서라도 진정한 타로상담 전문가에게 제대로 타로상담을 받고 싶은 심정은 사람이라면 모두 똑같을 것이다. 그렇다면 진정한 타로상담 전문가가 되려면 어떻게 해야 할까?

독자를 위해 명확한 2가지 방법을 공개한다.

첫째, 진정한 타로상담 전문가가 되려면 세계적인 타로카드 5~6개를 능숙히 사용할 수 있는 실력을 쌓아라.

타로카드를 몇 개 정도 능숙하게 사용하여야 타로상담 전문가로 인정받을 수 있을까?

저자가 타로카드를 대학 평생교육원에서 강의할 때인 2010년대 초만 하더라도 타로카드를 강의하는 곳이 흔하지 않았다. 당연히 대학 평생교육원에서는 더더욱 타로카드 강의는 찾아보기 쉽지 않았고, 타로카드 강의를 개설 의뢰하는 대로 거의 모두 개설되어 많은 수강생이 확보되는 상황이었다. 지금 상황은 어떤가? 이러한 틈새를 노려, 타로 전문가로 실력이 인정되지 않은 많은 사람이 단지 기출판된 유니버셜웨이트 위주의 타로 책 몇 권을 파악한 후, 타로상담 전문가임을 자칭하며 강의를 개설하고 있는 실정이다. 그러다 보니, 대학 평생교육원을 포함하여 많은 교육 기관의 수강생이나 담당자는 타로카드는 유니버셜웨이트 타로카드만 있는 줄 알고 있는 상황이다. 출판되는 타로 서적 및 인터넷 정보 등도 거의 유니버셜웨이트 타로카드에 국한되어 있다. 이러한 상황이다 보니 최근에는 교육을 받으러 오는 수강생이나 상담을 받으러 오는 내담자가 유니버셜웨이트 타로카드의 의미를 어느 정도 알고 방문하고 있으며, 심지어 타로상담 전문가의 실력을 스스로 평가하고 있다. 하지만, 앞으로의 상황은 많이 달라질 것이다.

과거의 상황은 외국의 많은 타로카드의 정보, 서적 등 정보 유입이 수월하지 않은 상황이었다면 현재는 직접 외국에 나가 공부하고, 정보를 직접 접하고 조사, 수집하는 상황이다. 앞으로의 미래는 더욱 거리낌 없이, 공간적·시간적 제한 없이 많은 정보를 얻게 될 것이다. 이러한 변화를 예측하지 못하고 국내의 많은 자칭 타로 전문가는 여전히 유니버셜웨이트 타로카드만을 고집하고 있다. 아니, 솔직히 이야기하면 다른 카드를 배워 자신을 업그레이드하고 싶어도 쉽지 않은 상황일 것이다.

이러한 상황을 안타깝게 생각한 저자를 포함하여 일부 타로상담의 대중화를 위해 노력하고 있는 몇 명의 타로 전문가는 유니버셜웨이트 타로카드를 포함하여 세계적으로 유명한 여러 타로카드를 출판, 강의하고 있다.

진정한 타로상담 전문가가 되려면 유니버셜웨이트 타로카드를 포함하여 최소 5~6개 타로카드를 완벽히 이해하고 능숙하게 다룰 수 있어야 한다. 대표적인 타로카드로는 유니버셜웨이트 타로카드, 마르세이유 타로카드, 컬러타로카드, 심볼론 타로카드, 데카메론 타로카드, 오쇼 젠 타로카드 등을 손꼽을 수 있다. 자세한 내용은 **제2장 타로카드 상담전문가 필수 코스 02. 타로카드 상담전문가를 위한 전문 고급 타로카드**에서 살펴보도록 한다.

둘째, 진정한 타로상담 전문가가 되려면 주 카드와 보조 카드를 활용할 수 있는 능력을 쌓아라.
진정한 타로상담 전문가가 되기 위해서는 상담의 목적에 맞는 카드를 적절히 사용해야 하며, 주 카드와 보조 카드를 전문적으로 활용할 줄 알아야 한다. 주 카드란, 상담의 근본 문제를 해결하기 위해 메인으로 사용하는 카드이며, 보조 카드란, 주 카드에서 파악한 큰 틀의 내용을 세부적 방향에 맞추어 파악할 수 있는 카드이다.

물론 보조 카드 없이 주 카드 하나로만 타로상담을 진행할 수 있고, 이 방법이 국내에서 대부분 사용되고 있다. 하지만, 내담자의 문제 상황을 제대로 파악하고 그 해결 방안에 대한 조언&코칭을 세부적으로 진행하기 위해서는 보조 카드의 사용이 이루어져야 한다. 특히, 주 카드와 다른 보조 카드 사용의 필요성은 아래의 두 가지로 살펴볼 수 있다.

첫째, 기존에 스프레드 되어 있는 타로카드를 선택할 수 없다.
타로상담을 위해 켈틱크로스로 상담을 진행하고 있는 중, 세부적인 사항을 파악하거나 조언 등이 필요한 상황이어서 추가로 카드를 선택할 경우, 기존 카드를 사용한다면 이미 켈틱크로스에서 배열한 카드를 제외하고 나머지 카드에서 선택할 수밖에 없어 78장의 타로카드를 모두 사용할 수 없다는 제한적인 상황이 발생하여 타로카드의 원리에 위배가 된다.

둘째, 상담의 목적에 맞는 타로카드가 있다.

예를 든다면, 일반적으로 사용하는 타로카드를 통해 인간의 내면을 살펴볼 수 있으나, 전문적으로 인간의 내면을 살펴볼 수 있는 목적의 타로카드는 사실 별도로 있다. 바로 심볼론 타로카드와 컬러타로카드, 오쇼 젠 타로카드이다. 특히, 이 카드 중 현재와 내면의 상황을 파악하는 경우라면 오쇼 젠 타로카드를 사용해야 할 것이다.

이러한 이유로, 진정한 타로상담 전문가가 되려면 주 카드와 보조 카드의 활용을 전문적으로 할 필요가 있다. 간단한 실전적인 내용은 **제2장 타로카드 상담전문가 필수 코스 02. 타로카드 상담전문가를 위한 전문 고급 타로카드 2) 컬러타로상담카드**에서 살펴볼 수 있을 것이며, 『타로상담의 정석(실전편)』에서 전문 실전 상담을 포함한 세세한 내용을 살펴볼 예정이다.

타로카드
상담전문가 필수 코스

01. 유니버셜웨이트 78장 타로카드 상담의 정석

이제 막 타로카드 공부를 시작하였거나 타로카드의 기본을 다져야 할 독자를 위해 『타로상담의 정석(기본편)』에 적합한 메이저카드 22장의 내용과 마이너카드 56장의 내용을 살펴보도록 한다. 또한, 상징의 내용을 포함하여 역방향의 의미 등 전문적으로 파악해야 할 부분은 『타로상담의 정석(실전편)』에 수록하도록 한다.

1) 메이저 타로카드 22장의 정석

앞에서 살펴본 메이저카드 22장의 전체 이미지를 다시 한번 살펴보자.

메이저카드 이미지의 특징은 타로카드의 상단에 로마 숫자가 있고, 하단에 제목이 있다는 점이라고 이미 안내했다. 그렇다면 이제는 메이저카드 한 장, 한 장의 세부적인 이미지와 카드의 의미를 살펴볼 시간이다.

0. THE FOOL.(바보)

타로카드의 이미지

오른쪽 상단에서 하얀 태양이 1/4의 모습을 내보이며 강한 후광으로 세상을 비추고 있다. 카드의 한 가운데에 주인공 0.THE FOOL.이 하늘을 바라보며 상기된 표정을 짓고 있다. 그의 오른손은 빨간 막대기 봇짐을 어깨에 올려 잡고 있으며, 머리에는 빨간 깃털이 바람에 휘날리고 있다. 주인공은 월계관을 쓰고, 왼손에 하얀 장미 한 송이를 들고 있으며 그 옆에는 하얀 강아지 한 마리가 주인공과 비슷한 행동을 취하고 있다. 주인공의 발밑에는 낭떠러지와 같은 절벽이 있고, 세상은 눈 덮인 산으로 가득 차 있다. 주인공은 속에는 하얀 옷을, 겉에는 찢긴 듯한 화려한 디자인이 된 옷을 입고 있으며 그 안의 색깔은 빨갛다. 주인공이 서 있는 절벽에는 눈이 녹아 있지만, 주변 다른 곳에는 모두 눈으로 덮여 있다.

타로카드의 의미

0. THE FOOL.은 억압을 거부하고 소유에 대해 욕심을 내지 않는다. 즉, 순수한 심성을 소유하고 있으며, 자유로움을 추구하는 사람이다. 반면 계획성이 부족하며 자기 행동에 무책임하다는 부정의 의미로도 해석된다. 또한, 결과적인 면에서도 결실이 거의 없다는 부정의 의미로, 연애의 경우에도 무책임하다, 자유연애를 원한다 등의 자유로움이 내포된 부정적인 의미로 많이 해석할 수 있다.

> » 아무것도 없음(Empty), 무(無), 0, 무소유
> » 위험한 상황, 상황 인식의 부족
> » 충동적, 엉뚱함, 경솔함
> » 무계획적, 성과 없음, 비현실적인, 혼돈
> » 자유로움, 시작, 자유연애
> » 낙천주의(근심, 걱정 없는, 마음대로 행동하는), 낭만적인
> » 긍정적 생각과 행동

타로카드의 이미지

주인공은 마치 무한 능력을 소유한 사람을 의미하듯 머리 위에 ∞(무한대)의 기호가 있다. 오른손은 초월적인 능력을 소유한 듯 홀을 하늘을 향해 번쩍 들어 올리고 있으며 왼손은 인간 세상을 향하듯 땅을 가리키고 있다.

주인공의 앞쪽 사각형 테이블 위에는 4원소를 상징하는 완드, 컵, 소드, 펜타클(4개의 슈트)이 놓여 있다. 테이블 앞쪽에는 많은 흰 백합과 붉은 장미가 어우러져 있으며, 위쪽으로는 장미 넝쿨이 풍성하다. 주인공은 빨간 겉옷을 입고 있으며, 그 안에는 흰색 옷을 입고 있다. 허리에는 자기 꼬리를 물고 있는 뱀, 우로보로스가 보인다.

타로카드의 의미

1. THE MAGICIAN.은 강인한 의지와 열정, 순수한 마음을 모두 소유한 능력자로 목표를 향해 본격적으로 실천, 실행하는 사람이다.

의지력이 강한 사람, 행동력이 있는 사람, 주위의 상황을 이끌 수 있는 사람이라는 긍정의 의미로 파악할 수 있지만, 능력을 맹신한 나머지 타인을 속일 수 있다는 부정적인 의미로 해석될 수도 있다.

> » 강한 의지, 능력자, 창조력, 계획의 실현
> » 독창적이고 창조적인 활동의 시작
> » 능력 있는, 말재주, 능수능란, 노련함
> » 자기 통제력, 절충하는
> » 매력 있는
> » 거짓말, 속임수

타로카드의 이미지

흑백 두 기둥 사이에 주인공이 TORA라고 쓰인 두루마리를 들고 있다. 머리에 보름달이 그려진 하얀 왕관을 쓰고 초승달을 발밑에 두고 정면을 응시하고 있다. 등 뒤에는 석류가 그려진 베일이 쳐 있고, 그 뒤에는 바다가 보인다. 가슴에는 십자가가 있고, 입고 있는 옷의 색깔은 흰색과 파란색이 어우러져 있다. 주인공인 고위 여사제는 흑과 백의 한 가운데에서 어느 한쪽에도 치우치지 않는 중립을 추구하고 있다. 차갑다 못해 근엄하고 냉정해 보이며, 박식하고 현명한 지혜로움을 주인공의 모습에서 느낄 수 있다.

타로카드의 의미

2. THE HIGH PRIESTESS.는 현명하고 지혜로우며 직관이 발달한 사람이다. 언행을 신중히 하고 침착한 사람이기도 하다. 또한, 자신의 속마음을 쉽게 내보이지 않는다. 아름다우며 여성적 성향이 발달하여 있음에도 불구하고 한편으로는 스스로 억제하고 통제해야 하는 상황의 인물을 나타내기도 한다.

> » 지혜로운, 현명한
> » 직관적인, 높은 이해력
> » 내면적인, 베일에 가려진 신비
> » 이중적인
> » 균형 잡힌, 비밀스러운
> » 적절한 상황 판단

3. THE EMPRESS.(여황제)

타로카드의 이미지

석류가 그려진 원피스 차림의 주인공이 편안함이 느껴지는 빨간 쿠션에 기대어 여유로운 표정을 짓고 있다. 밀밭이 풍작을 말하듯 풍요로우며, 육각 별이 달린 왕관과 월계관을 쓰고 여유롭고 풍요로운 모습의 주인공이 홀을 들고 있다. 주인공은 진주 목걸이를 차고 있으며, 앞쪽으로는 밀밭이, 뒤쪽으로는 숲이 풍요로움을 더하고 있다. 하트 모양의 쿠션 안에는 금성, 아름다움의 상징인 우 기호가 그려져 있다. 전체적으로 풍요로움, 여유로움, 편안함을 느낄 수 있다.

타로카드의 의미

3이라는 수는 홀수와 짝수의 만남을 통해 이루어진 최초의 수이기도 하며 남성을 대표하는 1이라는 양적인 의미와 여성을 대표하는 2라는 음적인 의미가 만나 만들어진 결과물이다. 그래서 3. THE EMPRESS.는 임신이라는 의미로도 사용된다. 3. THE EMPRESS.는 풍요로움, 편안함, 만족스러움 등 대부분 긍정으로 해석된다.

» 풍요로움, 부
» 성공적인
» 여성적인, 모성애가 충만한, 육체적 매력이 있는, 임신
» 만족스러운
» 편안한
» 감정적 충만, 삶에 대한 열정
» 소유, 시기, 질투

4. THE EMPEROR.(황제)

타로카드의 이미지

위엄 있고, 권위 있어 보이는 4. THE EMPEROR.의 주인공이 오른손에 앙크 십자가 (홀)를 들고, 왼손에는 보주를 들고 돌 왕좌에 앉아 있다. 또한, 언제라도 문제 상황이 일어난다면 즉시 달려 나갈 수 있는 강렬한 의지를 나타내는 붉은색 계통의 겉옷 속에 갑옷이 보인다.

돌 왕좌만으로도 강인함을 느낄 수 있지만, 왕좌의 사방에 배치된 숫양은 그 강인함과 독단적인 힘에 의미를 더한다. 또한, 하얀 머리와 수염에서 그의 연륜과 인생 경험을 느낄 수 있다. 황제라는 절대 권력을 상징하며 영원, 물질적 부분까지도 강조한 이미지이다.

타로카드의 의미

4. THE EMPEROR.는 권위, 권력적인 인물이나 성격, 일 추진에 있어서 강인한 리더십을 발휘하는 인물을 묘사하는 경우가 많다. 상황적으로 불안정한 상태로 근심, 걱정에 싸여 있는 경우에도 출현하는 카드이다. 물질적인 부분을 강조하며 전통적인 부성애를 강조한 카드이기도 하다. 안정을 추구하며, 법과 질서를 준수할 것을 강요하는 원리, 원칙주의자를 의미하기도 한다.

» 권위, 권력, 지배력, 보수적인, 독단, 독재적인
» 강한 리더십, 카리스마
» 부성애가 충만한, 아버지상
» 책임감
» 존경
» 현실적인, 자기중심적인

5. THE HIEROPHANT.(교황)

타로카드의 이미지

5. THE HIEROPHANT.의 주인공은 양쪽 회색 기둥 사이에 삼중으로 된 관을 쓰고, 왼손에 삼중 십자가를 들고 있으며 3+2의 의미를 오른손으로 표현하고 있다. 그림의 이미지 속에 3이라는 의미를 표현한 부분은 삼위일체를 강조한 상징으로 삼중 관, 삼중 십자가, 손가락 3, 세 개의 십자가, 삼각 구도 등과 연계가 있다. 4. THE EMPEROR.가 한 국가를 통치하는 수장이라면 5. THE HIEROPHANT.는 종교적 영역의 수장이라고 할 수 있다. 따라서 교황은 황제에 준하는 종교적 권위와 정신적 지도자의 역할을 수행한다.

타로카드의 의미

5. THE HIEROPHANT. 카드는 솔직한 조언을 받을 수 있는 사람, 조언(자)을 의미한다. 카드에서 보이는 것처럼 교황은 적극성을 띠고 있는 전문적 지식을 소유한 정신적 조언자, 전문가를 의미하며, 지혜롭고 현명한 조언가이며 도덕적이고, 전통을 준수한다는 의미를 포함한다. 삼중 십자가, 삼중 관은 삼위일체를 의미하며, 교황에게 권위가 있음을 의미한다.

» 조언자, 안내자, 전문가, 중개자
» 보수적인(간혹 진보적)인, 정통성
» 교육, 결혼, 관계
» 정신적인

» 전통과 지식, 종교적 전통, 사회적 계약
» 순응주의
» 좋은 인연

6. THE LOVERS.(연인)

타로카드의 이미지

맨 처음 태양이 등장했던 0. THE FOOL.에서의 1/4 크기의 태양이 6. THE LOVERS.에서 엄청난 후광과 함께 1/2 크기로 확장되고 위치 또한 정중앙으로 이동하여 에너지를 뿜어내고 있다. 태양 바로 아래 라파엘 천사는 보라색 옷과 붉은빛과 보랏빛이 섞인 날개로 두 팔을 벌려 지상에 있는 여자를 바라보고 있는 남자와 하늘(천사)을 바라보고 있는 여자를 축복하는 듯한 동작을 취하고 있다. 여자 뒤의 사과나무에는 뱀 한 마리가 유혹하듯 자리 잡고 있으며, 남자 뒤의 나무에 불꽃들이 보이는 이미지는 마치 에덴의 동산을 연상하게 한다. 현재 중요한 선택의 시점에 서 있다. 태양의 빛을 배경으로 하는 대천사 라파엘을 선택할 것인가, 사악한 뱀의 유혹에 빠질 것인가?

타로카드의 의미

연인, 사랑과 관련하여 나오는 카드, 6. THE LOVERS.이다. 양팔을 벌리고 두 남녀를 축복하고 있는 천사는 사랑과 지혜와 치유의 천사로 불리고 있는 라파엘이다. 행복한 결혼, 행복한 사랑을 나타내는 카드이기도 하다. 인생의 갈림길에서 중요한 선택의 상황에 나오는 경우가 많으며, 좋은 인간관계를 의미하기도 하고, 성숙한 관계로의 변화를 나타내기도 한다. 남자는 현실적 상황을, 여자는 감성적 상황을 중요시하는 모습으로 파악할 수 있다. 하지만 거부할 수 없는 유혹이나 중독의 상황에서 이 카드가 나온다면 15. THE DEVIL.로 빠져들 수 있으니 주의해야 하는 상황임을 알려 주기도 한다.

» 사랑, 연인, 행복한 결혼, 사랑스러운
» 의사소통, 좋은 인간관계
» 탁월한 선택, 유혹, 변화, 열정적인, 예술적인

» 매력적인, 서로 끌리는
» 인생의 갈림길에서의 선택
» 성숙한 관계의 힘
» 내면적·육체적 결합

타로카드의 이미지

　7. THE CHARIOT.에서 오른손에는 지팡이(홀)를 들고, 머리에는 월계관과 팔각 별의 왕관을 쓴 젊은 남성이 당당하게 전차를 몰고 있다.
　전차의 윗부분은 오각 별, 육각 별, 팔각 별이 장식되어 있고, 주인공의 머리에도 팔각 별이 그려진 왕관을 월계관과 함께 쓰고 있다. 전차의 정중앙에는 원이 날개를 달고 있으며, 빨간 팽이 모양의 그림이 그려져 있다. 특히 흰색과 검은색의 두 마리 스핑크스가 앞을 보고 있지만, 방향이 일치하지 않은 채로 앉아 있다는 점에서 완벽한 조화와 균형의 필요성을 느낄 수 있다.

타로카드의 의미

　7. THE CHARIOT.이라는 제목과 이미지에서 느낄 수 있듯이 강인한 의지력을 가지고 적극적으로 움직임, 당당한 일의 추진, 행동력을 의미한다. 주변의 어떤 상황에도 절대로 굴하지 않고 적극적으로 일을 추진하여 일을 완수, 성공할 수 있는 강인함을 느낄 수 있다. 두 스핑크스가 정면을 바라본다는 점에서 추구하는 목표가 일치하지만 방향이 일치하지 않는 점에서 과정, 방법상에서의 차이가 있음을 파악할 수 있다. 본인의 목표 달성을 위해 수단과 방법을 가리지 않으며 앞만 보고 나아가는 사람에게 자주 나오는 카드이며, 반드시 뜻을 이루어 내겠다는 대단한 각오를 다지는 상황에 잘 나온다.

» 승리, 성공, 개척, 돌진하다, 결정적 시간	» 리더, 주도적인
	» 목표 달성
» 통제력, 강한 추진력, 강한 의지	» 개성의 힘을 통해 어려운 상황 극복
» 결심, 판단	» 해결 가능성에 대한 믿음과 자신감

8. STRENGTH.(용기)

타로카드의 이미지

넓은 벌판에서 하얀 옷을 입은 여인이 맹수인 사자를 부드럽게 다루고 있다. 1. THE MAGICIAN.과 같이 여인의 머리 위에는 ∞ 기호가 있으며 머리와 허리에는 장미 넝쿨이 띠를 이루고 있다. 하얀 옷을 입은 그녀의 행동과 표정에서 긴박함, 긴장감보다는 오히려 침착함, 편안함, 부드러움이 엿보인다. 사자는 마치 애완견같이 응석을 부리듯 혀를 날름거리며 아무런 저항이나 공격을 하지 않고, 오히려 복종, 순종하듯 두 다리 사이로 꼬리를 내리고 있다.

타로카드의 의미

8. STRENGTH. 카드는 외적인, 물리적인 힘이라기보다는 내적인 자신감과 용기를 상징한다. 여인이 컨트롤하는 사자는 자기 자신의 내면적 욕구, 욕망, 욕심, 흥분 등의 난관의 상황을 의미한다. 주인공이 약해 보이는 여자임에도 불구하고 사자를 부드럽게 다룰 수 있는 것은 바로 주인공의 용기 때문이다. 순수함과 열정이 강인함을 발휘해 내는 상황인 것이다. 따라서 8. STRENGTH.는 외유내강을 의미하는 카드이며 많은 인내와 노력을 통해 이루어진 상황, 결과를 의미한다. 사자를 능숙하게 잘 다루고 있음이 상대나 문제 상황을 잘 컨트롤한다고 해석할 때가 있으나 이보다 자신 내부의 상황과 연계하여 접근하는 것이 더욱 정확한 해석이다. 어려운 상황임이 틀림없지만 차분하고 당당하게, 인내를 가지고 용기 있는 행동을 하는 것이 문제를 해결할 수 있는 방법임을 알려 준다.

» 용기, 인내심	» 강한 자신감
» 외유내강	» 내적인 리더십
» 확신, 신념, 지혜로움	» (부드러운) 카리스마
» 마음을 다스림	

타로카드의 이미지

9. THE HERMIT. 주인공은 왼손에는 지팡이를 짚고, 오른손에는 육각 별이 밝히는 등불에 의존하여 지그시 눈을 감고 눈 덮인 산 위에 홀로 서 있다. 주인공은 회색 옷과 모자를 쓴 채로 고개를 숙이고 침묵하고 있다. 신이 인간에게 부여한 수는 1부터 9까지의 한 자리 숫자이다. 숫자 9는 한 자리 숫자의 마지막 수로 신이 인간에게 부여한 최대의 숫자임을 감안한다면 진정한 인생, 삶에서의 최종적인 목표 달성은 외부적인 인간 세상에 있기보다는 자신의 내부에 있지 않을까 한번 생각해 보게 하는 카드이다.

타로카드의 의미

9. THE HERMIT. 카드는 목표를 자신을 둘러싸고 있는 세상에서 찾기보다는 자기 내면에 둔다. 9. THE HERMIT. 카드는 주변 세상과는 동떨어진 삶을 살아가는 카드일 수도 있다. 따라서 자신의 의지에 의해 고독한 길을 걷기도 한다. 하지만 자의에 의한, 자신의 필요에 의해 나만의 길을 걸어가는 것을 선택했기 때문에 외로움을 느끼는 카드는 아니다. 주인공은 내적인 지혜와 경험이 풍부하여 다른 사람들을 도와주는 조언가의 위치에 있는 사람이기도 하다.

» 혼자만의 세상, 은둔
» 다른 사람들을 도와줄 수 있는 안내자나 교사
» 내적인 성찰, 고독, 신중, 독립
» 정신적 사랑을 갈구하는

» 지혜, 탐구, 연구, 조언, 신중한
» 현실적인 어려움, 지지부진
» 자신만의 세계에 몰입
» 차원 높은 이상 추구

10. WHEEL of FORTUNE.(운명의 수레바퀴)

WHEEL of FORTUNE.

타로카드의 이미지

10. WHEEL of FORTUNE. 카드는 정중앙에 커다란 수레바퀴가 위치하고 그 바퀴에는 살 표시와 함께 영문자와 히브리어가 표시되어 있다. 수레바퀴의 맨 위 중앙에 검을 든 스핑크스가 위치하고 있으며, 아래 좌우에 뱀(티폰)과 아누비스가 자리 잡고 있다. 카드의 네 모퉁이에는 세상의 모든 것을 포함하는 4원소인 사람, 황소, 사자, 독수리가 위치한다. 메이저카드의 맨 마지막 21. THE WORLD. 카드에서도 변화된 4원소의 모습을 살펴볼 수 있다.

타로카드의 의미

10. WHEEL of FORTUNE.은 새로운 변화, 뜻하지 않은 기회, 행운을 의미하는 카드이다. 또한, 상황의 터닝 포인트, 단계별 결과의 완성을 의미하며 순환, 반복을 의미하기도 한다. 바퀴 안에는 T, A, R, O의 글자가 있는데 이는 TAROT, ROTA(바퀴, 라틴어), TORA(율법, 히브리어 TORAH)를 의미하며, 그 사이에 있는 기호인 요드(YOD), 헤(HEH), 바브(VAV), 헤(HEH)는 하나님의 이름 (YHAH, YAHEH)을 의미한다. 일반적으로 카드의 이미지에 바퀴, 배, 날개 달린 천사 등은 변경, 이동에 있어 긍정적인 의미로 해석한다. 원 카드 해석에서는 환경적 영향에 의한 좋은 소식, 좋은 결과를 알리는 행운의 카드이며 스프레드의 배열상에서는 주변 카드의 흐름을 파악할 필요가 있다.

» 터닝 포인트, 순환, 전환
» 행운, 성숙, 긍정적 변화
» 새로운 시작, 자연적 순환

» (배움을 통한) 이동
» 운명적 만남
» 우연한 기회

11. JUSTICE.(정의)

타로카드의 이미지

11. JUSTICE. 카드의 두 기둥은 2. THE HIGH PRIESTESS.에서의 흑백 기둥과는 차이가 있다. 11. JUSTICE. 카드는 두 개의 회색 기둥 사이에서 왕처럼 보이는 젊은 여성이 왼손에는 저울을 들고 있으며, 오른손에는 검을 똑바로 세우고 있다. 앉아 있는 모습에서는 조그마한 미동도 없으며 안정적으로 보인다. 주인공이 앉아 있는 등 뒤로는 보라색 베일이 쳐져 있다. 법정과 같이 보이는 장소에서 주인공은 빨간색 의복을 입고 있으며, 그 위로는 균형을 의미하는 초록색 망토를 입고 있다. 그 망토와 성 모양의 왕관에는 브로치와 사파이어가 박혀 있으며, 오른발이 살짝 옷 밖으로 나와 있음을 살펴볼 수 있다.

타로카드의 의미

11. JUSTICE.는 감정에 휘둘리지 않고 정의에 따라 어느 한쪽에 치우치지 않는 정의, 공명정대함을 의미한다. 즉, 왼손의 저울로 아주 정확히 판단하여 검을 휘두름을 의미하고, 오른쪽 발이 나와 있는 것은 정에 이끌리는 등 감정적이지 않고, 합리적이라는 것을 의미한다. 많은 상담가는 11. JUSTICE. 카드를 승소의 카드, 승리의 카드라고 표현하지만 그것은 정확한 해석이 아니다. 이 카드는 주인공이 행한 과정에 따라 결과가 산출되는 인과응보적인 카드라고 보면 된다. 11. JUSTICE. 카드는 보통 법(재판) 관련 카드로 승소의 카드로 알려져 있으나, 공평의 카드로 알아 두는 것이 좋다. 인간관계에 있어서는 인정에 이끌리지 않는 합리적인 관계나 공정함이 필요한 경우에 많이 나오게 된다.

» 정의, 공평, 균형	» 스스로 생각하고 행동하는
» 합리적 판단, 마음의 평정, 형평성	» 인과응보
» 냉정, 엄격, 신중	» 정직한, 책임을 지는
» 결단, 치밀한	

12. THE HANGED MAN.(거꾸로 매달린 사람)

타로카드의 이미지

12. THE HANGED MAN.은 제목을 보는 순간 즉각적으로 교수형에 처해지는 사람을 연상하게 되어 섬뜩함을 느끼게 되지만 카드의 이미지를 보게 되면 다소 안심을 찾게 되는 카드일 것이다. 주인공이 T자 형태의 나무에 목이 아닌 오른쪽 발이 묶여 있고 허리 뒤로는 양팔이 위치해 있지만, 주인공의 표정은 왜인지 모르게 편안하고 안정됨을 느낄 수 있다. 밝은 표정이 후광과 함께 표현되어 있고 빨간색 타이츠를 속에 입고 있으며, 그 위에 파란색 옷을 입고 있다. 12. THE HANGED MAN. 카드에서 유심히 살펴보아야 할 이미지인 나무는 죽어 있는 나무가 아니라 새싹이 나고 있는 살아 있는 생명력을 가지고 있는 나무이다.

타로카드의 의미

이 카드는 한마디로 표현한다면 발목 잡힌 카드이다. 아직 때가 되지 않아 때를 기다리고 있는 카드이며, 한 단계 성장을 위한 조정의 카드이기도 하다. 또한, 정신적 과정을 통해 현재보다 더 나은 성과를 이룰 수 있음을 나타내기도 한다. 12. THE HANGED MAN.은 적극성을 가지며 외부로의 활동을 하기보다는 내부로의 여유, 정신적인 수양, 깨달음을 의미한다. 따라서 일의 진행이나 추진 등에 있어서는 시간이 소요될 수 있다는 의미이며 바로 즉각적으로 결과물이나 성과가 실현되기 어려운 카드이다. 하지만 이러한 정체의 시기 이후에는 현재 상황을 벗어나 한 단계 발전된 모습으로 더 나아갈 수 있게 된다.

» 정체기, 시련의 시기	» 관점 바꾸기, 새로운 사고
» 희생과 봉사, 단절	» 고통, 여유와 기다림
» 에너지 충전	» 기존 태도의 반전
» 정신적인 수양, 망설임	» 단념, 포기

13. DEATH.(죽음)

타로카드의 이미지

　13. DEATH. 카드에서 검은색 갑옷을 입은 백골 형상의 사신이 빨간 눈을 가진 말을 타고 검은색 바탕의 흰 장미가 그려진 깃발을 들고 서서히 지나가고 있다. 왕관은 나뒹굴고 있고, 왕은 죽어 있다. 아이는 천진난만하게 바라보고, 여자는 기절한 상태이다. 13. DEATH. 카드의 기사를 반기는 것은 교황밖에 없다. 옆으로 강이 흐르고 있고, 저 멀리 두 개의 기둥 사이로 이러한 상황에 개의치 않고 새로운 시작을 알리는 태양이 떠오르고 있다.

타로카드의 의미

　메이저 타로카드 22장 중 몇 장의 두려움의 카드가 있다. 13. DEATH. 카드가 그 몇 장의 카드 중 하나이다. 13. DEATH. 카드는 새로움을 추구하기 위해 죽음, 실패, 과정의 마무리, 절망 등 과거의 여러 병폐를 포함한 상황을 정리한다는 상황의 종결과 새로운 시작을 의미한다. 물론 기존의 상황, 질서가 무너져 체계를 잃음을 의미하기도 하며, 과거의 상황들을 무너뜨리고 새로운 재탄생을 의미하는 카드이기도 하다. 평범하고 정상적인 상황이 무너짐과 같은 큰 변화를 상징한다. 현실적인 욕심을 버리고 자연스러운 신의 뜻을 따르는 자만이 새로운 시작을 할 수 있음을 나타내는 카드이다.

» 종결과 시작
» 새로운 것의 수용
» 불행, 실패, 육체적 질병
» 뜻밖의 변화, 뜻하지 않은 변화
» 한 사이클의 막바지
» 새로운 것을 받아들임
» 개혁, 변환

14. TEMPERANCE.(절제)

타로카드의 이미지

14. TEMPERANCE.에서 주인공인 천사의 이마에는 태양의 상징인 ⊙ 모양이 그려져 있고, 금색의 머리로 붉은색 날개를 달고 있다. 천사는 두 개의 컵을 들고 한쪽 컵에서 다른 한쪽 컵으로 조화로움, 절충을 시도하고 있는 듯하다. 한쪽 컵에서 다른 쪽 컵으로 물이 흐르는 상황은 다시 상황이 바뀌어 반대의 입장이 될 수 있다. 또한, 한쪽 발은 물에 담그고 있고, 다른 한 발은 돌(육지)에 위치한다. 날개 또한 완전히 펴지도 완전히 접지도 않은 상태이다. 서로 간의 절충 과정을 보여 주는 것이다. 뒤쪽에는 붓꽃과 물에서 시작된 길이 목적지를 향해 나 있으며, 목적지에는 왕관이 빛을 내고 있다.

타로카드의 의미

14. TEMPERANCE. 카드는 가운데에서 눈에 띌 수 있게 이미지화된 두 개의 컵에서 느껴지듯 한쪽에 치우치지 않는 적절한 조화, 교류, 절충을 의미하는 카드이다. 즉, 어느 한쪽에 편중되지 않고 적절한 균형을 이루고 있다. 이는 의식(이성)과 무의식(감성)을 적절히 조합하여 균형, 안정감을 유지한다는 의미로 연계할 수 있다. 이렇게 적절한 균형을 유지한다면 멀리 보이는 빛나는 왕관으로 표시된 목적지에 도달할 수 있음을 나타낸다. 14. TEMPERANCE. 카드는 마음과 행동에 있어 한쪽으로 지나치지 말고 균형을 이루라는 조언 카드로도 나올 수 있으며, 당연히 그 시간과 노력은 오래될 수 있어 인내의 카드로도 해석할 수 있다.

» 절제, 조화, 절충, 균형	» 원활한 교류
» 통합, 조합	» 인내, 지구력
» 지나침을 피하는, 한쪽에 치우치지 않음	» 수용, 중용

15. THE DEVIL.(악마)

타로카드의 이미지

15. THE DEVIL. 카드에서 오각 별이 거꾸로 머리에 꽂힌 채로 염소의 뿔과 머리, 박쥐의 날개, 사람의 상반신, 짐승의 하반신, 독수리 발톱을 가진 악마가 보인다. 주인공의 오른손은 악마의 상징을 하고 있고, 왼손으로 쥐고 있는 횃불은 땅(지옥)을 향하고 있다. 그 아래에는 옷을 입지 않은 두 남녀가 각각 포도와 불이 달린 꼬리를 가지고 있고 머리에는 뿔이 나 있다. 또한 목에 악마의 발밑에서 연결된 쇠사슬이 느슨하게 매여 있다.

타로카드의 의미

15. THE DEVIL. 카드는 6. THE LOVERS. 카드와 이미지가 많은 부분 흡사함을 살펴볼 수 있다. 하지만 15. THE DEVIL. 카드에서는 천사가 악마로, 자유스러운 두 남녀가 속박을 받는 남녀로 큰 변화가 이루어졌다. 따라서 이 카드는 구속, 속박, 유혹의 의미와 부적절한 관계, 중독적 상황으로 의미를 부여할 수 있다. 두 남녀의 목에 쇠사슬이 매여 있음을 통해 현재 상황이 합리적이고 의지적인 상황이 아니라 무의식적인 감성에 이끌리고 있는 비합리적이고 부정적인 상황임을 알 수 있다. 다행스럽게 두 인물의 목에 매여 있는 쇠사슬은 느슨하게 매여 있어 현재 상황으로는 어렵겠으나 현실을 직시하고 강한 의지를 발휘한다면 벗어날 수 있음을 암시하고 있다. 또한, 보통 편중이 심하고 개선이 어려운 상황의 중독 문제와 연관되는 카드이며 본인도 그 상황을 잘 인지하지 못하고 저절로 이끌려 빠져드는 경우가 많다.

» 집착, 부적절한 관계, 육체적인 쾌락, 망상, 중독
» 부정적인 사고
» 잘못된 사랑
» 불합리한 관계, 유혹
» 욕망, 현실적 강박
» 답답한 상황, 실패, 복종, 속박
» 악화된 대인 관계
» 지나친 성욕

16. THE TOWER.(탑)

타로카드의 이미지

산 위에 16. THE TOWER. 카드를 상징하는 탑이 왕관을 필두로 우뚝 세워져 있다. 하지만 검은 구름이 잔뜩 낀 상황에서 불길한 번개가 시커먼 하늘에서 탑의 왕관을 향해 내리치고, 그 번개를 맞은 왕관은 탑에서 뒤집혀 떨어지고 있다. 탑 안에 있던 두 사람이 밖으로 떨어지고 있는 상황에서, 한 사람은 여전히 왕관을 쓰고 있으며, 왕관을 버린 사람은 떨어지는 상황을 지켜보고 있다. 탑의 세 개의 창문에는 불길이 타오르고 있고, 전반적인 배경이 심상치 않아 보인다.

타로카드의 의미

16. THE TOWER. 카드는 갑작스러운 큰 변화를 의미한다. 이 카드의 이미지는 급격한 상황의 반전, 뒤집힘을 표현하고 있으며 이별을 할 수도 있고 관계의 단절이 이루어질 수도 있는 등 그 상황이 좋지 않음을 의미하는 카드이다. 아주 힘든 상태, 파산, 파멸을 의미하며 예상하지 못했던 갑작스러운 변화나 문제 상황이 나타날 수 있는 카드이다. 특히, 16. THE TOWER. 카드는 문제의 상황이 서서히 드러나지 않고 급격히 발생한다는 점을 유의할 필요가 있다.

» 갑작스러운 큰 변화, 큰 위기
» 신념의 파괴
» 대혼란, 붕괴, 폭로
» 위기에 빠짐, 불똥이 튐, 파산, 이별
» 공든 탑이 무너짐
» 숨겨 오던 것이 드러남
» 안정된 상황의 붕괴
» 예기치 못한 피해

17. THE STAR.(별)

타로카드의 이미지

17. THE STAR. 카드는 밤하늘 한가운데에 노란색의 큰 팔각 별이 있고, 그 주위로 하얀색의 작은 팔각 별 7개가 위치해 있다. 대지는 푸르며 꽃들이 피어나고 있고, 주인공이 노란(황금)색 머리에 옷을 하나도 입지 않은 채로 한 발은 물(웅덩이) 위에 다른 발은 육지에 무릎을 꿇고 있다. 마찬가지로 한 손은 물(웅덩이)에, 다른 한 손은 육지에 생명력을 부여하듯이 물을 붓고 있다. 나무 위에는 새 한 마리가 이 모든 상황을 지켜보듯이 앉아 있다.

타로카드의 의미

17. THE STAR. 카드는 메마른 땅에 생명을 부여하는 이미지에서 볼 수 있듯, 희망의 카드이며 새로운 시작을 의미하는 카드이다. 또한, 다가올 미래에 대해 긍정적인 결과를 알려 주는 카드이기도 하며 자기가 희망했던 이상적인 이성을 만날 수 있는 카드이기도 하다. 또한, 상황이 진척되지 않았던 것이 해결되면서 좋은 방향으로 흘러갈 수 있는 카드이기도 하며, 목표했던 결과를 달성할 수 있는 흐름의 카드이기도 하다. 한 발은 물 위에 다른 발은 육지에 위치하고 있다는 점에서 17. THE STAR. 카드의 이미지는 14. TEMPERANCE. 카드의 이미지와 흡사한 면이 있다.

» 희망, 믿음, 신념,

» 발전적인 단계로 나아감

» 긍정적인 결과, 밝은 전망, 행운

» 낙관주의

» 이상적인 상대, 멋진 사랑

» 창조적인

» 창조적인, 새로운 시작

18. THE MOON.(달)

타로카드의 이미지

18. THE MOON. 카드에서 달의 모습은 자기 모습이 태양인지 달인지 모르고 후광을 드러내며 변화를 하고 있다고 보거나 달이 태양을 가리며 점점 태양의 빛이 사라지고 있는 일식의 상황으로 볼 수 있다. 어떤 경우이든 애매하고 불명확한 상황을 표현하고 있다. 개와 늑대가 이 근심 가득한 표정의 달을 경계하듯 바라보고 있고, 물속에서 가재(갑각류)가 나와 길을 따라 이동하려고 하고 있으나, 길을 가로막고 있는 개와 늑대로 인해 쉽게 나오지 못하는 이미지이다.

타로카드의 의미

달 아래에서는 사물을 정확히 구별하기 쉽지 않다. 또한, 달의 형태가 명확하지 않아 세상의 여러 동물은 불안한 상태이다. 바로 18. THE MOON. 카드는 이러한 불안한 상황을 알리는 카드이며, 달의 이미지에서 느껴지는 것처럼 이중적이고 양면성의 카드로 특히 달은 무의식(잠재의식)을 의미하는 카드이다. 물속의 가재(갑각류)가 육지로 나오려고 하지만 육지에 자리 잡고 있는 개와 늑대로 인해 나오지 못하는 상황은 주변의 어려운 상황이 있을지언정 용기내어 본인의 본성 및 무의식(잠재의식)을 활용하고 의지하여 목적지로 가는 것이 중요하다는 것을 의미한다. 18. THE MOON. 카드는 전반적인 이미지에서 불안함과 근심, 걱정이 느껴지며 상황이 매끄럽게 이루어지기보다는 혼란스럽고 불명확함이 느껴지는 카드이다.

» 근심, 걱정, 불안, 갈등
» 숨겨진, 배신, 속임수
» 애매한 상황
» 삼각관계

» 두려움, 동요
» 불명확한
» 혼란스러운

19. THE SUN.(태양)

타로카드의 이미지

　19. THE SUN. 카드는 제목에 걸맞게 태양의 이미지가 강조되어 있다. 메이저카드에서 등장하는 태양 중 가장 강한 후광을 내며 가장 선명하고 밝은 표정의 큰 이미지로 표현된 카드이다. 아무것도 입지 않은 아이가 백마를 타고 자기보다 훨씬 큰 빨간(주황색) 깃발을 들고 천진난만하게 앉아 머리에 화관을 쓰고 만족스러운 표정을 짓고 있다. 더군다나 태양의 추종, 상징인 해바라기가 담장을 에워싸고 있고, 아이의 머리도 화관으로 장식되어 있다.

타로카드의 의미

　태양에서 가장 선명한 빛을 얻을 수 있고 그 아래에서 사물을 명확히 구분할 수 있다. 따라서 타로카드에서 태양은 신의 은총, 성공적인 결과를 의미한다. 이것을 증명하듯 저자의 경험에 의하면 메이저카드 22장 중 19. THE SUN. 카드는 가장 긍정적인 카드로 사랑, 성공, 달성을 의미한다. 19. THE SUN. 카드는 0. THE FOOL.에서 1/4의 크기로 시작된 태양이 6. THE LOVERS.를 지나 절반의 충만을 이루어 가고 19. THE SUN.에서 최종적인 완벽한 태양의 형상을 이루며 완성된다.

» 성공, 당선
» 만족, 문제 해결
» 목표 달성, 완성
» 밝은 미래, 활기
» 긍정적 결과, 행복
» 활기찬 에너지, 열정, 화합
» 단순, 명확
» 에너지, 낙관주의
» 건강한 출산, 임신

20. JUDGEMENT.(심판)

타로카드의 이미지

　20. JUDGEMENT. 카드에서 구름 위에 나타난 천사가 나팔을 불어 드디어 때가 되었음을 알리고 있다. 천사의 나팔에는 빨간 십자가 깃발이 매달려 있다. 왼쪽에는 남성이 오른쪽에는 여성이 가운데에는 아이가 서 있으며 관에서 죽은 자들이 이때를 기다린 것처럼 모두 양팔을 벌리고 맞이하고 있다. 인생의 첫 스타트를 알리는 0. THE FOOL.에서 등장한 산이 20. JUDGEMENT.의 배경에 다시 보인다.

타로카드의 의미

　20. JUDGEMENT. 카드는 0. THE FOOL. 주인공이 1. THE MAGICIAN.을 시작으로 하여 19. THE SUN.까지의 인생의 여정을 마친 후의 심판을 받는 결과라고 볼 수 있다. 우리의 삶과 연관을 시킨다면 우리 인생의 삶을 어떻게 살았는지에 대한 결과, 심판 카드에 해당한다. 20. JUDGEMENT.에서 좋은 결과가 나온다면 21. THE WORLD. 카드의 최종적인 완성을 이룰 수 있는 것이다. 20. JUDGEMENT. 카드는 자신이 실행한 결과에 대해 보상, 판결을 받는 카드로 인과응보의 의미에 해당하는 카드이지만 전체 인생의 여정을 통한 최종적인 결과를 의미하는 긍정의 의미로 더 많이 접목되고 있다.

» 심판, 인과응보	» 정신적·육체적 좋은 변화
» 좋은 변화, 적절한 타이밍	» 확신, 꿈을 이루다
» 보상, 좋은 소식, 긍정적인 변화, 재회	» 재회, 되살아나는 사람

21. THE WORLD.(세계)

타로카드의 이미지

21. THE WORLD. 카드에서는 ∞ 기호의 표시가 되어 있는 커다란 타원형 월계관 안에서 나체의 여인이 양손에 지팡이를 들고 보라색 천을 몸에 감싸고 목표 달성이라도 한 것처럼 만족해하며 행동을 취하고 있다. 네 모퉁이에 위치하는 10. WHEEL of FORTUNE. 카드에서의 4원소에 해당하는 사람, 황소, 사자, 독수리가 21. THE WORLD. 카드에서도 동일한 위치에 있지만, 날개와 책들을 모두 버리고 한층 성숙한 이미지이다. 주인공 머리 위와 발 아래에 ∞의 표시가 있다.

타로카드의 의미

0. THE FOOL. 카드에서 주인공의 머리에 쓴 작은 월계관이 큰 타원형 월계관을 이루었다. 1. THE MAGICIAN. 머리 위의 ∞가 인생의 배움을 통해 8. STRENGTH.의 ∞를 거쳐 최종적인 21. THE WORLD.의 완성을 의미하는 큰 타원형 월계관을 이룬 것이다. 또한, 작은 사이클에서의 완성을 이룩해 낸 10. WHEEL of FORTUNE.에 등장하는 4원소가 인생의 여정을 통한 배움을 성공적으로 수행하여 성숙한 4원소로 성장하였다. 이 모든 설명을 하나의 단어로 표현한다면 21. THE WORLD. 카드는 지금까지 인생의 여정, 과정에서의 최종적인 완성으로 표현할 수 있다. 또한, 그 완성은 성공적인 결과이며 새로운 출발을 위한 한 단계 업(UP)된 결과이기도 하다. 모든 장애물을 극복하고 목적을 이루어 냈다고 해서 21. THE WORLD. 카드를 일명 성공의 카드라고도 한다.

» 성공, 목표 달성, 풍요
» 배움을 통한 완성, 발전, 한 사이클의 완성(해피 엔딩)
» 완벽한 마무리, 완벽
» (한 단계 업된) 새로운 출발
» 긴 여행, 번영, 결혼

2) 마이너 타로카드 56장의 정석

마이너카드는 세상의 모든 부분을 아우르는 완드(WANDS), 컵(CUPS), 소드(SWORDS), 펜타클(PENTACLES) 4개의 원소(슈트)로 구성된다. 마이너카드의 4원소(슈트)는 4원소 간의 간접적 연계와 직접적인 연계를 이해하면 타로상담에 도움이 된다. 4원소의 직접적인 의미를 먼저 살펴보자.

① 완드(WANDS)

불(火)을 상징하며, 직관, 행동, 모험, 에너지, 투쟁을 나타낸다. 타로카드의 모든 완드에는 새로움과 생명을 상징하는 새싹이 돋아나고 있음을 살펴볼 수 있다.

② 컵(CUPS)

물(水)을 상징하며, 감정, 사랑, 관계를 의미한다. 컵이 쓰러져 있거나 컵 속의 내용물이 밖으로 쏟아져 나와 있다면 좋지 않은 부정적인 상황임을 나타낸다.

③ 소드(SWORDS)

공기(風)를 상징하며 사고, 갈등, 고통을 의미한다. 소드는 너무 신중해서 생각만 하다가 행동으로 옮기지 못해 그로 인한 문제 상황을 유발하는 경우도 있다.

④ 펜타클(PENTACLES)

흙(地)을 상징하며 물질적, 현실적 상황을 의미한다. 펜타클은 우리 삶과 연계된 일, 경제, 책임감, 실제적 문제와 관련이 많다.

그럼 4원소 간의 간접적인 연계와 직접적인 연계를 우리 인생에서 예를 들어 살펴보자.

대학을 갓 졸업한 경은이는 대기업 입사 시험을 열심히 준비해서 드디어 합격, 입사를 하게 되었다. 경은이는 팀에서 실적을 인정받는 유능한 직원이 되고 싶었다. 그래서 야근도 마다하지 않고 밤낮으로 열심히 일했다. 입사 2년이 막 지나가는 시점에 경은이는 대리로 진급하게 되었다. 이렇게 열심히 사는 모습을 눈여겨본 회사 상무가 친구 아들, 준석이를 소개해 주었고, 경은이와 준석이는 올해 가을 결혼식을 올리게 되었다.

  경은이는 회사에 입사해서 실질적인 성과라는 펜타클을 직접적으로 추구하였다. 하지만 이러한 실적은 준석이와의 결혼이라는 컵의 원소를 간접적으로 불러오게 된 것이다.

  즉, 펜타클의 직접적 의미인 실적도 컵의 직접적인 의미인 감정, 사랑에 간접적인 영향을 이끌 수 있다는 것이다. 이와 반대로, 사람과 사람이 감정적 충만을 얻어 물질적 만족을 얻게 되는 경우도 우리 삶에서는 많이 볼 수 있다. 따라서 4원소는 서로 맞물려 돌아가며 우리 삶에 직간접적으로 작용하고 있는 것이다. 마이너카드는 1~10까지의 숫자와 위의 4슈트와 연계를 지은 숫자(PIP)카드와 시종, 기사, 여왕, 왕의 네 인물과 위의 4슈트와 연계를 지은 코트(COURT)카드로 구분한다.

  그럼 마이너카드의 슈트별 핵심 의미를 본 『타로상담의 정석(기본편)』에서 살펴보고, 세부적인 전문 의미는 『타로상담의 정석(실전편)』에서 파악하도록 하자.

1. 완드(WANDS)

ACE of WANDS

새로운 시작, 완벽한 준비, 순수하고 창조적인 에너지, 새로운 일, 탁월한 능력, 탄생, 수익, 유산, 창조력, 직관, 기회, 뜻하는 프로젝트, 창조, 발명, 목표 다짐, 자신감, 의미 있는 경험의 시작, 행운

TWO of WANDS

추진에서의 갈등, 일부 목표 달성, 성공, 새로운 계획, 기획, 행동의 대립(갈등), 미래 성공의 다짐, 더 넓은 포부의 추진, 새로운 확장, 새로운 도전, 선택, 기다림, 용기

THREE of WANDS

목표 달성, 성공, 무역, 강력한 통찰력, 확장된 도전 정신, 모험심, 더 큰 영역으로의 확장, 성취를 통한 만족, 안정된 직위, 새로운 확장 계획

FOUR of WANDS

축하, 결혼, 풍요, 결실, 성공, 승리, 평화, 안정, 행복, 평화로운 보금자리, 번영, 조화, 행동의 성과, 노력 후의 안정

FIVE of WANDS

논쟁, 갈등, 분열, 투쟁, 욕망, 서로 얽힌, 열띤 토론, 싸움, 짧은 기간의 혼란, 사기, 속임수, 연루, 안정 뒤의 트러블, 경쟁, 사소한 싸움, 불만스러움, 방해물

SIX of WANDS

합심으로 이루어 낸 성공, 권위와 명예, 정복, 목표 달성, 긍정적 호응, 소원의 성취, 만족, 노력의 결과로 실현된 성과, 공들인 프로젝트의 결실, 희소식, 승리, 합격, 리더십, 추종, 의견 통합

SEVEN of WANDS

방어, 용기 있는 행동, 극복, 힘든 성공, 자신감, 저항, 끈기, 열정, 긴박한 상황, 불굴의 의지, 타협하지 않는 의지, 어려움에 대한 극복, 힘든 상대에 대한 인내, 용기 있는 대처, 투쟁

EIGHT of WANDS

이동, 빠른 진행(행동), 빠른 이동, 좋은 결과, 합격, 성공, 곧 결과에 이른다, 신속한 문제 해결, 갑작스러운 소식, 신속한 일 처리, 침체에서 벗어나 새롭게 시작, 신속한 동작(이동), 지나치게 빠른 진보

NINE of WANDS

방어, 용기, 두려움, 고난, 힘겨움, 재계획, 집중의 필요성, 용기 있는 저항, (재)계획적인 준비, 방어해 내다, 극복, 힘과 결단력, 인내와 용기로 목표 달성, 중요한 일의 연기(정지), 어려움과 변화에 대한 기대, 심사숙고

TEN of WANDS

욕망, 과부하, 성취를 위한 노력, 책임감, 지나친 압박, 역부족, 강한 부담감, 해결하기 어려움, 힘에 버거운 노력, 능력 밖의 과중한 업무, 추진 불가능, 스스로 짊어진 과업, 조화롭지 못한 상황, 결과가 나오지 않음

PAGE of WANDS

   호기심, 열정, 신뢰 있는, 자신감 넘치는, 하나의 목표, 시작을 결심한 인물, 활동적인, 능력 있는 인물

KNIGHT of WANDS

   도전적인, 열정적인, 성급한, 모험적인, 야심 찬, 계획 없이 행동만 앞서는, 무모한 행동, 매력(육체적)

QUEEN of WANDS

   욕망이 강한, 주도적인, 정열적인, 실용적인, 능력 있는, 유능한, 관대한, 확신에 차 있고 당당한 인물, 다재다능한, 믿을 만한, 활동적인(모험, 정열적), 여성적인(섹시한 매력, 사랑스러운)

KING of WANDS

   강력한 리더십, 지적인, 유능한, 창조적인, 책임감 있는, 신뢰를 주며 넓은 통찰력을 지닌 인물, 지적인(직관력이 뛰어난, 영감을 주는, 확신을 주는), 능숙한

2. 컵(CUPS)

ACE of CUPS

　새로운 감정의 시작, 깊은 만족, 감정 충만, 성공, 사랑이 싹트는, 행복, 감성적 충만, 새로운 인간관계 시작, 새로운 순수한 사랑, 임신, 긍정적인 마음, 대인 관계의 시작, 결혼, 화합, 포용 능력, 풍부함, 성공적 인간관계

TWO of CUPS

　감정의 교류, 의사소통, 교감, 사랑, 이성의 결합, 화해, 협상, 신뢰, 공감, 사랑의 시작, 우정, 호감, 계약, 동반자, 결혼, 감정적 대립물의 조화(소통), 분쟁이나 갈등의 해결

THREE of CUPS

　축배, 축하, 협상, 화합, 행복, 성공, 문제 해결, 목표 달성, 승리, 건강의 회복, 사교적인, 감정적 성장, 만족스러운 결과, 결혼, 상처의 치유, 화해, 타협, 완벽한 결말

FOUR of CUPS

　권태, 정체, 몰입, 불만족, 무기력, 포기, 낙담, 상실감, 과거에 연연, 싫증, 부정적 상황, 지루함, 새로운 방법 필요, 혐오, 실망, 반감, 쓰라린 경험, 감정 소멸, 고민거리

FIVE of CUPS

　집착, 실패, 부분적 손실, 상심, 후회, 외로움, 실망스러운, 불행한 관계, 미련이 남는, 기대에 못 미치는, 과거에 대한 후회, 진실함이 깨진 관계, 실망, 불완전한 결합, 불완전한 동반자

SIX of CUPS

향수, 동심, 추억, 집착, 과거와 관련된, 순수함, 희망을 건네다, 프러포즈, 과거의 향수, 과거 일의 재추진, 과거의 재회, 과거의 회상, 오랜 친구와의 만남, 지나간 어린 시절, 빛바랜 기억과 이미지

SEVEN of CUPS

뜬구름 잡는, 환영, 비현실적인, 망설임, 과대망상, 백일몽, 착각, 현실적이지 못한 사고, 속임수에 속는, 어찌할 바를 모르는, 욕심과 망상, 올바른 선택의 필요, 일시적 허상

EIGHT of CUPS

포기, 후퇴, 은둔, 새로운 출발, 전환, 명퇴, 돌아섬, 단념, 마음을 비우다, 새로운 전환, 헤어짐, 실망, 아쉬움을 남긴 이별, 새로운 것을 추구, 노력의 불연속, 후회, 과거 감정의 포기, 겸손, 남겨진 성공, 희생

NINE of CUPS

만족감, 성공, 풍요, 건강, 목표 달성, 행복, 평화로움, 정신적 행복, 물질적 달성, 목표 성취, 꾸준한 이익, 소망, 욕구의 완성, 극복

TEN of CUPS

행복, 성공, 만족, 기쁨, 가정, 결혼, 안정적인, 해피 엔딩, 평화, 행복한 가정, 행복한 연애, 사랑, 감정적인 만족감, 마음의 평온, 즐거움, 명예, 완전무결한 마음

PAGE of CUPS

 호기심, 감정이 풍부한, 예술적인, 순수한, 예민한, 본인이 원하는 것을 파악한 인물, 마음에 와닿는 좋은 소식, 사명적 대인 관계

KNIGHT of CUPS

 새로운 시도, 제안, 성공, 기회, 좋은 만남, 감수성이 강하고 정서적인 인물, 좋은 관계(결혼-청혼), 만남과 시작, 마음의 변화

QUEEN of CUPS

 예민한 감수성, 헌신적인, 깊은 감정, 좋은 대인 관계, 애정적인 인물, 감정의 세계에 몰두하는, 완벽한 파트너, 충만한 배우자, 기쁨, 행복, 행복한 관계(결혼)

KING of CUPS

 자애로운 사람, 로맨틱한, 관용적인, 사교적인, 자상하고 배려심이 많은 인물, 자신의 감정을 통제하는 인물, 예술적인(섬세한, 창조력), 넓은 마음(이해심, 중재, 베풂), 매력적인(로맨틱, 위트)

3. 소드(SWORDS)

ACE of SWORDS

명예, 권력, 승리, 강한 정신력, 목적의식, 굳은 의지, 주도권, 역경 극복, 정복, 번영, 성공, 현실 직시, 욕망, 확신에 찬 목표 설정(뜻을 세움), 확신한 대로 행동, 위대한 결심, 확신에 찬 솔선

TWO of SWORDS

갈등, 조화, 자기방어, 우유부단, 불완전한 균형, 선입견, 편견, 섣부른 판단, 친분 형성, 균형 잡힌 힘, 궁지에 몰려 있음, 진퇴양난, 곤경, 현실적 사고(용기) 필요

THREE of SWORDS

상처, 이별, 슬픔, 파탄, 손실, 고통, 배신감, 균열, 고뇌, 이혼, 깊은 상처, 부정한 사랑에 대한 눈물, 부재, 제거, 분산, 전환, 대립

FOUR of SWORDS

휴식, 치유, 전진을 위한 일시적 후퇴, 회복, 여유와 안정, 은둔, 여유 필요, 요양, 격리된, 외로움, 고독, 회복하는, 속 빈 강정, 건강의 회복, 퇴각, 질병의 치유, 정지, (질병 후의) 휴식, 보충, 은거, 포기, 경계

FIVE of SWORDS

패배, 실패, 불명예, 거만, 경쟁, 배신, 이기심, 분열, 갈등, 손실, 취소, 비난받는, 망신, 패배자, 조롱을 당하는, 파면, 반대자 출현, 타인의 파멸, 손해, 신념의 파기

SIX of SWORDS

안정을 향한 이동, 이유 있는 여행, 해방, 어려움을 극복해 나가는, 긍정적인 변화, 변화의 시기, 신념의 이동, 불안 뒤의 안정, 중요한 변화의 시기, 끈기, 고뇌에서 벗어남, 현재 상황의 감수, 근심 뒤의 성공

SEVEN of SWORDS

경솔함, 자만심, 위험함, 성급함, 부분적인 성공(실패), 자신만의 이익, 신중의 필요성, 불안한 시도, 상황 파악 필요, 손실이나 배신, 말썽의 소지가 있는 계획(자신감), 잔머리, 부분적인 성공(실패), 신중한 행동 필요

EIGHT of SWORDS

속수무책, 고통, 위기 상황, 두려움, 고민, 혼란, 부정적 사고, 좋지 않은 건강, 질병, 사고의 위험성, 혼돈, 사면초가, 우유부단, 지배, 감금, 자포자기, 나쁜 소식, 중상모략

NINE of SWORDS

스트레스, 근심, 외로움, 우울증, 고통, 이별, 절망, 비탄, 깊은 상처, 유산, 질병, 고독, (행동에 대한) 후회, 두려움, 과오, 신념에 대한 근심, 망연자실

TEN of SWORDS

파멸, 절망, 불행, 죽음, 부정적 사고의 현실화, 분열된 마음, 불안, 신념의 끝장, 부정적 사고의 현실화, 어떤 일의 종료나 마감, 큰 고통, 괴로움, 정신적인 고뇌, 큰 슬픔

PAGE of SWORDS

성급함, 냉정한 판단력, 목적의식, 경계, 민첩함, 대범함, 늘 경계심을 늦추지 않는 인물, 재빠르고 지적인 인물, 책임감(경계, 조심), 민첩한, 공격적인, 용기, 의심, 현실 직시

KNIGHT of SWORDS

행동력, 의리, 용기, 자신감, 대담한, 분노, 공격적, 영웅심과 의리가 강하며 성급한 인물, 대담한, 싸움, 분노, 능력 있는, 영향력 있는

QUEEN of SWORDS

이성적, 공정, 합리적, 완벽주의, 어려운 상황, 강한 정신력, 냉정하고 합리적인 인물, 무엇보다 진리를 믿음, 완벽한 성실성, 상황적 어려움, 강인한 성격, 완벽주의자, 눈치 빠른

KING of SWORDS

카리스마, 분석적, 논리적, 공정한, 권위, 전문가, 엄격함, 사리 분별이 분명하고 합리적인 인물, 공정함, 이성과 지성이 균형을 이룬, 논리적이며 공명한, 해박한, 많은 경험

ACE of PENTACLES

큰 수익, 금전, 재정, 성공, 사업, 투자, 물질적 번영, 행복, 성취, 정신적 행복, 목적 달성 기회가 찾아옴, 사업 확장, 투자 성공, 현실적이고 실리적인 확신(이익의 확신), 성공할 사업의 시작, 물질적이고 정신적인 부유함의 결합, 완벽, 이상적인 만족

TWO of PENTACLES

불안정한, 양다리, 순조로운 해결, 양자택일, 집중, 두 가지 일을 동시 진행, 즐거움, 어려운 일의 능숙한 처리, 갈등, 뒤섞임, 융통성과 유연성 필요, 새로운 추진의 어려움, 위험한 상황, 혼란, 새로운 고민거리, 당황, 집중의 필요성

THREE of PENTACLES

협력, 동업, 의견 합심, 전문적 기술, 역할 분배, 기부, 투자, 숙련된 기술, 의견 통합, 예술적 재능, 합심, 훌륭한 기술, 숙련, 완벽, 예술적 재능

FOUR of PENTACLES

강한 소유욕, 자기중심적, 집착, 인색, 욕심, 인색함, 절약, 저축, 풍요, 소유와 인색, 구두쇠, 물질에 대한 집착, 지독한 구두쇠, 분배 불가능, 상속 재산

FIVE of PENTACLES

경제적 어려움, 가난, 기회를 놓침, 실패, 근심, 역경, 삶에 찌든, 물질적, 금전적 결핍, 걱정, 스트레스, 아직 때가 아님, 어려운 현실, 궁핍, 손실, 복잡한 이해타산

SIX of PENTACLES

분배, 관용, 나눔, 만족, 기쁨, 공평함, 물질적 분배, 호의, 뿌듯함, 기준에 따른 분배, 관대함, 박애주의, 성과에 따른 보수

SEVEN of PENTACLES

계획, 수확, 점검, 심사숙고, 욕심, 수확 전 계획, 추가 사업, 결과물, 지나친 생각, 고민, 발전 단계에서의 휴식(심사숙고), 고안 능력, 교묘함, 성장, 여유로운 상황

EIGHT of PENTACLES

근면 성실, 수련자, 인내, 미완성, 노력, 검소함, 미숙한, 초보자, 타고난 솜씨, 꾸준한 노력, 수련생의 신분, 개인적인 노력, 새로운 기술의 습득, 돈을 벌 수 있는 능력

NINE of PENTACLES

풍요, 자유, 성공, 휴식, 보상, 행복, 만족감, 자기 확신, 통찰력, 자기 계발, 독립심, 물질적인 번영, 성취, 식별력, 금전적인 경험을 통한 지혜

TEN of PENTACLES

화목, 안정된 삶, 풍요, 성공, 사회적 명성, 부유한 가정, 사회적 명성, 상속 재산, 문서 획득, 안정된 주거, 행복한 가정, 경제생활과 가정생활에 대한 풍요로움, 유리한 재산(거래), 조상으로부터 전통 계승, 유산

PAGE of PENTACLES

강한 목표 의식, 신중함, 집중력, 실용성, 호기심, 물질(경제)적인, 목표를 세우고 현실적 계획을 세우는 인물, 호기심 많고 신중한, 꾸준히 노력하는, 강한 집중력, 뚜렷한 목표 의식, 사업적 기회

KNIGHT of PENTACLES

신중함, 책임감 있는, 인내, 근면, 안정, 정체된, 주의 깊은, 본인의 능력과 위치를 파악하고 있는, 믿음직한, 주의 깊은, 참을성 많은, 본인의 뜻에 따른 차분한 계획, 명예를 중시하는

QUEEN of PENTACLES

헌신적인, 풍요, 관대한, 행복, 임신, 성공, 넓은 마음, 실질적 가치를 잘 알고 활용하는 인물, 풍부함, 번영과 풍요의 여왕, 헌신적인 아내, 가정적인 어머니, 높은 신분의 사람, 부유함, 이해심 넓은, 동정심 많은

KING of PENTACLES

경제적 능력, 물질적 풍요, 현명함, 배짱, 강한 소유욕, 계산적이고 실리적인 인물, 물질적 번영, 성공, 영리함, 기회 포착, 용기

02. 타로카드 상담전문가를 위한 전문 고급 타로카드

제1장에서 살펴본 타로카드의 기원 내용을 되짚어 연결, 설명한다.

인류가 시작되면서 모든 생명체는 미래에 대한 불확실성에서 오는 호기심을 간직하여 왔다. 그 호기심은 긍정적 상황의 미래인 기대감일 수도 있고, 부정적 상황의 미래인 불안감일 수도 있다. 시간이 흐르며 이러한 불확실한 미래를 파악하고자 하는 많은 영역의 연구가 이어져 내려왔다. 우주와의 연계성을 통해 미래를 알아보려고 점성학이 연구되었고, 인간의 타고난 운명을 알아보고자 여러 부류의 역학이 연구되었다. 타로카드도 이러한 불확실한 미래를 알아보고자 하는 하나의 도구였다.

타로카드는 수천 년 전 고대 이집트 혹은 그 이전부터 시작된 것으로 전해진다. 서양에서 타로카드가 처음 사용된 것은 중세 시대부터이다. 혼란했던 중세 시대의 신비 학교들은 가르침을 전하는 암호로 타로카드의 상징을 사용했다. 지금까지 타로카드는 미래를 예언하는 데 사용되기도 했고, 가벼운 실내 오락으로 사용되기도 했으며, 비술(祕術) 계통에서는 알 수 없는 신비한 정보를 얻는 방법으로 사용되기도 했다. 시간의 흐름과 과학의 발달로 인해 최근에는 미래를 예측하고 상담과 연계하는 도구로 발전하게 되었다. 이렇게 타로카드는 신비로움을 간직한 채 수백 년 이상 계승되어 오면서 잊히거나 쇠퇴하기는커녕 오히려 태초의 신비로운 의미를 찾고 발전시키기 위해 신비주의 등의 연구자들에 의해 더욱 연구가 활발하게 이루어지며 큰 발전을 통해 우리의 삶 속에서 광명을 비춰 주고 있다.

이러한 연구를 통해 전문적인 상담이 가능한 여러 타로카드가 등장하게 되었다. 이 장에서는 타로카드 상담전문가를 목표로 하는 독자들이 반드시 알아 두면 타로상담에 전문성을 발휘할 수 있는 몇 가지 주요 전문 고급 타로카드를 소개한다.

이 책에서 유니버셜웨이트 타로카드를 사용하고 있어 웨이트 계열의 타로카드에 대한 소개는 생략한다. 저자는 타로카드 상담전문가를 목표로 하는 독자들에게 마르세이유 타로카드(18C, 1760년대), 웨이트 타로카드(20C, 1910년대), 데카메론 타로카드(토대 원작 : 14C, 1340년대), 오쇼 젠 타로카드(20C, 1980년대), 심볼론 타로카드(20C, 1990년대), 컬러타로상담카드(21C, 2010년대)를 추천하며, 이 타로카드를 중점으로 소개한다.

1) 마르세이유 타로카드

마르세이유 타로카드에 대한 전문적인 내용을 살펴보고 싶은 독자는 저자의 마르세이유 타로카드 저서인 『마르세이유 타로카드 상담전문가(최지원 외, 해드림출판사)』를 참고하기 바란다. 이 책 『타로상담의 정석(기본편)』에서는 『마르세이유 타로카드 상담전문가(최지원 외, 해드림출판사)』 내용의 일부를 인용하여 마르세이유 타로카드 상담전문가로 나아가기 위한 필수적인 기초 설명을 안내하도록 한다.

(1) 마르세이유 타로카드의 특징

이 책의 앞부분에서 설명한 대로, 21세기를 살아가는 우리는 타로카드의 발전과 신비로움에 대해서 많은 호기심을 발휘하며 알아 가고 있지만, 타로카드의 기원에 대해서는 명확히 알려지지 않아 궁금증을 가지고 있다.

78장의 체계*를 유지하고 있는 현존하는 가장 오래된 카드는 1400년대 비스콘티 스포르자 타로카드이다. 비스콘티 스포르자 타로카드는 이탈리아 문예 부흥기 명문가인 비스콘티와 스포르자 가문의 혼인, 작위 수여식 등을 기념하기 위해 제작된 카드이다. 이때만 하더라도 인쇄술이 발달하지

---

* 일반적으로 마르세이유 타로카드와 같은 78장의 구성을 이루는 카드를 타로카드라고 일컫는다. 물론 이 78장의 구성은 메이저카드 22장과 마이너 카드 56장의 구성을 만족해야 한다. 하지만, 이렇게 구성되지 않은 카드들도 사용자의 이해를 돕기 위해 타로카드라는 명칭을 사용하고 있다. 참고로, 이러한 구성을 따르지 않는 카드는 오컬트 카드라고 일컫는다.

않은 시기라 수작업을 통해 일일이 카드를 그려야 하는 어려움이 있었다. 몇 장의 카드가 유실되어 후대에 새롭게 보완, 복원되었다. 이러한 사유로 비스콘티 스포르자 타로카드를 현존하는 가장 오래된 타로카드로 인정하지 않는 경향이 있다. 따라서 타로카드 78장의 완벽한 체계를 이루고 있는 현존하는 카드는 명실상부 마르세이유 타로카드이기에 마르세이유 타로카드를 정통 카드의 으뜸으로 인정하고 있다.

인쇄술이 발달하지 않은 시기 중 17~18C 전후 이탈리아와 프랑스에서는 목판 등을 사용하여 기존 수작업에서 벗어나 타로카드가 대량으로 만들어졌다. 바로 이러한 목판 작업 기술로 인해 수 세기 동안 프랑스 남부 마르세이유에서는 카드 제작이 광범위하게 이루어졌다. 그리고 대량 인쇄된 카드들은 프랑스 남부 지역의 이름을 따서 마르세이유 패턴이라고 불렸다. 이러한 마르세이유 카드의 패턴은 여러 가지가 존재하는데, 이 중에서 우리가 사용하고 있는 정통 마르세이유 카드의 기준은 바로 니콜라스 콩베르(마르세이유, 1760)로 둔다. 프랑스 국립도서관에 소장되어 있는 18~19C 연도별 마르세이유 타로카드의 이미지*는 다음과 같은 변천사를 보인다.

| 1743-1753** | 1760*** | 1809-1833**** |

마르세이유 타로카드의 연도별 변천

* 출처: Bnf, Bibliotheque nationale de France(프랑스 국립도서관) 『마르세이유 타로카드 상담 전문가』 출판은 Bnf(프랑스 국립도서관)와 정식 계약 체결을 통해 출판되었다.

** [마드모아젤 르노르망의 친필 점술 메시지를 포함한 이탈리안 패턴의 "마르세이유" 타로카드] : [카드, 판화]. 1734-1753.

*** [이탈리안 패턴의 "마르세이유" 타로카드] : [카드, 판화]. 1760.

**** 콩베르, 니콜라스 (1784-1833). 조각가. ["콩베르 타로"라고 불리는 이탈리안 패턴의 카드] : [카드, 판화]. 1809-1833.

시대적 흐름에 따라 이미지와 색상이 선명해졌으며, 인물과 대상의 묘사에 있어 명확함이 이루어졌다. 여기에서 독자들이 유의할 부분이 있다.

우리가 사용하고 있는 정통 마르세이유 카드의 모체를 니콜라스 콩베르(마르세이유, 1760)에 두고 있다는 말은 1760년에 니콜라스 콩베르에 의해 제작되었다는 것을 의미하는 것이 아니라 니콜라스의 출생 연도를 보아도 알 수 있듯이 1760년도의 이미지를 기초로 니콜라스에 의해 제작, 사용된 기간이 1809~1833년이라는 것이다. 마르세이유 카드는 현존하는 최고의 정통 카드로 인정되기에 이후 타로카드의 제작에 있어서 다른 타로카드의 모체의 대상이 될 뿐만 아니라 역사, 상징체계의 부분 등에서 여러 가지 연구가 진행되는 등 다른 타로와의 차별화를 도모하려는 움직임도 있었다.

1854년 파리의 마술사인 엘리파스 레비(Eliphas Levi)가 『고등 마술의 교리와 제사 의식』이라는 책을 출판했다. 이 책에는 마술 및 오컬트 신비주의의 내용을 포함하여 타로카드에 대한 내용도 담고 있다. 이러한 시대적 흐름을 따라 타로카드에 신비주의 및 카발라 사상에 근거하는 해석이 연구되는 상황이 이어지는 시초가 되었다. 이후, 1910년 황금 새벽 회의 교의에 근거하는 카발라 사상 및 신비적 상징을 충분하게 도입한 아서 에드워드 웨이트에 의한 웨이트 계열의 타로카드를 시작으로, 신비주의에 입각한 비의의 해석을 연구, 모방한 타로카드가 제작되기 시작했다.

마르세이유는 현대 타로카드의 근원, 시조라는 엄청난 의미를 갖는다. 시대가 변하고 과학 문명이 발달함에 따라, 아서 에드워드 웨이트 등의 신비주의 타로 연구자들에 의해 카드에 숨겨져 있는 비의가 연구되어 왔다. 그러면서 이미지의 세밀화, 색채의 다양화로 쉽게 대중에게 접근할 수 있는 카드들이 제작되었고, 누구나 타로카드의 이미지를 보고 어렵지 않게 무엇을 의미하는지 대략적인 키워드를 파악할 수 있게 되었다. 대표적인 카드가 아서 에드워드 웨이트가 창안해 낸 웨이트 계열의 카드들이다. 타로카드의 역사에 웨이트 계열의 카드는 클래식과 모던을 구분하는 하나의 획을 긋게 되었다. 아서 에드워드 웨이트가 타로카드에 기여한 업적은 너무나 크다. 이러한 이유로 아서 에드워드 웨이트의 웨이트 계열 타로카드를 기준으로 이전을 고전(클래식) 카드로 이후를 현대(모던) 카드로 구분하고 있는 실정이다. 바로 이 웨이트 계열의 카드의 지침이 된 것이 마르세이유 카드이다. 따라서 마르세이유 카드는 타로카드의 시조이며 조상, 어머니라고 할 수 있는 큰 의미를 지니고 있는 것이다.

마르세이유 타로카드가 가지고 있는 커다란 특징 중 하나가 바로 주인공의 응시 방향에 의한 특별한 해석 방법을 사용한다는 것이다. 응시에 따른 노하우를 파악하게 된다면 마르세이유 타로카드만의 전문적인 타로상담이 가능하게 될 것이다.

위의 세 장의 카드를 살펴보자. 바로 바보, 고위 여사제, 전차 카드이다.
세 장의 카드를 자세히 살펴보면 주인공의 응시 방향이 눈에 띈다. 바보 카드의 주인공은 응시 방향이 오른쪽이고 무엇인가를 적극적으로 추진하며 나아가는 느낌이다. 반면 고위 여사제 카드의 주인공은 응시 방향이 왼쪽이고 무엇인가 의심스러운 듯 갸우뚱하는 표정이며, 전차 카드는 주인공의 응시 방향이 정면(중앙)이고 안정적인 이미지를 갖는다. 이렇게 마르세이유 타로카드의 메이저카드 22장을 응시 방향에 따라 크게 나누어 분류해 본다면, 오른쪽 응시, 왼쪽 응시, 정면(중앙) 응시의 3가지로 구분할 수 있다. 그렇다면 과연 이 세 가지 응시 방향은 어떤 특징을 가지고 있을까?

타로카드의 이미지들을 모아 느낌을 파악해 본다면 쉽게 그 특징을 파악할 수 있을 것이다. 먼저, 오른쪽 응시 방향에 해당하는 0번, 3번, 5번, 11

번, 13번 카드는 능동적으로 새로운 변화를 추구하며, 적극적으로 행동하려 한다. 또한, 진취적이며 기존 틀을 변화, 개선하려는 혁신적인 카드이다. 이에 반해, 왼쪽 응시 방향에 해당하는 1번, 2번, 4번, 6번, 9번, 14번, 17번, 18번, 21번 카드는 소극적이고 기존 상황을 유지하려 하며, 수동적으로 행동하려 한다. 또한, 보수적이며 기존의 안정을 추구하며 방어적인 카드이다. 정면(중앙) 응시 방향에 해당하는 7번, 8번, 10번, 12번, 15번, 16번, 19번, 20번 카드는 상황에 따라 능동적이기도 하고 수동적이기도 하다. 즉, 양면적이다. 또한, 중립적이며 의존적인 카드이다.

(2) 마르세이유 타로카드의 구성

마르세이유 타로카드는 메이저카드 22장과 마이너카드 56장, 총 78장으로 구분된다. 카드 전체의 이미지를 보면 금방 알 수 있겠지만, 메이저카드는 인물이나 주인공들로 구성된 이미지이고, 마이너카드는 4개(완드/바통, 컵/쿠푸, 소드/에페, 펜타클/드니에)의 슈트로 구성된 카드이다.

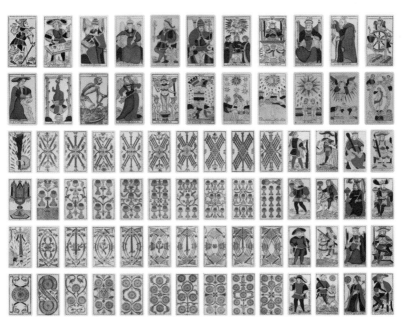

〈마르세이유 타로카드 78장 전체 이미지〉

① 메이저카드

메이저카드는 삶의 큰 틀을 의미하는 카드들로 사용되기도 하며, 상담의 대상과 직접적으로 연관된 카드들로 사용되기도 한다. 특히, 유니버셜웨이트 카드와 유의해서 살펴봐야 할 부분은 바보 카드에는 넘버가 없다는 점과 정의 카드가 8번에, 힘 카드가 11번에 위치한다는 점이다.

마르세이유 타로카드와 유니버셜웨이트 타로카드의 비교는 『타로상담의 정석(실전편)』에서 자세히 살펴보도록 하자. 메이저카드는 22장으로 구성되며 전체 카드의 이미지는 다음과 같다.

② 마이너카드

마이너카드는 완드/바통, 컵/쿠푸, 소드/에페, 펜타클/드니에 4개의 슈트로 구성된 카드로 각각의 슈트 카드는 해당 슈트 1개가 그려진 카드부터 10개가 그려진 카드까지 총 10개의 카드에, 해당 슈트와 4계층의 인물이 연계되어 그려진 카드 4장을 더하여 총 14장씩으로 구성되어 있다.

4개의 슈트가 각 14장씩 배열되니, 총 56장으로 마이너카드가 구성된다. 이 4개의 슈트는 4원소라는 물질과 연관되어 있는데, 4원소는 불, 물, 공기, 흙을 말하며 이는 실제 물질이 아니라 고대 그리스 철학에서부터 시작되어 서양의 연금술, 점성술로 이어지며 전해 내려온 철학적 4원소의 개념이다. 4원소는 인류 역사의 수천 년 동안 과학, 철학에서 중요한 핵심적 역할을 수행해 왔고 고대로부터 물질세계를 이루는 기본 구성 요소로 인식되어 왔다. 우리가 사는 물질 세상을 이루는 네 가지의 커다란 속성을 각각 자연의 물질로 비유한 것이며, 각 원소는 각각의 특성을 가지고 있다.

이렇게 세상을 구성하는 요소로 인식되어 왔던 4원소는 인간의 삶에 깊숙이 녹아 있고 보이지 않는 큰 영향을 미치고 있다. 특히, 타로카드가 제작된 당시의 신비주의와 연결되어 비의적인 의미를 함축하며 타로카드 속에 상징적 의미로 자리 잡고 있다. 현대 과학의 발전으로 눈부신 과학 문명의 빛을 발하고 있는 현대 사회에서도 여전히 4원소는 인간을 구성하는 마음에 중요한 심리적 영향력을 미치고 있다.

이러한 4원소의 특성을 이해하고 타로카드와의 신비스러운 연계를 파악할 수 있다면 타로상담 전문가로서 그 역량을 높일 수 있을 것이다.

① 완드(WANDS)/바통(BATON)

완드는 불(火)의 슈트이다. 불의 원소는 뜨겁고 건조하며 상승성과 확장성을 소유하고 있다. 그래서 불의 원소는 열정적이며 즉흥적이다. 또한, 대담하며 능동적이다. 하지만, 무모할 수 있으며, 시작을 하고도 컨트롤 부족으로 마무리를 하지 못할 수도 있다. 따라서 불의 원소는 행동에 있어 신중함이 필요하다. 일반적으로 완드는 열정, 의지, 에너지, 잠재력과 직접적인 연관이 있다. 완드에 해당하는 14장의 카드 이미지는 다음과 같다.

② 컵(CUPS)/쿠푸(COUPE)

컵은 물(水)의 슈트이다. 물의 원소는 차갑고 습하며 하강성과 응집성을 소유하고 있다. 그래서 물의 원소는 감성적이다. 또한, 낭만적이며 감정적이다. 하지만 지나치게 감상적이고 우유부단할 수 있으며, 감정에 휩쓸릴 수 있다. 따라서 물의 원소는 감정에 너무 치우쳐서 현실을 간과할 수 있으므로 유의해야 한다. 일반적으로 컵은 감정, 사랑, 연민, 관계, 우정과 직접적인 연관이 있다. 컵에 해당하는 14장의 카드 이미지는 다음과 같다.

③ 소드(SWORDS)/에페(EPEE)

소드는 공기(風)의 슈트이다. 공기의 원소는 뜨겁고 습하며 유동성과 확장성을 소유하고 있다. 그래서 공기의 원소는 민첩하며 논리적이다. 또한, 임기응변에 능하며 긍정적이다. 하지만 생각만 많을 수 있으며, 민감할 수도 있다. 따라서 공기의 원소는 행동에 있어 신중함과 현명함이 필요하다.

일반적으로 소드는 사고, 논리, 갈등, 판단력, 지식, 지성, 투쟁, 이성과 직접적인 연관이 있다. 소드에 해당하는 14장의 카드 이미지는 다음과 같다.

④ 펜타클(PENTACLES)/드니에(DENIERS)

펜타클은 흙(地)의 슈트이다. 흙의 원소는 차갑고 건조하며 안정성과 유지성을 소유하고 있다. 그래서 흙의 원소는 믿음직하며 차분하다. 하지만 지루하고 답답하며 융통성 부족으로 변화에 적응이 어려울 수 있다. 따라서 흙의 원소는 적절한 조화와 조절, 분배를 통해 효과적인 사용이 필요하다. 일반적으로 흙은 돈, 경제, 물질, 기반 환경, 명예, 직업과 직접적인 연관이 있다. 펜타클에 해당하는 14장의 카드 이미지는 다음과 같다.

Number 5

Number 6

위의 카드에서 우리는 중요한 한 가지를 파악할 수 있다.

바로 에너지의 방향성이다.

완드(WANDS)/바통(BATON)과 소드(SWORDS)/에페(EPEE)는 양의 에너지를 가지므로 적극적이고 능동적이다. 컵(CUPS)/쿠푸(COUPE)와 펜타클(PENTACLES)/드니에(DENIERS)는 음의 에너지를 가지므로 소극적이고 수동적이다. 마르세이유 타로카드에서는 비밀스럽게 이 부분을 암시하고 있다. 숫자를 자세히 살펴보자. 완드(WANDS)/바통(BATON)과 소드(SWORDS)/에페(EPEE)는 내부에서 외부로의 발산을 의미하듯 Ⅴ, Ⅵ을 왼쪽으로 90도 틀어 표시하였으나, 컵(CUPS)/쿠푸(COUPE)는 외부에서 내부로의 수렴을 의미하듯 Ⅴ, Ⅵ을 오른쪽으로 90도 틀어 표시하였다. 펜타클(PENTACLES)/드니에(DENIERS)는 현실적인 부분과의 직접적인 연계로 숫자 표시는 생략되었으나, 만일 숫자를 표시했다면 컵(CUPS)/쿠푸(COUPE)와 마찬가지로 외부에서 내부로의 수렴을 의미하듯 Ⅴ, Ⅵ을 오른쪽으로 90도 틀어 표시하였을 것이다. 바로 마르세이유 카드는 이러한 카드 안의 숫자를 포함한 이미지에 비밀스러움을 간직하고 있다.

(3) 마르세이유 타로카드 실전 상담

실전 상담 연습 - (1) 응시 방향에 의한 전문 상담 방법

사례1 저와 아내, 딸 2명이 한 가족입니다. 딸들은 고 1, 중 1입니다. 아내와 막내딸과의 트러블이 잦아지고 있습니다. 앞으로의 관계는 어떻게 될까요? (40대 후반의 남성)

전문 상담

아내와 막내딸은 서로를 마주 보고 있군요(시선을 주고 있군요). 아내가 조절을 하며 절제를 하는 행동을 하는 것으로 보아 막내딸과의 컨트롤을 잘하고 계시는군요. 또 평소에도 서로 거리낌 없는 편안한 관계입니다. 막내딸은 막내답게 자유롭고 천진난만하며 즉흥적인 행동을 하는 아이군요. 아이가 특히 엄마의 영향력을 많이 받는 관계입니다. 이러한 두 사람 사이의 흐름은 큰 문제가 없이 자연스럽게 풀려 나갈 것입니다. 아내는 현실적이고 열정적인 행동을 하고 있으며, 막내딸은 가정의 의미를 잘 알고 있는 아이입니다. 두 분은 곧 안정적으로 발전해 나가게 됩니다.

조언&코칭

막내딸의 컵(물)의 요소와 아내의 펜타클(흙)의 요소가 비옥한 땅을 조성하게 된다. 하지만, 음(-)과 음(-)의 에너지의 결합으로 적극적이지 못하며 의사소통 영역에서 부족함을 느낄 수 있다. 서로 간의 많은 대화가 필요하다.

실전 상담 연습 - (2) 응시 방향에 의하지 않은 일반적인 상담 방법

사례 2 6개월 전에 이성과 헤어졌습니다. 그 이후에 계속 혼자 지내다 지난주 소개팅으로 만남을 가졌는데, 소개팅을 한 남성의 현재 상황은 어떠한가요? (20대 후반의 여성)

전문 상담

내담자분의 자존심이 강하고, 완벽을 추구하는 성향이지만, 소개팅을 한 남자분과 좋은 관계로 연결되기를 기대하고 있군요. 또, 은연중에 남자분의 적극적인 대시를 원하지만 먼저 나서기에는 자존심이 허락하지 않는군요. 하지만 안타깝게도 소개팅으로 만난 남성분은 현실을 추구하는 분으로 현재 내담자분을 완벽한 여성이라고 생각하고 있지는 않습니다. 또한, 소개팅으로 만난 남성분은 참자애로운 분이나 고리타분하고 틀에 박힌 사고방식을 가지고 있어 새로운 진취성을 추구하는 창조적인 성향은 부족합니다. 너무 성급한 행동은 좋지 않은 결과를 가져올 수 있습니다.

조언&코칭

서로 간의 현실적 상황만 추구하는 것은 관계의 발전을 가져오기 어렵습니다. 각자의 눈앞의 상황보다 상대에 대한 배려가 필요한 상황입니다. 시간을 가지고 서로를 이해해 나감이 필요합니다.

2) 컬러타로상담카드

컬러타로카드에 대한 전문적인 내용을 살펴보고 싶은 독자는 저자의 컬러타로카드 저서 『컬러타로카드 상담전문가(최지원 외, 하움출판사)』를 참고하기 바란다. 이 책 『타로상담의 정석(기본편)』에서는 『컬러타로카드 상담전문가(최지원 외, 하움출판사)』 내용의 일부를 인용하여 컬러타로카드 상담전문가로 나아가기 위한 필수적인 기초 설명을 안내하도록 한다.

(1) 컬러타로상담카드의 특징

컬러타로상담카드 도입의 의의는 개인의 잠재의식 정보를 파악하여 밝은 미래를 설계함에 있다고 단언할 수 있다. 우리의 내면은 마음과 연관되어 있고, 마음은 의식과 잠재의식으로 양분되어 있다. 학자에 따라서는 마음을 의식, 무의식, 잠재의식으로 나누어 구분하는 사람들도 있으나 우리는 무의식과 잠재의식을 같은 의미로 파악하여 의식과 잠재의식의 이분법적 구분으로 파악한다. 심리학에서는 우리의 마음을 빙산 모형에 빗대어 설명하기도 한다.

우리는 영화나 TV 등을 통해 극지방의 큰 빙하를 볼 수 있다.

요즘은 지구 온난화로 빙하가 분리되어 떨어져 나오는 영상을 뉴스나 인터넷 매체를 통해 종종 접할 수 있다. 극지방을 항해하는 배는 빙하가 바다 위, 수면 위로 나와 있는 모습만 보고 운행을 하다가는 큰 곤경에 처하게 된다. 수면 위에 나와 있는 부분이 약소해 보여 배로 그대로 통과시켜 부수려다가 자칫하면 배가 좌초될 수 있는 상황이 만들어지기 때문이다. 우리의 의식 역시 수면 위로 떠올라 눈에 보이는 정도의 아주 작은 영역이고, 잠재의식은 빙하가 바닷속에 잠겨 있는 것처럼 상상하기도 난해하고 관측하기도 어려울 정도의 어마어마한 영역이라고 할 수 있다.

즉, 우리의 마음이라는 큰 바다에서 의식이 차지하는 영역의 비중은 10% 정도에 불과하며, 잠재의식이 차지하는 영역의 비중은 90% 이상으로 어마어마한 양이라고 할 수 있다. 하지만 많은 사람이 잠재의식의 영역을 인정하지 않으며, 또 인정한다고 하더라도 의식의 일부로 생각할 정도로 무시한다. 과거 수십 년 전부터 미국 등의 선진국에서는 이러한 잠재의식을 계발하기 위해 여러 활동이 이루어졌고, 실제로 그 결과물들이 연구 논문, 기사 등을 통해 대중에게 소개되어 왔다. 최근 들어 눈에 보이지 않는 부분의 중요성에 대한 관심이 더욱 증가하게 되었고, 현대 과학의 발달로 인해 양자 이론, 홀로그램 이론, 동시성의 이론 등의 폭넓은 연구가 이루어지고 있다.

컬러타로상담카드는 이러한 평소에 의식하지 못하는 잠재의식과 연관된 무궁무진한 정보를 탐색하고 활용하여, 아름다운 미래를 설계하며 긍정적인 변화를 이끌자는 의도로 도입되었다. 잠재의식의 정보를 외부로 표출하며 커뮤니케이션하는 여러 방법이 꾸준히 연구되어 왔고, 지금도 연구가 진행되고 있다. 그 대표적인 방법으로 손가락(핑거) 기법과 펜듈럼 기법이 있다. 하지만 이 방법은 단순히 Yes 또는 No의 이분법 체계에 의한 커뮤니케이션이거나 여러 과정을 거친 후에 원하는 정보를 얻을 수 있는 방법이다. 이에 컬러타로상담카드는 잠재의식의 정보를 포괄적으로 얻을 수 있는 획기적인 도구이다. 물론, 컬러타로상담카드 사용법을 정확히 이해하고 능숙하게 사용할 수 있는, 전문적으로 훈련받은 상담자가 사용할 경우에 해당한다.

타로카드의 유효 기간은 3~6개월 정도라고 많이 이야기한다. 현대 과학의 급속한 발달로 인해 유효 기간이 더욱 짧아지고 있는 상황이다. 하지만 현재 눈앞에 펼쳐지는 상황이 아닌, 누구도 확신할 수 없는 앞으로의 미래를 파악할 수 있다는 특징으로 인해 일부 대중에게 타로상담이 단편적인 점인, '타로점'으로 인식되어 왔다. 타로상담에서 이야기하는 미래는 현재의 상황과 미래의 상황까지의 과정에서 그 미래를 변화시킬 수 있는 변수가 작용(발생)하지 않을 경우의 미래를 의미한다. 즉, 현재 상황으로부터 아무런 큰 사건이 발생하지 않았을 경우의 미래를 의미하는 것이다. 바꾸어 말해 3~6개월 후의 미래가 부정적인 상황으로 파악된 경우 현재부터 그 부정적인 미래가 나온 상황까지의 과정을 업그레이드하고, 긍정적인 변화를 줄 수 있는 사건이 발생하도록 변화시킨다면 부정적인 미래는 그보다 더 업그레이드된 미래로 발전적인 변화가 발생될 수 있음을 의미한다.

즉, 타로카드를 통하여 3~6개월 후의 상황을 파악할 수 있고, 현재~미래의 과정을 효율적으로 설계하여 현재 파악된 미래보다 훨씬 긍정적인 미래를 창조해 나갈 수 있는 것이다.

타로카드를 사용하여 상담을 효과적으로 진행할 경우, 우리는 '미래 예측과 미래 설계'라는 2가지의 큰 효율적인 성과를 창출해 낼 수 있다. 이렇듯, 컬러타로상담카드는 타로카드에서 소수가 느끼는 '점'과 연관된 영향력과 그로 인한 부정적 시각에서 벗어날 수 있으며, 잠재의식의 정보를 파악하여 밝은 미래를 설계할 수 있는 아주 획기적인 도구인 것이다.

(2) 컬러타로상담카드의 구성

세상에 존재하는 색을 혼합하여 디테일한 차이의 수많은 컬러를 만들어낼 수 있다. 컬러에는 삼원색이 있는데 삼원색은 크게 색의 삼원색, 빛의 삼원색, 물질의 삼원색으로 구분할 수 있다.

색의 삼원색은 Cyan, Magenta, Yellow로 구성되며, 이 세 가지 색을 모두 섞을 경우에는 검은색이 된다. 빛의 삼원색은 빨간색, 초록색, 파란색으로 구성되며, 이 세 가지 색을 모두 섞을 경우 흰(백)색을 띠게 된다. 특히, 우리가 주목할 삼원색은 물질의 삼원색이라고 하는 빨간색, 파란색, 노란색이다. 이 세 가지 색상은 단일색으로 이 세 가지 색상이 골고루 분포되어 나올 경우에는 상황적인 안정과 균형, 성과를 가져온다.

예를 들어, 다음과 같이 Red II, Blue II, Red II의 컬러타로가 배열된 상황이라면 물질의 삼원색 중 노란색이 결여되어 있음을 알 수 있다. 물론 II라는 수비학에 맞는 상담, 양(+), 음(-)의 에너지에 의한 상담, 반복적인 Red II의 배치에 따른 상담 등 여러 가지를 파악해야겠으나, 컬러타로상담에 있어서 우선적으로 전반적인 배열의 흐름을 삼원색과 연관하여 바로 파악할 수 있어야 할 것이다.

노란색의 의미는 '부, 지혜, 생동감, 지식, 안정, 영성, 직관, 리더십, 풍요, 따뜻함, 자신감, 자존감, 결단력, 기쁨, 희망, 집중력, 자유, 명랑, 온화, 주의, 유쾌, 활동적, 낙천적, 명예' 등이다.

따라서, 이 경우에는 노란색이 가지고 있는 위의 의미들이 부재한 상황이다. 즉, 자신감도 결여되어 있고, 지식도 부족하고, 불안정한 상황일 수 있음을 알려 준다. 다행스럽게, 빨간색이나 파란색에서 이러한 노란색의 부족함을 채워 줄 수 있다.

빨간색의 의미는 '정열, 열정, 정의, 기쁨, 의욕, 뜨거움, 활동, 리더십, 자신감, 힘, 에너지, 생명, 순수'이고, 파란색의 의미는 '자유, 평화, 호기심, 냉혹, 냉정, 직관, 사고, 시원함, 침착함, 명랑, 냉담, 차가움, 교류, 균형, 조화, 희망, 청순, 명상, 정숙, 해방, 신비, 분석'이다.

따라서, 노란색의 결여로 생긴 자신감 결여는 빨간색에서 충당될 수 있고, 불안정한 상황은 파란색의 침착함에서 어느 정도 충당될 수 있다. 따라서 위의 Red Ⅱ, Blue Ⅱ, Red Ⅱ의 경우에는 지식이 부족하고, 자존감이 결여된 상황으로 파악할 수 있다.

컬러타로상담카드는 빨간색, 주황색, 노란색, 초록색, 파란색, 남색, 보라색과 흰색, 검은색, 금색, 은색, 동색, 청록색, 회색, 무지개색, 반투명(안개)

색, 핑크색, 하늘색, 황토색, 에메랄드색으로 구성하여 세상의 모든 것을 컬러로 표현하고 커뮤니케이션을 할 수 있도록 구성되었다.

특히 본인과 직접적으로 연관된 사항은 빨간색, 주황색, 노란색, 초록색, 파란색, 남색, 보라색으로, 본인과 연관된 주변인들을 포함한 환경은 흰색과 검은색으로 표현했다. 아울러 우리 세상의 환경과 연관된 우리 삶의 배경, 무대를 금색, 은색, 동색, 청록색, 회색, 무지개색, 반투명(안개) 색, 분홍색, 하늘색, 황토색, 에메랄드색으로 표현했다.

기본 컬러인 빨간색, 주황색, 노란색, 초록색, 파란색, 남색, 보라색은 명도와 채도를 달리하여 Ⅰ, Ⅱ, Ⅲ 수비학의 의미로 세분화되며, 모든 빛을 반사하는 흰색은 Ⅱ, Ⅲ, 모든 빛을 흡수하는 검은색은 Ⅰ, Ⅱ로 세분화되며 주변 인물과 연관된다. 또한 빛의 삼원색, 색의 삼원색의 컬러를 모두 혼합했을 때와도 연계된다.

따라서 컬러타로상담카드는 기본색인 빨간색, 주황색, 노란색, 초록색, 파란색, 남색, 보라색에 Ⅰ, Ⅱ, Ⅲ의 수비학의 의미가 가미된 21(7×3)장과 흰색, 검은색에 각각 Ⅱ, Ⅲ 그리고 Ⅰ, Ⅱ의 수비학의 의미가 가미된 4(2×2)장 그리고 각 1장씩인 금색, 은색, 동색, 청록색, 회색, 무지개색, 반투명(안개) 색, 분홍색, 하늘색, 황토색, 에메랄드색인 총 36장으로 구성되어 있다. 세상의 원리를 설명하는 이원론 체계에 맞춰 2세트를 하나의 덱으로 사용한다. 즉, 72(36×2)장으로 컬러타로상담카드가 구성된다. 이 컬러타로상담카드의 구성에는 신비스러움이 고려되었다. 수비학이 접목된 카드는 빨간색, 주황색, 노란색, 초록색, 파란색, 남색, 보라색, 흰색, 검은색으로 총 9가지 색이다. 또, 컬러타로상담카드는 총 36장의 2개 세트, 72장이 한 덱의 구성 요소인데, 여기에도 3+6=9, 7+2=9로, 9라는 숫자를 염두에 두었다. 수비학에 있어 9라는 숫자는 신이 인간에게 부여한 한 자리 숫자의 가장 최대의 값이며 또한 최고의 경지에 올랐을 때 해당하는 숫자이다. 또한, 신이 인간에게 가장 최종적으로 요구하는 사항이기도 한 숫자인 9라는 위대한 수비학에 근거하여 컬러타로상담카드가 구성되었다.

한 가지 컬러에는 여러 가지의 의미가 포함되어 있다. 앞에서는 빨간색을 예로 들었으니, 여기서는 주황색을 살펴보자.

주황색은 '욕망, 사랑, 충만, 관계, 인연, 본능, 현실적 욕구, 도전 의식, 자신감, 식욕, 활기, 포용력, 감수성, 개방적, 피상적, 긴장감, 신중, 명예, 에너지, 부, 애정, 온화, 만족, 풍부, 여유, 창의력, 안정, 안전'이라는 다양한 의미를 가지고 있다.

우리는 이 기본이 되는 주황색을 기준이 되는 주황색 Ⅱ라 하고, 주황색 Ⅱ에 명도와 채도를 달리하고 수비학의 의미를 가미한 주황색 Ⅰ, 주황색 Ⅲ, 이렇게 세분화하여 그 의미를 체계화할 수 있다. 주황색 Ⅰ에는 '자연스러움, 자립, 가벼운 욕구, 망설임, 가벼운 소유 욕구, 따뜻함, 활기를 꽃피움, 사랑에 눈뜸, 은은함, 쾌락, 호기심, 약한 실행력'이라는 다양한 의미가 있고, 주황색 Ⅲ는 '강한 소유 욕구, 독선, 열광, 한계치를 넘는 욕구, 과욕, 동기 부여, 나태, 과시욕'이라는 다양한 의미를 가지고 있다.

같은 주황색이지만, 주황색 Ⅰ, 주황색 Ⅱ, 주황색 Ⅲ로 세분화되면서 서로 다른 의미로 구분된다. 큰 틀은 수비학에서 2(Ⅱ)는 균형, 관계, 조화를 의미하며 해당 컬러의 기준이 되고, Ⅰ은 Ⅱ로의 진입을 앞에 둔 시작, 유약함, 부족함, 산뜻함, 초기 과정을 의미하며, Ⅲ는 Ⅱ를 경험하고 거쳐 온 강함, 과격함, 기준의 초과, 과함, 종료를 앞둔 과정을 의미한다. 여기에 내담자가 처해 있는 상황, 질문 내용 등과 연계를 한다면 그 의미의 폭은 상당히 커지게 된다.

① 컬러의 특성

우리의 삶은 컬러와 공존하는 관계이다. 세상은 입자와 파동으로 설명되는 빛이 있어야 볼 수 있으며, 이 빛은 밝음과 어둠, 컬러로 표현될 수 있다.

컬러에는 색상, 명도, 채도라는 세 가지 성질이 있다. 빛의 파장에 따라 느끼는 색의 종류는 매우 다양하며, 색을 구별하기 위해 색의 이름이 필요하다. 색의 이름으로 구별되는 모든 색은 감각으로 느낄 수 있으며 이러한 색의 성질을 색상(Hue)이라고 한다.

① 명도(Value, Lightness)

같은 색상이라도 색의 밝음과 어두움에 따라 우리는 다양하게 표현할 수 있다. 물체의 표면에서 빛이 흡수되는 정도는 색의 어두운 정도로 느끼고, 빛이 반사되는 정도는 색의 밝기로 느낀다. 명도는 색의 밝고 어두움을 나타내는 색의 속성으로 유채색과 무채색 모두 공통적으로 갖는 성질이다. 흰색을 가하여 만든 밝은색은 명도가 높고, 검정을 가하면 명도는 낮아진다.

② 채도(Chroma, Saturation)

색의 맑고 탁한 정도를 의미한다. 여러 가지 색 가운데 가장 깨끗한 색으로 채도가 가장 높은 색을 맑은 색(Clear Color)이라고 하며, 탁하거나 선명하지 못한 색을 탁색(Dull Color)이라 한다. 동일 색상의 맑은 색 중에서도 가장 채도가 높은 색을 순색(Pure Color)이라고 한다. 색채의 강하고 약한 정도, 즉 색 파장이 얼마나 강하고 약한가를 느끼는 것으로 특정한 색 파장이 얼마나 순수하게 반사되는가의 정도를 나타내며, 색의 순도 또는 포화도를 채도라고 한다. (출처: DAUM 백과)

컬러는 크게 빨간색, 주황색, 노란색, 초록색, 파란색, 남색, 보라색의 기본 7가지 색으로 구분할 수 있다. 이 중 빨간색, 노란색, 파란색은 단일색이며, 주황색은 빨간색과 노란색의 혼합색이며, 초록색은 노란색과 파란색의 혼합색이다. 남색은 파란색과 보라색의 혼합색이며, 보라색은 파란색과 빨간색의 혼합색이다.

컬러타로상담카드에서 혼합색의 경우 어떤 색의 혼합색인지, 즉 어떤 색으로 구성되어 있는지 파악하는 것이 중요하다. 단일색인 경우 의미에 있어서 일관성과 통일감을 가지며, 진행에 있어서의 신속함과 명확함을 의미한다. 반면 혼합색은 어떤 색의 혼합으로 이루어졌는지를 보고 그 혼합색의 성질을 파악하여야 하며 단일색의 특징과는 다소 거리가 멀게 된다.

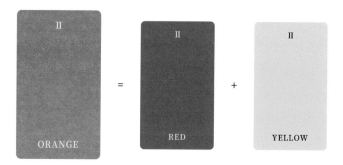

주황색은 위의 그림처럼 빨간색과 노란색의 혼합색이다. 따라서 주황색에는 빨간색과 노란색이 영향을 미친다.

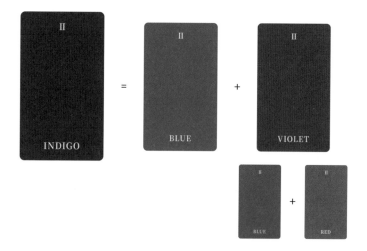

남색은 위의 그림처럼 파란색과 보라색의 혼합색이다. 또한, 보라색은 파란색과 빨간색의 혼합색이다. 따라서 남색에는 파란색과 보라색(파란색과 빨간색)이 영향을 미친다.

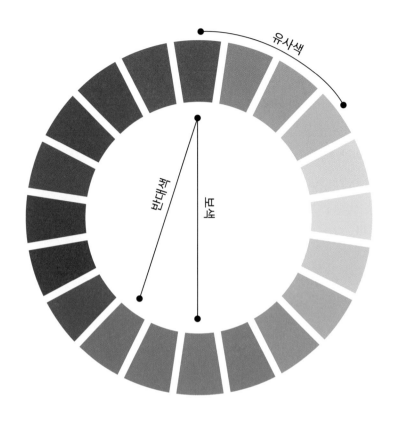

유사색

반대색

보색

　색상환에서 서로 마주 보고 있는 색을 보색이라고 하며, 서로 상반된 성향의 색을 반대색이라고 한다. 빨간색과 청록색이 보색의 관계이고, 빨간색과 파란색은 반대색의 관계이다. 보색 관계인 빨간색과 청록색은 같이 배열했을 경우 선명한 이미지로 보이며, 대인 관계에 있어서 서로에게 보완해 주는 에너지를 제공해 주게 된다. 반대색의 관계는 빨간색과 파란색은 따뜻한 느낌 vs 차가운 느낌, 경량감 vs 무게감 등 상반되는 성향을 보인다. 빨간색은 가장 강한 양(+)의 에너지를 가지고 있고, 보라색은 가장 강한 음(-)의 에너지를 가지고 있다. 개인별 성격에 따른 컬러를 이 7가지 기본색으로 구분할 수 있고, 차크라와 연관하여 설명할 수 있다.

② 차크라

차크라(Chakra)는 산스크리트어*로 바퀴, 원형을 의미하며 인체의 기(氣)의 저장소이며, 에너지의 센터이다. 우리 신체에 존재하는 수많은 차크라는 컬러타로상담카드의 기본 컬러와 연관된다. 특히, 차크라는 우리 신체 부분과 연관하여 생식기 차크라, 단전 차크라, 위장 차크라, 심장 차크라, 목 차크라, 미간 차크라, 정수리 차크라로 구분한다.

제1 차크라인 생식기 차크라는 물라다라 차크라(Muladhara Chakra)라고도 하며, '기초', '근본'을 의미한다. 항문과 회음 사이에 위치하며, 식욕, 의욕 등 본능적 인간의 단계에 해당한다. 제2 차크라인 단전 차크라는 스바디스타나 차크라(Svadhishthana Chakra)라고도 하며, '자애의 거주지'를 의미한다. 방광 근처에 위치하며 재미, 쾌락 등 육체적 인간의 단계에 해당한다. 제3 차크라인 위장 차크라는 마니푸라 차크라(Manipura Chakra)라고도 하며, '보석의 도시'를 의미한다. 배꼽 근처에 위치하며 신념, 지배 등 소유적 인간의 단계에 해당한다. 제4 차크라인 심장 차크라는 아나하타 차크라(Anahata Chakra)라고도 하며, '늙지 않음'을 의미한다. 심장 부근에 위치하며 연민, 이해 등 사랑과 감정의 단계에 해당한다. 제5 차크라인 목 차크라는 비슈다 차크라(Vishuddha Chakra)라고도 하며, '순수'를 의미한다. 목 부위에 위치하며, 신뢰, 균형과 조화 등 믿음의 단계에 해당한다.

제6 차크라인 미간 차크라는 아즈나 차크라(Ajna Chakra)라고도 하며, '권위', '무한한 힘'을 의미한다. 미간에 위치하며 직관력, 영혼의 깨달음 등 지성과 통찰력의 단계에 해당한다. 제7 차크라인 정수리 차크라는 사하스라라 차크라(Sahasrara Chakra)라고도 하며, '천 개의 꽃잎'을 의미한다. 정수리 상부에 위치하며 신성, 자아의 통합 등 통합적 완성의 단계에 해당한다.

---

* 산스크리트어 또는 범어(梵語)는 인도의 고전어로 힌두교·대승불교·자이나교 경전의 언어이자 수많은 인도·아리아어의 고급 어휘의 근간을 구성하는 언어다. (출처: 위키백과)

물라다라 스바디스타나 마니푸라 아나하타 비슈다 아즈나 사하스라라

7개의 차크라는 순서대로 빨간색, 주황색, 노란색, 초록색, 파란색, 남색, 보라색의 기본 7가지 색과 연관된다. 사람이 좌선을 하고 앉은 모습을 형상화하면 생식기 차크라, 단전 차크라, 위장 차크라, 심장 차크라, 목 차크라, 미간 차크라, 정수리 차크라가 하나의 자석처럼 땅-생식기 차크라, 단전 차크라, 위장 차크라, 심장 차크라, 목 차크라, 미간 차크라, 정수리 차크라-하늘(태양)로 연결되어 있으며, 이 또한 기본 컬러와 마찬가지로 강한 양의 에너지로부터 강한 음의 에너지의 흐름을 따른다.

(3) 컬러타로상담카드의 실전 상담

1 전문 상담 도구로서의 컬러타로상담카드

과거   현재   미래

30대 후반의 여성 내담자가 2개월 전 동창과 같이 오픈한 카페 사업에 있어서 동업자와의 관계 흐름을 물어보는 질문에 유니버셜웨이트 타로카드 3장 배열이 위와 같이 나왔다. 과거에 생각지 않은 큰 감정과 마음으로 사업을 시작하게 되었고, 현재는 시작 당시의 감정이 많이 식었는지 정체의 상황이며, 앞으로는 균형과 조화를 위해 잘 조절하는 상황으로 흐르게 된다. 내담자는 이 타로상담을 받고 여러 가지가 궁금할 것이다. 여러 상황에 대한 세부적인 상황을 알고 싶을 것이며 특히, 도대체 왜 현재 감정적 정체의 상황인지가 궁금할 것이다.

똑같은 질문에 컬러타로상담카드를 1장씩 배치하여 세부적인 상황을 알아보자.

과거   현재   미래

| 과거 세부사항 | 현재 세부사항 | 미래 세부사항 |

금색은 영원성, 축복, 부, 영광 등의 의미가 있으며, 회색은 불안, 애매모호, 불확실, 연계성, 우유부단, 무(無), 단념, 진지함, 균형 등의 의미가 있다. 또한, 청록색은 안정, 승리, 균형, 정화, 순환, 이성, 협력, 대화, 청량함, 의사소통 등의 의미가 있다.

유니버셜웨이트 타로카드로만 파악한 과거 상황은 생각지 않은 큰 감정과 마음으로 사업을 시작하게 되었고, 현재는 시작 당시의 감정이 많이 식었는지 정체의 상황이며, 앞으로는 균형과 조화를 위해 잘 조절하는 상황인데, 컬러타로상담카드를 보조 카드로 사용하면 사업이 크게 잘될 것이라는 서로 간의 큰 기대감이 시간이 지나면서 사업의 시작 단계에서의 마음적 기대와 큰 차이를 보이며 현재의 정체 상황을 이끌었다는 것을 파악할 수 있다. 또한, 앞으로는 균형과 조화를 위해 잘 조절하는 상황으로 흐름은, 서로 간의 이성적인 커뮤니케이션을 통한 관계의 균형으로 흘러가게 된다는 세부 내용으로 파악할 수 있다. 동창 간의 좋은 감정, 마음도 경제적 현실 앞에서는 무너지게 되는 상황이며 이성적인 소통으로 균형을 맞추어 나간다는 것이다.

앞에서 간단한 예시를 든 것처럼 컬러타로상담카드는 기존의 단순한 상황을 파악할 수 있다는 기존의 타로카드의 용도를 넘어 세부적인 상황 파악은 물론, 제반 상황의 흐름적 이해도 가능하여 전문 상담 도구로서 사용이 가능하다는 큰 장점이 있다.

② 컬러타로상담카드 주 카드/보조 카드 활용

 일반적인 타로상담에서 상담자가 제일 즐겨서 많이 사용하는 카드를 주 카드라고 하며, 주 카드를 보조하여 사용하거나, 특수한 상담에서만 사용하는 카드를 보조 카드라고 한다. 반드시 주 카드, 보조 카드로 구분하여 사용할 필요는 없다. 아래 카드는 주 카드로 컬러타로카드만 사용하여 진행한 방법이다. 하지만 보조 카드를 주 카드와 구분하여 사용할 경우, 주 카드에서 파악하지 못한 사항을 파악할 수 있고, 주 카드에서 나온 카드의 중복적 제한*에서 벗어날 수 있다는 장점이 있다.

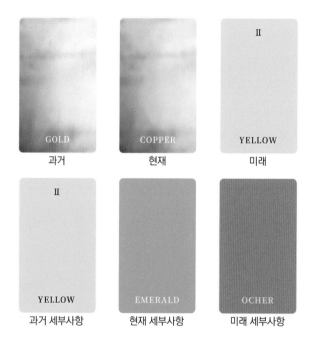

| GOLD | COPPER | YELLOW |
| 과거 | 현재 | 미래 |

| YELLOW | EMERALD | OCHER |
| 과거 세부사항 | 현재 세부사항 | 미래 세부사항 |

 컬러타로상담카드는 상담에서 주 카드로 사용할 수 있으며, 보조 카드로도 사용할 수 있다. 컬러타로상담카드가 주 카드로 사용될 경우에 보조적으로 사용되는 타로카드는 컬러카드를 제외한 모든 타로카드가 될 수 있다.

---

* 앞에서 나온 카드가 다시 나올 필요성이 있음에도 불구하고 선택되지 못하는 오류가 발생할 수 있다. 컬러타로상담카드는 이러한 점을 감안하여 2벌, 72장을 1덱(Deck)으로 사용한다.

1주일 후 남자 친구와 결혼하게 될, 20대 후반의 내담자가 결혼 전후 관계의 흐름을 물어보는 질문에 대해 컬러타로상담카드를 주 카드로 사용하는 경우와 보조 카드로 사용하는 경우를 비교해 보자.

　먼저, 컬러타로상담카드를 주 카드로 사용할 경우의 배열은 아래와 같이 맨 위에 컬러타로상담카드를 배열하고, 그 밑에 다른 보조 카드(여기에서는 유니버셜웨이트 타로카드)를 배치하여 사용할 수 있다.

RAINBOW	GOLD	BLUE GREEN
결혼 전	결혼 직후	결혼 이후
결혼 전 세부사항	결혼 직후 세부사항	결혼 이후 세부사항

컬러타로상담카드의 주 카드는 다음과 같이 설명할 수 있다.

"결혼 전의 관계는 활발하고 기쁜 나날의 연속이었으나, 하나라는 확신이 없는 애매한 상황의 연속이었다. 그러나 결혼 직후 관계에 대한 자신감을 얻으며 부부라는 완성을 느끼게 될 것이고, 결혼 이후에는 가정의 안정과 균형을 누리게 될 것이다."

여기에 보조 카드의 세부 사항을 연결하면 다음과 같은 자세한 설명이 될 수 있다.

"결혼 전의 관계는 활발하고 기쁜 나날의 연속으로 서로 즐거운 삶을 영위하였으나, 결혼이라는 확신이 없는 애매한 상황의 연속이었다. 그러나 결혼 직후 관계에 대한 자신감을 얻으며, 큰 자신감과 만족감을 얻게 된다. 결혼 이후에는 가정의 안정과 균형을 누리고, 원활한 순환으로 부부라는 완성을 느끼게 될 것이다."

또한, 컬러타로상담카드를 보조 카드로 사용할 경우의 배열은 아래와 같이 맨 위에 주 카드(여기에서는 유니버셜웨이트 타로카드)를 배열하고, 그 밑에 보조 카드로 컬러타로상담카드를 배치하여 사용할 수 있다.

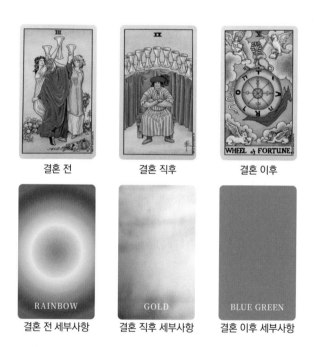

| 결혼 전 | 결혼 직후 | 결혼 이후 |
| 결혼 전 세부사항 | 결혼 직후 세부사항 | 결혼 이후 세부사항 |

주 카드로 사용된 유니버셜웨이트 타로카드는 다음과 같이 설명할 수 있다.

"결혼 전의 관계는 함께하면 즐겁고 기쁜 나날이었고, 결혼 직후 관계에 대한 자신감을 얻으며, 결혼 이후 원활한 부부 관계를 이루어 나갈 것이다."

여기에 컬러타로상담카드의 보조 카드 세부 사항을 연결하면 다음과 같은 자세한 설명이 될 수 있다.

"결혼 전의 관계는 함께하면 즐겁고 기쁜 나날을 보냈고 불규칙한 상황과 결혼에 대한 불확실성으로 둘러싸인 애매한 상황이었으나, 결혼 직후 관계에 대한 자신감을 얻어 관계의 완성이라는 흐름을 이어 가며, 결혼 이후 원활한 부부 관계가 이루어져 더욱 안정과 균형이 잡힐 것이다."

주 카드와 보조 카드를 의미 있게 잘 연결한다면 주 카드만 사용할 경우보다는 당연히 주 카드와 보조 카드를 같이 사용할 경우에 의미의 확장을 이끌어 내며, 주 카드에서 부정확한 의미나 숨겨져 있는 의미를 파악할 수 있다.

3) 심볼론 타로카드

심볼론 타로카드에 대한 전문적인 내용을 살펴보고 싶은 독자는 저자의 심볼론 타로카드 저서 『심볼론카드 상담전문가(최지원 외, 하움출판사)』를 참고하기 바란다. 이 책 『타로상담의 정석(기본편)』에서는 『심볼론카드 상담전문가(최지원 외, 하움출판사)』 내용의 일부를 인용하여 심볼론 타로카드 상담전문가로 나아가기 위한 필수적인 기초 설명을 안내하도록 한다.

(1) 심볼론 타로카드의 특징

Symbolon
심볼론

심볼론은 기억에 관한 게임*으로 수십 년간 혹은 수년간 깊이 침잠해 있는 기억을 떠올리게 한다. 심리적 접근을 좋아하는 사람들은 카드 이미지에 내재된 힘이 무의식을 의식의 영역으로 끌어 올린다고 설명한다. 이로 인해, 심볼론은 치유의 방법의 하나로 여겨진다. 심볼론 게임에서 질문하는 방식은 다른 타로카드 덱(총 78장)과 구별되며 미래에 관해 조언하는 것이 아닌 과거를 현재로 소환하는 것에 목적을 두고 있다.

Maria Szepes는 심볼론에 대해 다음과 같이 설명한다. "수색견과 같은 카르마는 우리 뒤를 바짝 뒤쫓는다. 심볼론은 우리가 과거 한때 잃어버렸던 것들을 다시 떠올리게 한다. 우리가 아무리 도망치려 해도 카르마는 우리 눈앞에 다시 나타나게 된다." 심볼론 게임은 우리의 카르마를 삶 속에 다시 스며들게 하며 '수색견과 같은 카르마(카르마의 거친 시도는 우리를 충격에 빠뜨리

---

* SYMBOLON CARD WORK BOOK에서 '게임'을 '상담'으로 해석하면 좋을 듯하다.

고 엄청난 공포를 느끼게 만든다)'에서 벗어나게 한다. 이름에서 알 수 있듯이, 심볼론은 분리된 2개의 대상을 하나로 재통합시키는 것이다. 물론, 심볼론은 두 개로 분리된 상태이며 이 게임을 통해 하나로 통합된다.

The Inner Personae
내면의 페르소나

이 카드가 내포하고 있는 의미는 다음과 같다. 사람들은 각자 원하는 삶의 모습이 있지만, 아직 성취되지 않은 상태이며 각기 다른 성격적 특성이 있다는 것이다. 다양한 성격적 특성은 한 개인을 잠재의식과 의식 측면에서 다른 개인과 구별 짓는 것이다. 게임에서는 개개인이 갖는 고유한 성격, 동기, 힘, 활동 영역, 의식으로 인해 각자의 내면에 있는 페르소나가 사람들을 구분 짓는다고 설명한다. 이러한 모든 것이 '나'를 구성하는 요인이다. 내면에 존재하는 페르소나들에 대해서는 대부분 알 수 없다. 내면의 페르소나들은 우리의 내면 깊숙한 곳에 존재하면서 합리적인 근거 없이 우리의 삶을 형성하고 변형시킨다.

요약하면, 이 게임은 내면에 존재하는 페르소나와 페르소나들의 행동, 동기에 관해 설명한다. 즉, 페르소나 중 현재 우리를 지배하고 있는 것, 우리가 익숙해져야 하는 것, 우리가 이미 익숙한 것에 대해 알려 준다. 각각의 카드(마지막 장 제외)는 내면에 존재하는 특정 페르소나와 의식의 표면으로 끌어 올려야 하는 페르소나의 주제에 관해 설명한다. 카드에서 설명하는 페르소나 중 일부는 심리학에서 종종 나타나는 주제이다. 예를 들면, '내면의 아이(게자리/어머니)', '이성적으로 판단해야 할 일(처녀자리/봉사자)' 또는 '스스로에 대한 반항(게자리/양자리의 반항)' 등이 있다.

이 외에 다른 페르소나들에 대해서는
심리학에서 제대로 다뤄지지 않았으나
신화와 동화에서는 종종 등장하였다. 골
칫덩이(양자리/물병자리)와 뱀파이어(양자
리/전갈자리)가 이에 해당한다. 이러한 것
들은 개개인의 영혼 속에 존재한다.

Astrology
점성학

이 게임은 내면의 페르소나를 의식의 표면으로 끌어 올
리는 것뿐만 아니라 점성학 기호도 활용한다. 카드에는
깊은 영적 활동을 표현하는 점성학 기호들이 그려져 있
다. 예를 들면, 어떤 사람은 염소자리에 달을 가지고 있
을 수 있고, '게자리(달)'와 염소자리가 합쳐진 형태인 카
드(얼음 여왕)를 선택하거나 카드 그림에 잠시 집중하고
있을 수도 있다. 혹은 해왕성이 화성과 직각을 이루는 형
태에 해당하는 사람이 있거나 '양자리/물고기자리(화성/
해왕성)'와 관련된 완벽한 바보 카드를 선택하는 사람이
있을 것이다.

중요한 점은 별자리(양자리-물고기자리)와 행성(화성-해왕성) 간 관계에 대해
철저히 숙지해야 한다는 것이다.

양자리 - 화성	황소자리 - 금성	쌍둥이자리 - 수성
게자리 - 달	사자자리 - 태양	처녀자리 - 수성
천칭자리 - 금성	전갈자리 - 명왕성	사수자리 - 목성
염소자리 - 토성	물병자리 - 천왕성	물고기자리 - 해왕성

별자리와 행성은 각각 12개와 10개로 그 대응 개수가 일치하지 않기 때문에 금성과 수성이 2번씩 사용된다. 금성은 황소자리, 천칭자리와 연결되고 수성은 쌍둥이자리와 처녀자리를 다스린다(경험이 풍부한 노련한 점성가에게는 이와 같은 원리가 익숙할 것이다). 이처럼 2개의 별자리에서 이 카드의 차별점이 나타난다. 즉, 쌍둥이자리의 수성과 처녀자리의 수성이 함께 사용되는 것이다.

이 부분에 대해서는 경험 많은 점성가들도 점성학에서 행성이 같은 위치에 있어 함께 사용할 수 없다고 판단할 것이다. 또한, 두 개의 별자리에 해당하는 행성(쌍둥이자리의 수성, 처녀자리의 수성)을 쉽게 구분하기가 어려울 수 있다. 이러한 원리는 금성에도 똑같이 적용된다. 예로 쌍둥이자리의 영향력이 큰 사람은 수성의 위치와 상관없이 처녀자리보다 쌍둥이자리가 더 큰 영향력을 발휘하기 때문에 쌍둥이자리의 수성과 연관될 것이다. 또 다른 예는 쌍둥이자리의 수성이 처녀자리와도 연관이 될 때이다. 이처럼 수성이 쌍둥이자리와 처녀자리를 동시에 다스리는 경우를 'THE STRATEGIST(전략가)'라고 한다.

이는, 수성-수성의 조합과 금성-금성의 조합이 가능하다는 것을 보여 주며 점성학에서도 나타난다. 이 책에서 유일하게 이와 같은 별자리에 관해 설명하고 있다. 그러나 중요한 점은 행성과 별자리 간 조합이 아닌 '내면의 페르소나'의 조합이다. 우리는 모두 '중재자(쌍둥이자리의 수성)'와 '봉사자(처녀자리의 수성)'의 특성이 있다. '중재자'는 의사소통과 접촉을 담당하고 '관리자'와 같은 '봉사자'는 삶의 기본 요소에 충실하며 관습에 따라 일상 업무를 맡아 관리한다. 이 둘은 완전히 다른 사람임에도 불구하고 함께 공존할 수 있다. 그러나 카드를 뽑았을 때, 자신의 별자리와 관련된 카드를 선택했다고 해서 꼭 좋은 것만은 아니다.

예로, '달/천왕성(해방)' 카드를 선택했다면 다음과 같은 질문을 던지게 될 것이다.

"어디서부터 시작해야 할까? 내가 끊어 내야 하는 것은 무엇인가? 내가 정리해야 할 인간관계는 어떤 것인가?" 같은 질문이 떠오르게 된다. 이것은 달이 물병자리(11번째 하우스)에 위치하는지 혹은 천왕성이 게자리(4번째 하우스)에 위치하는지에 대해 질문하는 것이 아니다. 이와 같은 질문은 심볼론 게임의 의도에서 벗어나는 것이다.

(2) 카드 사용 방법

카드를 사용하는 방법은 크게 2가지로, 점성학을 사용하지 않는 방법과 점성학을 사용하여 게임을 진행하는 방법이 있다.

A, B 방법의 기본 가정은 공통으로 기억을 떠올리게 하여 심볼론을 찾게 하고 분리된 조각들을 하나로 재결합시키는 것이다. 그러나 특징적인 차이가 존재하기 때문에 각각의 방법을 따로 진행해야 하며, 다양한 방법을 미리 숙지해야 한다.

• A 방법: 점성학을 사용하지 않고 사용하는 방법

이 방법은 점성학에 대한 지식을 요구하지 않는다. 즉, 행성과 별자리가 어떤 방식으로 사용되는지 알고 있지 않아도 사용할 수 있다. 여러 번 진행하다 보면 행성과 별자리에 대해 자연스럽게 습득하게 된다.

한 장의 카드를 선택한 후 선택한 카드에 집중하기만 하면 해석이 가능하다. 선택한 카드의 상징과 관련된 인생의 문제를 떠올리면 된다. 카드의 상징들은 인생과 어떤 형태로든 관련이 될 것이다. 예를 들어, 떠돌이 협잡꾼을 뜻하는 속임수(처녀자리/물고기자리) 카드를 뽑았다고 가정해 보자.

현대판 떠돌이 협잡꾼은 500년 전 거리를 활보했듯이 오늘날 대도시 길거리를 누비고 있을 것이다. 이들은 3개의 조개껍데기를 사용하여(현재는 성냥갑을 사용한다) 구경꾼들이 'Y'가 아닌 'X'를 보게끔 속임수를 쓴다. 어떤 이들은 이렇게 모두를 속이는 사람들을 사기꾼이라고 부른다. 카드는 이러한 것들을 말해 준다. 떠돌이 협잡꾼들은 사실 모든 조개껍데기 안에 아무것도 넣지 않은 채로 공연을 한다. 이들은 어차피 조개껍데기 안에 놓여 있던 물건들이 사라졌다고 말할 것이기 때문에 절대 이길 수 있는 게임이 아니다. 카드를 선택한 후 "아! 속았구나! 누군가가 나를 함정에 빠뜨렸구나!"라고 생각할 수 있다. 이 카드를 통해 기억을 떠올리면서 잘못된 길에 빠졌다는 것을 깨닫게 된다.

이 카드는 다른 카드들과 마찬가지로 자신과 관련된 어떠한 기억을 불러일으킨다. 즉, 내면에서 일어나는 기억을 말한다. 이 카드에서 떠올릴 수 있는 질문들은 "누가 나를 속이고 있을까? 나는 누구를 속이려 하는 걸까?"와 같은 것이다. 이와 같은 내면의 질문들은 기억으로 변모된다. 만약 사기꾼을 찾고 있다면, 카드는 심리적 형상화의 주제가 되지만 치유 효과는 떨어질 것이다. 자신을 속이기 위해 카드를 활용하기 때문이다(이러한 경우, 카드는 의미 그대로를 보여 주지만, 우리는 그 진실을 깨닫지 못한다).

또한, 이 카드는 누군가가 나를 속이고 있다는 것을 알려 준다. 나를 속이고 있는 누군가는 자신일 수도 있고 다른 사람일 수도 있다. 물론, 사기꾼들은 어디에나 존재한다. 파트너 혹은 가장 친한 친구가 자신을 속이고 있다는 것을 알게 되는 경우도 있다. 결국, 외부 세상은 우리의 내면을 비추는 거울일 뿐이다. 따라서 마법의 해결책은 다음과 같다. 만약, 나의 파트너가 나를 속이고 있다면 나 자신도 파트너를 속이고 있다는 것을 상기시켜 주는 것이다. 즉, 누군가에게 속고 싶지 않다면 자신의 내면에 존재하는 사기꾼을 떠올려야 한다. 내면에 존재하는 사기꾼을 떠올린다면 외부 세계에 존재하는 사기꾼들은 저절로 사라질 것이다. 이들이 더는 존재할 이유가 없기 때문이다. 이러한 방법만이 유일하게 카드를 이해하는 방법이다. 외부 세계에 존재하는 속임수들에 휘말리게 되는 자신에 대해서 알고 싶어 하지 않는 무언가가 있을 수 있다. 외부 세계에 자기 생각을 투영한 것만으로도 행복하다고 느낄 수 있다. 그러나 이것은 회피일 뿐이다.

점성학에 대한 지식을 갖추고 있지 않아도 이와 같은 부분들은 쉽게 이해할 수 있다. 이 카드를 이해하기 어려울 때는 점성학과 관련된 책에서 그 의미를 찾아볼 수 있지만, 속임수와 관련된 의미는 스스로 해답을 찾는 것이 좋다. 순간적으로 떠오르는 영감처럼 답을 떠올릴 수 있을 것이다. 해답은 평소 알고는 있지만 의식하지 못했던 것일 것이다. 나를 속이는 누군가가 나 자신이거나 다른 사람이라는 것을 받아들이고 싶지 않았을 것이기 때문이다. 카드는 직접적으로 "당신이 사기꾼이다!"라고 말할 것이다.

어떤 문제들을 수면 위로 끄집어 올려서 설명해야 할 때도 있지만 우리는 침묵하곤 한다. 스스로 진실을 밝힐지 혹은 계속해서 속일지는 내가 결정해야 할 문제다. 그러나 다음에 나는 다시 속임수를 뽑게 될 수도 있고 이러한 현상은 자주 나타난다. 왜냐하면, 우리는 항상 다른 사람을 속이면서 나 자신을 속이고 있기 때문이다. 기억에 관한 게임은 이러한 것들을 용납하지 않는다. 내가 떠올린 뮤즈*는 내가 교묘히 빠져나가지 못하도록 막는다. 새로운 속임수들로 인해 점점 멍청해지기 때문이다.

A 방법(점성학을 사용하지 않고 게임을 하는 방법)에서는 "내가 던진 질문들로부터 내가 배울 수 있는 것은 무엇일까? 내가 떠올리려고 하는 것은 무엇일까? 나의 내면세계에서 활동하고 있는 페르소나는 무엇일까?"라는 질문을 하게 될 것이다. 이 카드는 외부 세계에 존재하는 움직임의 명확한 방향을 알려 주고 내면의 페르소나를 바라보게 한다. 즉, 우리 내면에 존재하는 기억들을 불러일으키는 것이다. 질문을 구상할 때는 이 같은 접근법을 명심할 필요가 있다. 이 접근법을 통해 무의미한 것들은 버리고 가장 중요한 것만을 떠올리게 될 것이다.

무의미한 질문의 예는 다음과 같다.

- 나의 이상형을 언제 만날 수 있을까?
- 어떻게 해야 승진할 수 있을까(혹은 언제 승진하게 될까)?
- 내 아내(남편)의 질투심을 어떻게 잠재울 수 있을까?

---

* 그리스 신화에 등장하는 학예 전반의 신

- 나에게 적합한 전공이 이것일까?
- 소송에서 이길 수 있을까(혹은 어떻게 하면 소송에서 이길 수 있을까)?

이러한 질문은 외부 세계에서 해답을 찾을 수 있으므로(혹은 예측을 할 수 있으므로) 무의미한 질문이다. 신탁은 무녀들이 해야 할 일이다. 심볼론은 영감의 어머니이자 기억의 여신인 므네모시네를 따른다. 위와 같은 질문은 기억에 관한 질문이 아니며 쉽게 해결될 수 있고 운명에 의해 결정된 것이다. 심볼론은 이에 대한 해답을 찾고자 하는 게임이 아니다. 운동선수들의 다리를 치료하기 위해 치과 의사를 찾아가지 않는 것처럼 말이다. 이 게임은 이러한 질문을 이해하고자 하는 것이 아니다. 설사 해답을 제시하더라도 본인들이 이해할 수 없다. 나 자신의 영감을 떠올려 질문을 던져야 한다. 그렇지 않으면, 아무런 해답을 찾을 수 없다. 따라서 다음과 같이 새로운 (내면의) 접근법을 활용하여 질문을 재구성해야 한다.

Q1. 나와 적합한 파트너를 찾는 것을 방해하는 페르소나는 무엇인가? 나는 왜 나의 파트너를 찾는 것을 꿈꾸고만 있는가? 다른 사람을 생각할 수 없게 만드는 이상적인 파트너는 없을까? 무엇 때문에 나는 실현될 수 없는 꿈을 꾸고 있는 것인가?

Q2. 내 직업에 방해가 되는 내면의 페르소나는 무엇인가? 나는 왜 승진을 해야 한다고 느끼고 있는 걸까? 무엇이 나를 이렇게 만드는 걸까? 어떤 페르소나가 나를 이렇게 되도록 이끌고 있을까? 이와 같은 질문은 "어떤 페르소나가 나를 방해하고 있을까?"라는 질문을 떠오르게 한다.

Q3. '질투'란 나에게 어떤 의미인가? 부정하는 나의 파트너가 나에게 무엇을 상기시켜 주고 싶은 걸까? 나의 내면에 어떤 존재가 나를 이렇게 질투하게 만드는 것일까? 질투를 유발하는 동기는 무엇일까?

Q4. 이 과정을 통해 내가 배워야 할 나의 인생 주제는 무엇인가? 이 과정을 통해 나의 내면의 페르소나는 무엇을 성취하고 싶은 것일까? 어떤 페르소나가 이러한 과정을 배우고 싶어 하는 걸까(배우고 싶지 않은 걸까)? 나를 되돌아보기 위해 어떤 주제들을 공부하는 것이 좋을까(어떤 주제들이 도움이 되지 않는 것일까)?

Q5. 법적인 행동 이면에 숨은 진정한 생각은 무엇인가? 이러한 행동을 하게 만드는 나의 내면에 존재하는 이는 누구인가? 이러한 것들로부터 내가 배울 수 있는 것들은 무엇일까?

    이와 같은 질문은 모두 우리 자신에 관한 것이며 각각의 질문에 대한 해답을 통해 우리의 삶에 대한 정보를 얻을 수 있다. 중요한 점은 나와 관련된 무엇인가를 발견해 내는 것이다. 사람들은 세상에 대한 조언을 얻기 위한 하나의 방법으로 질문을 하고 그에 대한 단순한 답변을 얻기를 원하기 때문에 처음 질문은 무의미하게 느껴질 수 있다. 심볼론은 '예', '아니요'와 같이 단순하게 반응하는 답변을 하지 않는다. 그 어떠한 카드도 단순한 답변을 할 수 없기 때문이다. '예', '아니요'로 답변을 할 수 있는 것은 '선'과 '악'을 구별하는 것과 같다. 사람들의 영혼 속에는 자신들만의 공간이 있다. 그 공간 안에는 다양한 생명체가 존재하는 산, 바다, 계곡, 도시들도 있다. 따라서 '예', '아니요' 혹은 '선', '악'으로 구별할 수 없다. 영혼의 축은 '망각'과 '기억' 사이에서 움직이는 것이다. 즉, 내적 요소의 무한함을 깨닫게 되거나 깨닫지 못하게 되는 것이다. 그리고 나 자신에게 가까워질수록 나의 영혼에 더 가까워질 수 있으며 나 자신에게 멀어질수록 영혼에서 멀어질 뿐이다. 우리의 영혼에 대해 '예', '아니요'로 대답하는 것은 좌뇌에 의한 편견이기 때문에 터무니없는 일이다. 그래서 카드를 선택할 때 왼손을 사용해야 한다. 왼손을 사용하는 이유는 기억의 여신이 이성의 개입과 좌뇌의 반응을 차단해 주기 때문이다(대신, 우뇌를 활성화시킨다).

오른손은 좌뇌와 연결되어 있어 외부 세계를 통제하고 왼손은 (우뇌의 지배를 받아) 우리의 내면을 통제한다. 따라서 왼손으로 카드를 선택하면 우리의 내면과 연결된다.

• B 방법: 점성학을 사용해서 게임을 진행하는 방법

심볼론을 진행할 때 가장 쉬운 방법은 다음과 같다.

천왕성과 태양이 스퀘어를 이룰 때 어떤 의미를 뜻하는지 알고 싶어 할 때, 몰락(사자자리/물병자리)이라는 카드를 찾아본 후, 그에 상응하는 텍스트를 읽는 것이다. 이것은 아주 간단한 방법이다.

두 번째 방법은 좀 더 복잡한데 먼저, 점성학에 해당하는 별자리를 하나 선택한다. 예를 들어, 4번째 하우스와 물병자리에 해당하는 금성을 선택했다고

가정해 보자. 금성(금성은 심볼론에서 활용하는 주요 카드 중 하나이다)을 묘사하는 두 장의 카드를 먼저 찾아야 한다. 한 장의 카드는 황소자리의 금성(연인)에 해당하는 카드이고 다른 한 장은 천칭자리의 금성(파트너)에 해당하는 카드일 것이다.

금성이 두 가지 주제에 해당하므로 두 장의 카드가 모두 필요하다. 이와 다르게, 달은 하나의 주제만 가지고 있으므로 달에 관심이 있을 때는 한 장의 카드만 필요하다. 비너스는 한 곳에 공존하는 두 개의 페르소나에 대해 알려 준다. 즉, '파트너의 필요성'과 '나의 매력'이라는 두 개의 페르소나가 서로 연관되는 것이다. 이러한 두 개의 페르소나는 4번째 하우스와 게자리와 연결된다(4번째 하우스=게자리=달). 아래쪽에 금성에 해당하는 두 장의 카드와 달(어머니)을 의미하는 카드를 뽑았다

면 이는 4번째 하우스를 의미한다. 이후, 금성과 달의 조화를 의미하는 카

드를 찾아야 할 것이다. 달과 대응하는
카드를 금성에 해당하는 카드 아래쪽
에 놓음으로써 금성과 달의 조화를 찾
을 수 있다. 이것은 둘(천칭자리/게자리)
을 의미하지만 약간의 부조화를 자아
낸다는 것을 발견할 수 있을 것이다.

천칭자리와 금성에 해당하는 파트너 카드가 가족(천칭자
리/게자리)이라는 카드에 더 적절한 것처럼 보이는데 황소
자리와 금성에 해당하는 연인 카드와 이브의 두 얼굴이
라는 카드가 가족의 문제를 다루고 있다.

우리는 가끔 어떤 행동에 관한 결정을 내렸음에도 불구하
고 "집 밖을 나가야 할까, 집에 머물러야 할까? 아니면 아
이들을 위해 저녁을 준비하고 있어야 할까?" 같은 질문을
한다. 이러한 질문은 연인으로서 또는 가족으로서 살아가
는 것에 대한 갈망 또는 죄책감 때문에 떠오르는 것이다.
금성(4번째 하우스)에 물병자리를 더하면 광대를 의미하게
되고 어머니를 뜻하는 카드 아래쪽에 배치한다. 이는 다
음과 같은 결과를 나타낸다.

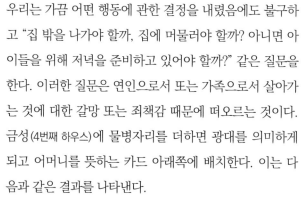

3장의 카드는 내면의 페르소나(금성)가 자유를 갈망한다
고 말한다. 이 때문에 가족에 대한 사랑과 모성애를 느끼
더라도 내면의 페르소나는 항상 이들을 끊어 내고 싶어 한
다. 이러한 내면의 페르소나를 통해 각각의 모순점을 받아
들이고 배우게 되며 이러한 과정은 의미 있는 것으로 내면
에 존재하는 비밀스러운 갈망을 억누르고 살아야 한다는
것을 알게 된다. 모순점들은 외부 세계로부터 촉발되는
것으로 내가 나의 파트너를 속이거나(관계를 지속하는 동안)

작별
(황소자리/물병자리)

나의 파트너가 나를 속이게 만들도록 이끄는 것이다.

즉, 내면의 페르소나를 통해 우리는 내면의 동기와 더욱 익숙해지게 된다. 내면의 동기와 페르소나는 나의 내면을 들여다볼 수 있는 또 다른 존재를 불러일으킨다. 이것이 '기억'이다.

그러나 금성이 달과 스퀘어를 이루기 때문에 위와 같은 방법이 문제를 완전히 해결할 수 있는 것은 아니다.

해방
(게자리/물병자리)

따라서 같은 방법으로 스프레드에 카드를 계속 추가할 수 있다. 달은 황소자리(연인)의 7번째 하우스(천칭자리)와 연결되는 금성과 스퀘어를 이루는 어머니 카드와 연관된다. 금성이 4번째 하우스에서 할 수 없는 일들을 어머니 카드가 하게 되는 것은 다른 사람에게 보호받기를 바라기 때문이다. 이로 인해, 우리의 '내면에 존재하는 적들'은 항상 서로에게 적대적이다.

분리, 이별
(천칭자리/물병자리)

조건이 없을수록, 말이 적을수록 더 쉽게 용기를 내서 나 자신을 찾을 수 있을 것이다.

(3) 심볼론 타로카드의 구성

타로의 메이저카드 순서는 본인의 성장 과정을 나타낸다. 마이너카드는 개별 순서에 따라 사용된다. 그러나 내면의 페르소나에 관한 것은 여러 영향을 받기 때문에 다른 주제들에 비해 복잡하다. 특정한 때에 발생하는 것은 무엇인지, 설명하는 순서와 순번 없이 해석해야 하기 때문이다. 이를 보완하기 위해, 이 책에서는 다음과 같은 3가지 유형의 카드 순서를 제시한다.

유형1 순수함의 전형인 페르소나를 묘사하는 카드들이다(현실에서는 찾기 어렵다). 순서는 별자리 순서(양자리~물고기자리)를 따른다. 간혹, 이 카드를 '주된 비밀'을 나타내는 메이저 아르카나로 여기는 사람들도 있다. 카드의 순서는 다음과 같다.

◆ 메이저카드(12장)

1. 전사
(양자리)

2. 연인
(황소자리)

3. 중재자
(쌍둥이자리)

4. 어머니
(게자리)

5. 에고
(사자자리)

6. 봉사자
(처녀자리)

7. 파트너
(천칭자리)

8. 유혹자
(전갈자리)

9. 설교자
(사수자리)

10. 마스터
(염소자리)

11. 광대
(물병자리)

12. 천사
(물고기자리)

> **유형 2** 내면의 페르소나를 형성하기 위해 이원적 조합을 이루는 인간의 존재를 보여
> 준다. 음양, 아니마와 아니무스[*], 남성적인 영혼과 여성적인 영혼, 좌뇌와 우뇌, 남성
> 과 여성, 태양과 달이 이에 해당한다. 우리 사회에 통용되는 규범과 반대로, 유형 2
> 에서는 여성의 전형부터 시작한다. 여성은 남성보다 내면을 드러내지 않고 억압을
> 받아 왔기 때문이다. 이 심볼론은 기억 활동을 통해 기억해야 할 대상을 떠올리게
> 하는 것이다.

◆ 달과 관련된 카드(11장)

13. 반항
(게자리/양자리)

14. 이브의 두 얼굴
(게자리/황소자리)

15. 의사 표현
(게자리/쌍둥이자리)

16. 양립 불가
(게자리/사자자리)

17. 보살핌
(게자리/처녀자리)

18. 가족
(게자리/천칭자리)

---

* 아니마는 남성의 여성적이고 수동적인 면을 의미하며, 아니무스는 여성의 남성적이고 능동적인
면을 의미한다.

19. 낙태	20. 므네모시네	21. 얼음 여왕	22. 해방	23. 잠자는 미녀
(게자리/전갈자리)	(게자리/사수자리)	(게자리/염소자리)	(게자리/물병자리)	(게자리/물고기자리)

◆ 태양과 관련된 카드(10장)

24. 전투	25. 여왕	26. 배우	27. 병든 왕	28. 결혼	29. 마법사
(사자자리/양자리)	(사자자리/황소자리)	(사자자리/쌍둥이자리)	(사자자리/처녀자리)	(사자자리/천칭자리)	(사자자리/전갈자리)

30. 행운	31. 짐	32. 몰락	33. 후퇴
(사자자리/사수자리)	(사자자리/염소자리)	(사자자리/물병자리)	(사자자리/물고기자리)

유형 3 유형 3에서는 해와 달을 제외한 모든 페르소나를 조합한다. 이를 '마이너 아르카나'라고 칭한다. 다른 카드들에 비해 중요하지 않다는 것이 아니다('마이너 아르카나'를 나타내는 카드들의 단일 조합만으로 인생을 변화시킬 수 있다). 카드의 순서는 별자리 순서(양자리~물고기자리)를 따른다.

마이너카드(45장)

◆ 양자리 <화성> 카드(9장)

(양자리-게자리&양자리-사자자리는 각각 13번, 24번이다)

34. 에로스
(양자리/황소자리)

35. 차꼬
(양자리/쌍둥이자리)

36. 죄책감
(양자리/처녀자리)

37. 불일치
(양자리/천칭자리)

38. 뱀파이어
(양자리/전갈자리)

39. 십자군
(양자리/사수자리)

40. 헛수고
(양자리/염소자리)

41. 골칫덩이
(양자리/물병자리)

42. 완벽한 바보
(양자리/물고기자리)

◆ 황소자리 <금성> 카드(8장)

43. 귀부인
(황소자리/쌍둥이자리)

44. 집착
(황소자리/처녀자리)

45. 유복과 속박
(황소자리/천칭자리)

46. 꼭두각시
(황소자리/전갈자리)

47. 물질과 영혼
(황소자리/사수자리)

48. 창조에 대한책임
(황소자리/염소자리)

49. 작별
(황소자리/물병자리)

50. 영혼의 정원
(황소자리/물고기자리)

◆ 쌍둥이자리 <수성> 카드(7장)

51. 전략가
(쌍둥이자리/처녀자리)

52. 허영의 시장
(쌍둥이자리/천칭자리)

53. 피리 부는 사람
(쌍둥이자리/전갈자리)

54. 스승과 제자
(쌍둥이자리/사수자리)

55. 고난
(쌍둥이자리/염소자리)

56. 꿈꾸는 사람
(쌍둥이자리/물병자리)

57. 침묵
(쌍둥이자리/물고기자리)

◆ 처녀자리 <수성> 카드(6장)

58. 일상적인 관계
(처녀자리/천칭자리)

59. 자책
(처녀자리/전갈자리)

60. 종교 재판
(처녀자리/사수자리)

61. 공포
(처녀자리/염소자리)

62. 퓨리스
(처녀자리/물병자리)

63. 속임수
(처녀자리/물고기자리)

◆ 천칭자리 <금성> 카드(5장)

64. 재앙
(천칭자리/전갈자리)

65. 심볼론
(천칭자리/사수자리)

66. 슬픔
(천칭자리/염소자리)

67. 이별
(천칭자리/물병자리)

68. 왕의 두 자녀
(천칭자리/물고기자리)

◆ 전갈자리 <명왕성> 카드(4장)

69. 광신도
(전갈자리/사수자리)

70. 침체
(전갈자리/염소자리)

71. 불사조
(전갈자리/물병자리)

72. 거짓 후광
(전갈자리/물고기자리)

◆ 사수자리 <목성> 카드(3장)

73. 고해
(사수자리/염소자리)

74. 양자 도약
(사수자리/물병자리)

75. 피티야
(사수자리/물고기자리)

◆ 염소자리 <토성> 카드(2장)

76. 감금
(염소자리/물병자리)

77. 운명의 여신,
모이라
(염소자리/물고기자리)

◆ 물병자리 <천왕성> 카드(1장)

78. 성배의 문제
(물병자리/물고기자리)

(4) 심볼론 타로카드의 실전 상담

① 원 카드 스프레드

실전 상담 연습 (기본)-원 카드 스프레드

사례 1 저는 회의 시간에 저의 의견에 대해 반대 의견을 제시하는 사람들과 꼭 트러블을 유발하게 됩니다. 도대체 무슨 이유인가요? (30대 중반의 여성)

상담

내담자가 트러블을 유발하는 근본적인 문제는 자신의 의견에 반대하는 사람들에 대한 분노와 공격성입니다. 트러블을 유발하게 되는 때는 바로 그런 자신의 분노와 공격성을 인지하지 못하고 있거나 인정하지 못하고 있는 상태입니다.
그 분노와 공격성을 보이는 이유는 본인의 의견에 반대하는 상대의 의견을 인정한다면 비겁하다고 느끼기 때문이며, 공격성을 통해 트러블을 유발하는 것을 진정한 용기로 알고 있기 때문입니다.

조언&코칭

당신은 페르소나에 어떤 일이 발생했는지, 왜 공격적인 성향을 보이는지 한번 심도 있게 생각해 볼 필요가 있습니다. 그런 과정을 통해 자신의 분노와 공격성을 인지하지 못하고 있거나 인정하지 못하고 있는 상태를 이해하게 될 것입니다. 그로 인해, 현재 상황에서 벗어날 수 있을 것이며 참다운 용기를 이해하게 될 것입니다.

② 쓰리 카드 스프레드

사례 2 저는 다른 사람들보다 학위 욕심이 많습니다. 수학 교육으로 박사를 수료하고 다시 교육학(교육 심리&상담)으로 이번 학기에 박사를 수료하게 되었습니다. 두 개의 전공 박사 학위 논문을 모두 준비해야 할까요? (40대 후반의 남성)

········· **전문 상담** ···

<문제>

당신은 현재 학위만이 최고라고 생각하며, 당신 주변에 벽을 쌓으며 안정을 추구하고 있습니다. 하지만 이것은 마치 감금된 노예와 같으며, 현 상황에서 과도함이 중요한 문제 상황입니다. 당신은 안정을 추구하기 위해 '학위는 더 많을수록 더 좋은 것'이라고 생각하고 있습니다. 그러나 당신은 결국, 이것으로 인해 더욱 복잡함과 어려움에 당면할 수 있습니다.

<해결 방법>

당신은 목표를 다시 조정해야 할 것입니다. 본인 개인적인 주관을 벗어나 객관적으로 사실을 직시할 필요가 있으며 질문에 대한 해답을 찾기 위해 더욱 용기가 필요합니다. 이러한 과정을 통해 당신은 현실적인 선택을 할 수 있게 될 것입니다.

<결과>

노력은 가치 있는 것이며 풍요는 넘쳐흐르고 있습니다. 당신의 통찰력은 다시 살아날 것이며 행운을 맞이하게 될 것입니다.

········· **조언&코칭** ···

우리 삶에서 모든 것을 다 취하기는 어렵습니다. 미련이 남을 수 있으나 최선의 결과를 위해 적절한 덜어 냄이 필요합니다.

실전 상담 연습 (중급)-쓰리 카드 스프레드 (2)

사례 3 매사에 의욕이 없습니다. 특히 15년 전 결혼을 한 후, 다니던 직장을 출산으로 사직을 한 후에 더욱 그렇습니다. 제가 지금 해야 할 일이 무엇일까요? (40대 중반의 여성)

전문 상담

<문제>

결혼해서 출산을 하고 육아에 얽매여 직장을 그만두게 되고, 전업주부로 집에만 있다 보니 감옥에 갇힌 것처럼 답답합니다. 시간이 무의미하게 흘러가는 것 같고, 가는 세월이 아깝기만 하며, 할 수 있는 게 없다는 생각에 더 무기력해지고 매사에 의욕이 없습니다.

<해결 방법>

이성적으로 생각하고 현재 자신의 상황을 파악해 보세요. 시간이 무의미하게만 흘러가고 있는지, 얻은 것은 없는지, 선택은 누가 했는지. 그리고 현실적으로 실천할 수 있는 계획을 구체적으로 세우고 행동으로 옮기는 것이 필요합니다. 또한 모든 선택과 행동에는 책임과 결과가 따른다는 것을 잊지 마세요.

<결과>

고된 과거로부터 벗어나고 날개를 펼쳐 화려하게 날아오를 기회가 올 것입니다. 삶의 한 단계를 마무리하고, 자유롭게 자신의 뜻을 이루며 발전하는 더 큰 세상이 펼쳐질 것입니다.

조언&코칭

모든 것에는 선택의 자유가 있지만, 선택에 대한 책임은 자신이 져야 합니다. 얻기 위해서는 포기해야 하는 부분이 분명히 있음을 알고 최선을 다하는 것이 필요합니다. 다가올 새로운 기회를 위해 현재 할 수 있는 일을 찾아서 실천하고, 준비하며 기다려 보세요.

4) 데카메론 타로카드

데카메론 타로카드에 대한 전문적인 내용을 살펴보고 싶은 독자는 저자의 데카메론 타로카드 저서 『데카메론 타로카드 상담전문가(최지원 외, 하움출판사)』를 참고하기 바란다. 이 책『타로상담의 정석(기본편)』에서는 『데카메론 타로카드 상담전문가(최지원 외, 하움출판사)』 내용의 일부를 인용하여 데카메론 타로카드 상담전문가로 나아가기 위한 필수적인 기초 설명을 안내하도록 한다.

(1) 데카메론 타로카드의 특징

DECAMERON TAROT WORK BOOK

본 DECAMERON TAROT WORK BOOK은 DECAMERON TAROT에 포함되어 있는 해설서의 내용 중 전반적인 중요 부분을 게재하였다. 메이저카드 22장과 마이너카드 56장에 해당하는 해설서 내용은 각 카드에 설명된 데카메론 원서 해설을 참고하기 바란다.

A Guide for Love
사랑의 지침

사랑은 우주를 떠받치고 행성을 움직일 힘을 지니고 있다. 이것은 기독교를 주축으로 한 중세 철학에서 나온 개념으로 사랑은 열정을 불러일으키고 행복으로 가득 찬 상태임을 의미한다. 베르길리우스(Virgil, Vergilius)도 "사랑은 모든 것을 이긴다. 우리도 사랑에 굴복하자."라고 말하며 사랑의 힘이 위대함을 강조했다. 그러나 형이상학적인(추상적인) 사랑에서 개인의 삶을 지배하는 열정적인 사랑으로 치닫게 되면 우리는 감정의 위태로움을 경험하게 된다. 사랑과 심장은 밀접한 관계가 있다(사랑과 심장은 각운을 이룬다). 사랑은 열정적이고 마음이 잘 통하는 두 개의 심장이 만났을 때 이루어진다.

에로스의 비통한 마음은 이 세상만큼 오래되었다. 사랑에 빠진 사람들은 늘 스스로 자신이 쏟은 열정을 어느 정도로 보답을 받았는지에 대해 질문한다. 의심스러울 때 그들은 마법, 묘약, 예감, 타로에 의지해 위안을 얻는다. 사랑은 타로카드의 이상적인 주제이자 매력적인 목표다.

14세기에 조반니 보카치오(Giovanni Boccaccio)는 『데카메론』이라는 작품을 통해 사랑의 세계를 그렸다. 『데카메론』은 현재까지 많은 신뢰를 얻고 있는 작품으로 플로렌스(피렌체)에 번진 흑사병을 묘사하며 시작된다. 보카치오는 작품에서 새로운 세계, 사회적 관습과 윤리 의식의 변혁을 예언했다. 또한, 작품에 등장하는 캐릭터들은 자유분방하고 부도덕하며 편견이 없고 미신을 따르는 특징을 가지고 있다.

이탈리아 화가인 자친토 카우덴치(Giacinto Gaudenzi)는 중세 시대 인물들의 (영속적으로 작용하는) 정서적 욕구 변화에 영감을 얻어 중세 사회를 해석했다.

14세기 인류는 다양하고 복잡했으며 신성과 세속 그리고 추악함과 숭고한 희생이 뒤범벅된 상태였다. 플로렌스(피렌체) 출신의 작가인 카우덴치는 이와 관련된 의견을 서슴없이(검열 없이) 자유롭게 표출했다. 예술적 언어만이 형이상학적이고 암시적인 이미지에 의존하여 사랑을 표현할 수 있었고 적대적이고 반어적인 단어를 사용할 수 있었다. 이렇게 함으로써, 성에 대한 혐오로 인한 검열과 기독교의 비난에서 벗어날 수 있었다. 그는 자신의 예술품을 제작하였지만, 작품을 통해서 순응주의자들의 배척을 피하려 하지 않았다. 순응주의자들은 20세기까지 카우덴치의 이름과 작품을 악마로 묘사한 사람들이다. 보카치오는 당시 아둔하고 도덕주의자인 척하는 사회에서 벗어나고 싶어 했지만 카우덴치는 그렇지 않았다. 그는 잔인한 사실성이 담겼지만, 독창적이고 성적으로 끌릴 만한 피가 뒤덮인 장면들을 명확하게 구현하려 했었다.

Giovanni Boccaccio
조반니 보카치오

  조반니 보카치오(Giovanni Boccaccio)는 1313년 체르탈도(피렌체)에서 사생아로 태어났다. 아버지 보카치노 디 켈리노(Boccaccino da Chelino)는 부유한 사업가였다. 보카치오는 1348년 흑사병이 창궐했을 때 『데카메론』을 집필하였다. 1350년에 그는 이미 부와 명성을 얻었으며 페트라르카(Petrarch)와 알리기에르 가족(Alighieri Family)과 매우 친하게 지냈다.

  그의 어머니는 하녀로 추정된다. 그러나 보카치오는 자신의 어머니가 파리의 귀족 부인이라고 알렸다. 보카치오가 꿈에 그리던 여인이었던 피암메타(『데카메론』의 주인공)는 마리아 드아퀴노(Maria d'Aquino) 공주를 위한 인물이었다. 피암메타는 현존 인물이 아닌 『데카메론』의 등장인물이다. 이후, 보카치오는 1375년에 세상을 떠났다.

Reading The Tarot
타로카드 해석

  각각의 카드는 사랑과 관련된 고유한 의미를 담고 있다. 따라서 카드의 내용이 육욕적이고 폭력적일 수도 있고 열정적이고 방탕할 수 있으며 평범하고 달콤할 수도 있다. 또한, 지적이고 섬세할 수도 있으나 모든 카드는 사랑의 상징에 따라 사랑과 관련된 의미로 해석되어야 한다.

  『데카메론』은 사랑을 주제로 한 단편 소설이며 노골적이진 않지만, 매우 자유롭고 진솔한 이야기를 다룬다. 데카메론 타로카드는 이러한 접근법(방식)에 유념하여 타로카드를 해석해야 한다.

Major Arcana
메이저 아르카나

심원한 전통에 의하면, 메이저 아르카나는 인생의 주요 사건들을 설명하는 것이다.

Minor Arcana
마이너 아르카나

22장의 메이저 아르카나는 4개의 슈트로 나뉜 56장의 마이너 아르카나와 함께 사용된다.

완드는 불의 상징이며 격정과 극한 경험을 의미하고 성배는 물을 의미하며 주로 영혼에 관해 설명한다. 검(劍)은 공기의 요소로 사고의 질과 연관되는 내면세계를 의미하며 펜타클은 세계, 육체, 물질적 재화와 연관된다.

The Bedroom
침실

타로카드를 해석하기 위해서는 과정이 필요하다. 즉, 실현 가능한 과정이 필요하다. 테이블 위에 타로카드를 펼치는 방법은 수없이 많으나 다수의 전문가는 개인적 특성과 경험을 바탕으로 자신만의 방법을 활용한다. 이 카드 덱은 사랑에 의한 불안감을 나타내는 것으로 침실을 사랑의 무대로 재구성해야 한다고 충고하고 있다. 역사적으로, 침대는 늘 성적인 역할을 하는 것만은 아니었다. 사랑을 나눌 수 있는 수평적인 공간이자 유용한 기능을 하는 것으로 여겨졌다. 그러나 시간이 흐를수록 사람들은 자신만의 침대를 소유할 수 없었기에 혼음 생활을 하기 시작했다. 18세기에 이르렀을 때 사람들은 침대를 독립적인 공간으로 분류하고 사랑을 나누는 장소라고 여기기 시작했다.

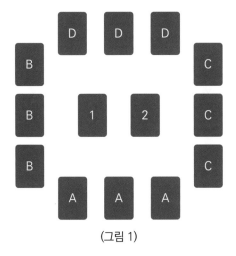

(그림 1)

　먼저 침대 위 연인들에 관해 살펴보면, 첫 두 장의 카드는 함께 있는 연인들을 나타낸다(그림 1의 1, 2번).

　카드를 해석하기 전, 질문자는 카드를 뒤집은 상태의 메이저카드, 마이너카드 78장에서 선택했거나 마이너 아르카나에서 이 카드들을 뽑았을 것이다. 타로 해석가는 처음부터 질문자의 성향을 파악할 수 있을 것이다. 또한, 질문자 자신과 가상의 연인을 바라보는 관점에 대해 이해할 수 있게 된다.
　연인들의 위치에 관한 질문에 대해 답을 하자면, 침대 예절은 따로 없다는 것이다. 과거의 도상학을 보면, 남녀는 서로 무심하게 오른쪽 또는 왼쪽을 향해 누워 있다. 고대인들은 침대 위 격식이 있었지만 대부분 미신이나 터무니없는 의식을 따르는 규범이었다. 중세 시대 때는, 나체로 잠들곤 했다. 남성이 옷을 입은 채로 여성과 침상에 누웠다면 이는 성적인 관계를 거부한다는 의미다. 당시 많은 사람은 '접촉에 의한 마법(스킨십에 의해 일어나는 마법이나 마력 같은 것)'을 믿었고 남성은 무심코 한밤중의 욕정을 따르게 되면 불행에 휩싸일 수도 있었다. 이로 인해, 사람들은 매트리스 위에 남겨진 신체적 신호를 아침이 되면 즉시 없애야 한다고 생각했다. 어떤 이들은 밤에 등장하는 악마의 영혼에 겁을 먹고서는 잠이 들기 전 하나님께 기도하기도 했다. 자신들이 잠에 빠졌을 때 신이 그들을 목격하고 판단할까 봐 두려움에 떨며 기도문을 읽었다. 19세기에 들어서면서, 몇몇 보건사는 침대를 북쪽(남향 축)에 놓도록 권고했다. 특히 이 방법은 행성의 움직임과 조화를 이루며 수면을 취해야 하는 사람들에게 필요한 방법이라고 말했다. 머리 위로 수증기가 증발할 수 있도록 구멍을 뚫은 취침용 모자가 필요한 사람들도 있었다. 따라서 타로 게임을 할 때는, 남성이 왼쪽에 위치하고 여성이 오른쪽에 위치하게 카드를 놓아야 한다. 관계 초기에 남성은 자신의 자리를 차지하고선 왼팔을 베개 위에 올리고 휴식을 취하면서 오른손은 자유롭게 자신의 연인을 애무하고 자극하며 만질 수 있게 하기 위함이다. 여성이 흥분에 빠지려면 더 많은 시간이 필요하고 연인과 성교를 즐기기 위해 상당한 헌신을 요한다는 것은 익히 알려진 사실이다. 성적인 쾌감을 위해 이러한 환경적인 조건들은 매우 중요하다.

연인을 나타내는 두 장의 카드(그림1의 1, 2) 아래에 놓인 세 장의 카드(그림 1의 A, A, A)는 연인들의 발치에 놓여 있는 것과 같다. 이 카드들은 연인들이 어떤 모습으로 보이는지를 설명하고 사회적 판단(사회 전반에서 타당하다고 여겨지는 판단)과 지금까지 서로가 생각해 온 측면들에 대해 알려 준다. 세 장의 카드(그림 1의 B, B, B)는 남성이 위치한 곳에 배치하고 나머지 세 장의 카드(그림 1의 C, C, C)는 여성이 위치한 곳에 배치한다. 남성과 여성이 위치한 곳에 배열된 각각의 카드(그림 1의 B, B, B/C, C, C)는 두 연인이 열망하는 것을 나타낸다. 마지막으로, 연인의 머리 위쪽에 놓인 카드 세 장(그림 1의 D, D, D)을 뒤집는다. 마지막에 뒤집은 세 장의 카드(그림 1의 D, D, D)가 질문에 대한 답변이고 타로 해석가는 성적인 관계에 대한 최종적인 운명에 대해 해석해야 한다.

(2) 데카메론 타로카드의 구성

웨이트 계열의 타로카드 이미지와 마찬가지로 데카메론 카드의 구성은 22장의 메이저카드와 56장의 마이너카드 총 78장으로 구성되어 있다. 마이너 카드 56장은 웨이트 계열의 4개의 슈트인 완드(WANDS), 컵(CUPS), 검(SWORDS), 펜타클(PENTACLES)이라는 4개의 슈트에서 완드(WANDS), 성배(CHALICES), 검(SWORDS), 펜타클(PENTACLES)이라는 4개의 슈트로 약간 조정하여 구성되어 있다. 일반적으로 메이저카드는 우리 삶의 큰 틀을 설명하거나 본인과 직접 연계된 상황을 안내하며, 마이너카드는 우리 삶의 세세한 부분을 설명하거나 본인과 연계된 주변 상황이나 인물 등을 안내해 준다.

전체 데카메론 카드 78장의 이미지는 다음과 같다.

① 메이저카드 22장 이미지

② 마이너카드 56장 이미지

일반적으로 가장 많이 접하는 타로카드가 웨이트 계열의 카드일 것이다. 아마도 지금 이 책을 읽고 있는 독자 상당수가 웨이트 계열 타로카드에 관해 어느 정도 알고 있거나 공부를 했을 것이다. 그리고 더 많은 타로카드를 공부하여 상담의 활용 폭을 넓히려 할 것이다. 혹시 웨이트 계열의 타로카드를 접하지 않고 데카메론 카드를 생애 첫 타로카드로 공부하는 분들은 가능하면 웨이트 계열의 카드를 공부하고 접하는 것을 추천한다. 그렇게 하면 이해의 폭이 훨씬 넓을 것이다. 그 이유는 타로카드 중 이미지로 가장 쉽게 공부할 수 있는 카드가 웨이트 계열의 카드이기 때문이다.

또한, 타로카드는 상징으로 이루어져 있고 상징은 이미지로 구성되어 있기에 그 상징을 제대로 파악한다면 다른 타로카드 공부에도 같은 맥락으로 접목할 수 있다. 예를 들어 흰색은 단순함, 순수함, 솔직함을 나타내며 반사, 일방적이라는 의미도 가지고 있다. 물론 카드의 상황에 따라 접목하는 방향이 달라질 수 있으나 상징의 개념을 잘 파악하고 있다면 데카메론 카드를 포함한 전반적인 타로카드 공부에 상당한 도움이 될 것이다. 우리나라 타로카드 대표서인 『(개정판) 타로카드 상담전문가(최지원 외, 해드림출판사)』를 추천한다.

이러한 여러 가지 이유로『(개정판) 데카메론 타로카드 상담전문가(하움출판사)』에서는 독자들의 이해를 돕고 전문가적인 지식 함양을 위해 데카메론 메이저카드와 마이너카드 내용 구성을 상징, 원서 해설, 실전 상담 적용& 활용이라는 부분으로 나누어 설명하였다. 또한, 유니버셜웨이트 카드 이미지를 비교할 수 있도록 배치하였으며 메이저카드에는 카드마다 실전 상담 예시를 추가 수록하였다.

(3) 데카메론 타로카드의 실전 상담

① 원 카드 스프레드

실전 상담 연습 (기본)-원 카드 스프레드 (1)

사례 1 30대 초반의 여성, 이혼 후 직장 내 연하의 남성이 본인에게 호기심을 갖기 시작하는 것 같습니다. 지금의 상황에 대해 알고 싶습니다.

해석

(여자는 아름다운 몸매와 얼굴을 소유하고 있습니다.)

연하의 남성이 여성의 이러한 외모만을 바라보고 있듯이 내담자 본인도 연하의 남성과 아름다운 환상만을 꿈꾸고 있군요.(내담자도 연하의 남성이 맘에 들어 내담자에게 실질적으로 다가오기를 기대하고 있습니다.)

하지만 내담자와 연하의 남성 모두 쉽게 다가가지 못하는 상황입니다. 지금의 상황으로는 상상, 환상으로 끝날 수 있습니다. 이러한 여러 환상을 버리고 현실적인 세계로 돌아와야 의미 있는 만남으로 이어질 수 있습니다.

조언&코칭

현재 상황에서 가장 중요한 것은 환상을 버리고 현실을 맞이해야 한다는 것입니다. 즉, 나무에서 내려와야 한다는 것이지요. 현실과 이상에서의 명확한 판단과 그 판단을 통해 현실을 직시할 필요가 있습니다.

실전 상담 연습 (기본)-원 카드 스프레드 (2)

사례 2 30대 중반의 여성, 남편과 주말 부부입니다. 말은 주말 부부이나 실상은 한 달에 한 번 보기 급급합니다. 지금의 상황에 대해 알고 싶습니다.

해석

(평소 여성은 주변의 시선을 의식하고 있습니다.)

여성은 경제적인 부분에 있어서는 큰 걱정이 없는 상황입니다.

많은 시간을 외로워하며 이겨 냈군요.

하지만 주변 시선을 피해 자신만의 힐링, 치유의 시간을 원합니다(이미 가졌을 수도). 즉, 기존의 성적으로 충만하고 싶은 여성으로서 사랑을 받지 못하는 무의미하다고 여겨지는 일상생활에서의 일탈(탈선)을 꿈꾸고 있습니다(이미 탈선을 했을지도).

평소 일상에서의 모든 부정적인 부분을 날려 버릴 수 있는 시간을 꿈꾸고 있군요(이미 실현했을 수도, 조만간 그런 상황이 생길 수도).

조언&코칭

지금의 상황으로는 일시적인 힐링, 치유를 얻을 수 있습니다. 진정한 치유, 힐링을 위해서는 남편과 솔직한 대화가 이루어져야 할 것입니다.

사례 3 직장에서 회식을 했습니다. 그런데, 동료 남자 직원이 저를 집까지 택시로 데려다주었어요. 그리고 그냥 돌아가지 않고 집에 들어가서 커피 한잔 마실 수 있냐고 하더라고요. 저는 얼떨결에 "다음에요."라고 툭 말을 뱉고 집으로 들어왔습니다. 이게 도대체 어떤 상황인가요? (20대 후반 여성)

해석

(남자는 왼손으로 조심스럽게 살짝 문을 열고 안을 몰래 지켜보고 있다.) 회식 후 택시로 집까지 데려다준 동료 남자 직원이 집에 들어가서 커피 한잔 마실 수 있냐며 조심스럽게 내담자에게 접근하고 있습니다. 그러나 이제껏 내담자에게 동료 남자 직원은 이성적인 호감을 크게 표현하지 못하고 마음에만 담고 있어서 그의 마음을 눈치채지 못했습니다. 때문에 내담자는 남자의 제안에 놀라 얼떨결에 "다음에요."라고 말하며 당황하게 되었던 것 같습니다. 동료 남자 직원은 용기가 부족하고, 매우 소극적인 사람으로 쉽게 다가가지 못하고 있는 상황입니다. 또한, 내담자가 자신의 마음을 받아 주지 않을 것이라고 불신하고 낮은 자존감을 가진 동료 남자 직원은 대담한 행동은 하지 못하고 자신의 마음이 받아들여질지 고민만 하고 있다가 아주 조심스럽게 접근을 한 것 같습니다. 내담자는 비록 행동력과 용기가 부족하나 자신의 마음을 최선을 다해 표현한 남자 동료 직원의 진심 어린 마음을 긍정적으로 생각하여 그에게 기회를 준다면 좋은 인연으로 발전할 수 있으리라 믿습니다.

조언&코칭

사랑에는 용기가 필요합니다. 적극적인 태도와 행동력은 사랑의 기폭제가 되지만 경솔할 수 있고, 때로는 소극적인 수줍음이 오히려 더 신중한 마음의 표현이 될 수도 있습니다. 이러한 상대의 마음을 수용하거나 거절하는 것에는 본인의 판단이 필요합니다.

5) 오쇼 젠 타로카드

오쇼 젠 타로카드에 대한 전문적인 내용을 살펴보고 싶은 독자는 조만간 '국제공인 한국 오쇼센터-현대 액티브 힐링명상센터'와 공동으로 출시 예정인 오쇼 젠 타로카드 전문서『오쇼 젠 타로카드 상담전문가(최지훤 외, 예정)』를 참고하기 바란다. 이 책『타로상담의 정석(기본편)』에서는 대표 저자인 최옥환(필명 최지훤)이 경기대 평생교육원에서 강의하는 오쇼 젠 타로카드 상담전문가 특강의 내용을 기반으로 오쇼 젠 타로카드 상담전문가로 나아가기 위한 필수적인 기초 설명을 안내하도록 한다.

(1) 오쇼 젠 타로카드의 특징

오쇼 젠(OSHO Zen)에서 젠(Zen)은 선(禪)을 의미한다. 선(禪)은 깊은 조화 속에서 모든 모순을 포함하는 하나의 거대한 삶으로, 동시성과 낮과 밤의 조화, 삶과 죽음의 조화로움을 포함한다. 또한, 선(禪)은 모든 것은 나로 인한 결과이며, 내 탓임을 강조하는 내 안의 깨달음, 내 안의 수용성을 강조한다.

오쇼 젠 타로카드는 인간을 붓다(우리 안의 신성함, 깨달음, 무의식의 깨어 있음, 불성 등)로 가게 하는 살아 있는 도구이다. 알아차림은 다음의 일화에서 살펴볼 수 있듯이 우리 삶에 크게 영향을 미칠 수 있다.

다음은 장자의 일화이다.

장자가 바다에서 배의 노를 저어 나아가고 있었다. 한참을 열심히 노를 저으며 나아가고 있는 순간, 뒤에서 다른 배가 쾅 하고 부딪혔다. "이놈의…." 하고 장자의 큰 화를 폭발하려는 순간, 부딪힌 것은 다른 배가 아닌 바로 바람임을 알아차리게 되었다. 이 알아차림의 순간 온갖 극도의 분노는 한순간에 사라지게 되었다. 이렇게 알아차림을 통해 나를 내려놓으면 삶을 살아가는 데 충돌도 없으며 온갖 분노, 화도 사라지게 된다. 우리는 매 순간 변한다. 단지 인식하지 못할 뿐이며, 우리가 변함의 순간을 받아들이지 못할 뿐이다.

또한, 매 순간의 변화를 붙잡고 있으려 해도 모두 시간과 공간의 상황 속으로 흘러가게 된다. 당신이 잘못했다는 사실을 알리기보다 변화의 순간을 알아차리도록 공간을 열어 두는 것, 즉 판단이 있는 알아차림이 아니라 매 순간 깨어 있음이 오쇼 젠 타로카드에서 필요한 것이다. 이를 통해 알아차림+받아들이고 고쳐 나감이 이루어질 수 있는 것이다.

  대부분의 사람은 4번(아나아타, 심장) 차크라 밑에서 욕망을 추구하며 인생을 살아간다. 알아차림을 통해 매 순간을 명확히 깨닫는다면 헛된 욕망 추구에서 벗어날 수 있다.

  오쇼 젠 타로카드에서 강조하는 3가지는 다음과 같다.

❶ 이완   ❷ 주시(알아차림)   ❸ 판단 없는 자세

  오쇼 젠 타로카드는 오쇼의 강의를 리코딩하여 책으로 편찬한 것이다. 오쇼 젠 타로카드의 해설서에 나와 있는 내용은 각 카드의 풀이와 오쇼 토크(Talk, 강연)의 내용이다.

  오쇼는 선(禪)의 특별한 지혜를 판단 없이 삶을 즐기고 자신만의 창조력을 발휘하는 것이라고 하였으며, 무한한 의식의 성장, 깨달음을 전달하고 싶은 마음이라 하였다. 선(禪)이 명상을 통해서 실현될 수 있는 것처럼, 오쇼 젠 타로도 명상을 통해서 더 잘 이해될 수 있다. 명상은 가슴으로 사는 삶을 의미하며, 지금 여기를 강조하고, 일어나는 것을 받아들이고 수용할 것을 강조하며 결과에 연연하지 않는다. 명상은 바로 삶을 유기처럼, 기쁨으로 살기 위해서 스스로 붓다가 되는 능력을 키우는 방법이라고 할 수 있다.

  오쇼 젠 타로카드는 다른 사람의 마음을 파악하기보다는 자신 내면의 알아차림, 무의식의 알아차림을 강조한다.

"사람은 추억을 먹고 산다."라는 말이 있다. 행복한 순간을 맞이하는 순간, 생명의 위험을 느끼는 순간, 큰 충격적인 사건을 접할 때 등의 특별한 상황을 제외하고 우리는 나이와 상관없이, 과거의 기억과 미래의 기대라는 시간의 세계에서 살아간다.

오쇼는 현재라는 영원의 문을 발견하였다. 그리고 사람들이 바로 그 문을 찾도록 도와주고, 과거와 미래라는 허상의 시간에서 빠져나와, 스스로 영원한 세계를 발견하도록 이끌며 자신의 일생을 바쳤다. 오쇼는 인도의 마디야 쁘라데쉬(Madhya Pradesh)주에 있는 꾸츠와다(Kuchwada)에서 1931년 태어났다. 대중을 상대로 강의를 하고, 공개 토론에서는 정통 종교 지도자들에 도전했으며, 전통 신앙 체계에 이의를 제기했다. 오쇼는 현대인의 심리와 신앙 체계를 더욱 깊고 넓게 이해하기 위하여 광범위한 독서를 했다.

1960년대 후반에 오쇼는 자신만의 독특한 명상 테크닉인 '다이내믹(Dynamic) 명상'을 고안하여 발전시켰다. 오쇼는 "현대인들은 현시대에 맞지 않는 과거의 전통과 현대 생활의 불안감 등으로 너무나 많은 부담감을 받기 때문에, 사념이 없는 편안한 명상 상태를 체험하기 위해서는 먼저 깊은 정화의 과정을 거쳐야만 한다."라고 강조했다. 1970년대 초에 서양인들이 처음으로 오쇼의 가르침에 입문하였으며, 1974년에는 인도의 뿌나(Poona)에 코뮌이 세워졌으며, 처음에 하나둘씩 찾아오던 서양의 방문객들은 곧 홍수처럼 밀려들기 시작했다.

오쇼는 인간 의식의 성장에 관한 거의 모든 분야에 대해 강의했으며, 지적인 이해를 통해서가 아니라 자신의 실존적인 직접 체험을 통해서 현대인의 영적인 탐구에 있어서 중요한 것 중의 정수만을 뽑아냈다. 오쇼는 어떠한 전통에도 속하지 않았다. 전 세계에서 온 제자와 구도자를 상대로 한 강의는 600권이 넘는 책으로 출판되어 나왔으며, 30여 개의 언어로 번역되었다. 오쇼는 1990년 1월 19일에 육체를 떠났으나, 인도에 있는 거대한 오쇼 코뮌에는 전 세계의 수많은 구도자가 명상과 치료요법(Therapy), 보디

워크(Bodywork), 창작 예술 프로그램 등에 참여하기 위해, 그리고 붓다장(Buddhafield)을 체험하기 위해 몰려들고 있다. 오쇼 젠 타로카드는 오쇼의 제자인 '마 데바 파드마(Ma Deva Padma, Susan Morgan)'에 의해 만들어졌다. 파드마는 창작과 내면세계의 체험을 결합하고자 하는 탐구를 시작하게 되었다. 1975년에 처음으로 인도에 가서 스승 오쇼의 제자가 되었으며, 오쇼의 가르침을 통해 '창작이 자신의 명상'임을 깨닫게 되었다.

파드마는 '오쇼 코뮨 인터내셔널'의 수많은 사람으로부터 지혜와 영감과 도움을 받아, 오쇼 젠 타로카드의 상징과 그림을 4년이라는 기간에 걸쳐 창작하였다. 파드마는 "이번 귀중한 작업을 통해 타로카드의 지혜를 탐험하고, 자신의 본성을 발견하고자 하는 모든 이를 위해 이 카드를 현대적인 형태로 변형시켜 놓을 수 있었던 것은 저에게 커다란 선물이었습니다. 스승 오쇼의 지혜와 도움이 아니었다면, 이 작업은 아마 가능하지 못했을 겁니다. 이 카드를 가지고 즐기면서 스승의 지혜를 접하게 된다면, 의식의 변형을 이룰 수 있는 문이 열릴 것입니다. 이 보물을 즐겨 보세요. 이것은 사랑의 선물입니다."라고 말했다.

타로카드의 숫자는, 후에 고타마 붓다가 된 싯다르타(Siddhartha)가 태어나자마자 걸었다고 하는 걸음의 숫자에서 비롯되었다는 설(說)도 있다. 전하는 이야기에 따르면, 싯다르타는 태어나자마자 동서남북 앞으로 일곱 걸음, 뒤로 일곱 걸음을 걸었다고 한다. 바로 타로의 소비법(小祕法) 카드 총매수는 여기에서 비롯되었다는 것이다. 타로카드는 소비법 카드 총 56매와 영적 여행의 모든 이야기를 담고 있는 대비법(大祕法) 카드 22매로 구성된다. 순수한 첫걸음을 의미하는 '바보' 카드(0번)로부터 절정의 '완성' 카드(21번)에 이르기까지 대비법 카드는 우리 모두를 인간이라는 하나의 가치로 연결해 준다.

자기 발견을 위한 내면 여행은 개인에 따라 다르지만, 우리가 발견하게 될 진리의 핵심은 인종과 성(性) 그리고 계급이나 종교와 관계없이 똑같다는 사실을 대비법 카드는 말해 준다. 전통적인 타로카드에서는 자기 발견의 여행이 나선형으로 진행된다고 말한다. 즉, '완성' 카드에 이르면 우리 여행의 새로운 차원으로 올라가 다시 '바보' 카드에서 새롭게 시작한다. 그러나 오쇼 젠 타로카드에서는 '스승(Master)' 카드가 첨가되었다. '스승' 카드에서 생사(生死)의 수레바퀴는 멈추고, 우리는 나선형으로 진행되는 영적 여행에서 빠져나오게 된다. '스승' 카드는 여행, 그 자체의 궁극적인 초월을 상징한다. 초월은 분리되어있는 에고가 깨달음 속에서 용해되어 사라질 때만 가능하다. 오쇼 젠 타로카드는 미래를 점쳐 보는 전통적인 타로카드가 아니다. 오쇼 젠 타로카드는 판단이나 비교 없이 '지금 여기'에 있는 것을 명확하게 드러내는 '순간'을 비추는 거울이며, 당신의 민감성과 직관 그리고 자비와 감수성, 용기와 개성 등을 조화롭게 일깨워 주는 기상나팔이다. 오쇼 젠 타로카드는 옛 타로카드의 방식에 많은 변화를 가져왔으며, 깨어 있음에 대해 초점을 맞추고 있다.

(2) 오쇼 젠 타로카드의 구성

〈오쇼 젠 타로카드 79장 전체 이미지〉

① 대비법 카드 22장

대비법 카드 22장은 카드 번호 0에서부터 XXI(21)까지 로마 숫자가 매겨져 있다. 대비법의 카드에서는 우리의 영적 여행에서 가장 중요한 근본적인 주제들을 다룬다. '스승' 카드는 초월을 상징하며, 그래서 번호를 가지고 있지 않다. 대비법 카드가 카드 풀이에 나타나면, 소비법 카드와 관계없이 특별한 의미를 가진다. 대비법 카드는 현재 상황에서 생각해 보아야 할 중심 주제를 나타낸다. 다른 카드들을 풀이할 때도 이 중심 주제와 관련하여 풀이하면 더욱 좋을 것이다.

예를 들어 당신이 '소모' 카드와 '창조성' 카드를 뽑았다면, 당신은 지금껏 과로('소모':소비법 카드)해 왔던 것이 자기표현('창조성':대비법 카드)과는 어떤 관련이 있는지, 즉 무작정 '기계를 돌리기' 위해 모든 에너지를 일에 쏟아붓는 것이 '영적 여행에서 창조성의 개발'을 어떻게 막고 있는지를 생각해 볼 수 있다.

카드 풀이에 대비법 카드가 나타나지 않았다면, 지금의 상황이 인생이라는 커다란 연극 안에서 작은 부분일 가능성이 있으나 그렇다고 소비법 카드가 중요하지 않다는 뜻은 아니다. 혹은 당신이 소비법 카드의 주제에 강하게 영향을 받고 있다고 해서 자책할 필요는 없다. 만약 대비법 카드가 나오지 않았다면 '이것도 곧 지나간다'는 것을 의미한다. 후에 당신은 왜 그런 것에 대해 그렇게 야단법석을 떨었는지 의아해할 수도 있다.

마지막으로 카드 풀이에 대비법 카드가 나왔다면, 그것은 인생이라는 연극의 무대 혹은 등장인물에게 중요한 변화가 일어나는 것을 의미하기도 한다. 가끔 대비법 카드가 너무 많이 나오기도 하는데, 이때는 그중 하나만을 선택해서 풀이해 볼 수도 있다. 즉, 현재 당면한 문제를 이해하는 데 있어서 자신에게 가장 명확한 메시지를 전달하는 카드 하나를 임의로 선택할 수도 있다.

② 소비법 카드 56장

소비법 카드는 총 56장으로 이루어져 있으며, 4원소를 상징하는 4그룹의 카드로 구성되어 있다. 각각의 그룹은 다이아몬드의 색깔로 구분한다. 불 카드는 빨간색, 물 카드는 파란색, 구름 카드는 회색, 무지개 카드는 무지개색의 다이아몬드를 각각 가지고 있다. 기존의 타로카드에서 각각의 그룹은 귀족 사회의 작위(왕, 여왕 등)를 나타내는 그림 카드를 가지고 있는데, '오쇼 젠 타로'는 이 작위들에 중요성을 부여하지 않는다. 오쇼 젠 타로에서 그림 카드의 작위는 각 그룹이 상징하는 4원소를 정복할 수 있는 기회를 상징할 뿐이다.

불 카드에서 불은 행동과 반응의 영역을 의미한다(전통적인 타로카드에서는 지팡이에 해당). 그것은 우리가 마음이나 감정을 따르지 않고 순수한 직감을 따를 때, 우리를 상황 속으로 들어가게 하고 다시 나오게 하는 에너지를 상징한다. 물 카드의 물은 삶의 감정적인 측면을 의미한다(전통적인 타로카드에서 컵에 해당). 물은 남성적이고 외향적인 불에 비해 더 여성적이고 수용적인 에너지를 상징한다. 구름 카드의 구름은 전통 타로카드의 공기(Air)에 해당하며, 마음을 상징한다(전통적인 타로카드의 소드(검)에 해당). 마음의 본성은 빛을 가리고, 세상을 어둡게 하며, 사물을 있는 그대로 보지 못하게 하는 구름과 같기 때문에 오쇼 젠 타로에서는 검 대신에 구름을 사용한다. 그리고 구름에는 이해해야 할 또 하나의 측면이 있다. 그것은 구름은 왔다가 가는 것이기 때문에 너무 심각하게 받아들일 필요가 없다는 것이다.

마지막으로 무지개 카드의 무지개는 전통적인 타로카드의 원반이나 별에 해당하며, 흙을 상징한다(전통적인 타로카드의 펜타클에 해당). 흙은 전통적으로 실질적이고, 물질적인 것을 나타내는 원소이다. 선(禪)의 눈으로 보면 가장 초라하고, 세속적인 일들조차도 신성(神性)을 찬미할 수 있는 기회가 될 수 있기 때문에, 무지개는 이 그룹의 상징이 된다. 땅과 하늘을 이어 주고, 물질과 영혼을 이어 주는 다리인 무지개를 사용함으로써, 실제로는 저차원과 고차원이 따로 없고, 모든 것이 하나의 전체 에너지의 연속체라는 것을 나타낸다. 또 천국은 하늘 저 멀리 있는 것이 아니며, 진리는 이 땅, 여기에서 발견할 수 있다는 사실을 우리 자신에게 일깨워 준다.

　자, 이제 자기를 발견하는 여행을 떠나 보자. 이 여행은 궁극적인 초월로 가는 길이다. 정상에서 계곡까지, 다시 계곡에서 정상까지, 여행의 한 걸음 한 걸음을 맛보며, 가벼운 마음으로 즐겁게 가라. 실수를 해도 좋다. 실수를 통해 배운다면, 틀림없이 올바른 길을 찾게 될 것이다.

　타로카드는 이미 자신이 알고 있는 것을 드러내 주는 도구이다. 그럼에도 당신은 타로카드에 자신이 원하는 것을 물어볼 수 있다. 당신이 정한 주제를 생각하며 뽑은 모든 카드는, 당신이 지금 의식할 수 없는 혹은 의식하고 싶지 않은 문제들을 나타낸다. 그러나 삶의 모든 높이와 깊이를 완전하게 경험하기 위해서는, 모든 것에 대해 초연한 자세를 가져야 한다. 옳고 그름에 대한 판단 없이 모든 것을 의식할 수 있어야 한다.

　특히 뽑은 타로카드를 뒤집을 때, 그 순간에 깨어 있어라. 내면의 직관이 외부의 문제들을 명확하게 드러내 줄 것이다. 이 초월의 과정을 경험하다 보면, 오쇼 젠 타로의 인물과 이미지들이 살아 있음을 느끼게 될 것이다. 타로카드는 우리 깊은 곳의 자아가 이해할 수 있는 언어로 우리에게 말하기 때문에, 그 효과는 부정할 수 없을 것이다. 이 카드는 우리에게 이해와 명료함을 가져다준다. 카드를 사용할 때는 가능한 한 조용히 의식을 한곳에 모아라. 이 카드를 당신의 개인적인 성장을 위한 선물로 더 깊이 받아들일수록, 이 카드는 당신에게 더욱더 깊은 의미로 다가갈 것이다.

다음은 오쇼 젠 타로카드를 사용하는 한 가지의 방법이다.

❶ 알고 싶은 것을 떠올리고 눈을 감고 명상을 실시한다.

　예 오늘 하루는 어떻게 받아들여야 할까(내면의 받아들임)?

❷ 좋고 나쁜 리딩보다 무엇을 느끼는지 또는 궁극적으로 살아가는 방법을 파악한다. 카드를 고를 때, 왼손을 사용하여 에너지를 느끼면서 뽑는 순간, 뽑은 후, 뒤집은 후에도 항상 잠깐 멈춤과 침묵을 통해 '지금 여기'로 돌아오도록 한다. 이를 통해 실제의 삶에서 침묵 카드를 뽑았다면, 화를 낼 자리에서 침묵을 통해 삶의 노하우를 발휘할 수 있다.

❸ 저녁에 오늘 하루의 상황을 다시 파악해 본다.

인도의 오쇼 코뮨에서 오쇼 젠 타로카드를 활용하는 방법에 대해서는 추후 『타로상담의 정석(실전편)』에서 더 전문적으로 살펴보기로 한다.

(3) 오쇼 젠 타로의 실전 상담

초속성 풀이(해결책/통찰)

학교 학사 기숙사 시험에 합격했습니다. 고 3인 현재까지 집을 떠나온 적이
없는데, 지금 제가 어떻게 해야 할지를 명확히 결정하지 못했습니다.

해결책/통찰

물의 시종-새로운 세상, 비상, 희망, 격려

개인 상담(간단 예)

현재, 내담자는 새로운 세상에 대한 두려움이 내면에 가득한 상황이군요.
그도 그럴 것이 19년을 부모님과 같이 부모님 곁에서 집에서만 생활을 했는데, 학
교 기숙사라는 새로운 곳에서의 새 출발은 걱정과 근심이 생길 수밖에 없는 상황이
겠지요. 한편으로는 자유로움, 새로운 세상에 대한 기대와 호기심도 있군요. 세상의
모든 것은 시작이 있기 마련이지요. 시작에 있어서 두려움과 걱정이 앞서겠지만, 자
유를 찾아 날아오르는 비상으로 생각하시고 용기를 내어 즐기시길 바랍니다.

관계 배열법

2022년 올해 별거 중인 배우자와 문제를 해결하고 다시 결합할 방법은?(관계)

....

① 당신, 그리고 당신이 지금/여기에서 관계에 미치는 영향: 환영 속의 사람이
   내면을 깨달음
② 상대방, 상대방이 관계에 미치는 영향: 삶의 흐름에 자신을 맡긴다.
③ 서로의 에너지: 상처 입었던 과거의 기억
④ 통찰(해결책): 상반되는 요소의 통합

개인 상담(간단 예)

내담자는 여러 환영 속에 사로잡혀 있었으나, 지금 환영 속의 사람이 내면의 깨
달음을 얻고 있군요. 배우자는 많은 생각을 하여 왔는지 이제 삶의 흐름에 자신
을 맡기고 있습니다. 두 사람 모두 서로에게 상처 입었던 과거의 기억이 가득하
군요. 과거의 추억은 버려야 할 상황입니다. 서로의 상반되는 부분들을 존중하
고 통합하여 나갈 필요가 있습니다.

역설 배열법

최근 들어 직장을 그만두고 마음공부에 입문하고 싶다는 생각이 자주 듭니다. 경제력이 없어지는 것은 아닌가 걱정입니다. 어떤 상황인지 알고 싶습니다.

INNER VOICE   ALONENESS   NO-THINGNESS

역설

일반적으로 옳다고 생각되는 것에 반대되는 표현, 논리적으로 자기모순에 빠져 있는 듯 보이지만 사실은 진리에 도달하기 위한 암시적인 표현이다. (출처: DAUM 백과)

① 지금/여기: 내면의 집중
② 전생에서 오는 영향력: 강한 비전, 나만의 길
③ 역설에 대한 통찰: 무(無), 잠재력

개인 상담(간단 예)

내담자는 현재 내면에 대한 목소리, 즉 내면의 영향력을 크게 받고 있습니다. 이는 (이전의 삶에서) 고독에서의 자유를 만끽할 수 있는 강한 본인의 비전을 가지고 있기 때문입니다(내면의 중요성을 소유). 누구나 무(無)로 왔다가 무(無)로 돌아가지요. 물질이 좋은지, 정신이 좋은지 따지기에 앞서 여러 가능성을 열어 두고 잠재적 능력을 발휘할 필요가 있습니다. Empty가 Full일 수 있는 것이지요. 인생에서 가장 중요한 부분이 무엇인지를 다시 한번 깊게 느껴 보시기 바랍니다.

제3장

타로카드
실전 상담 노하우

01. 배열법(스프레드)

1) 배열법(스프레드)이란?

앞에서 타로 상담 구성의 5요소인 질문, 셔플, 스프레드, 리딩, 조언&코칭에 대해 간단히 안내했다. 물론 상담자에 따라 셔플이나 스프레드, 조언&코칭 등은 변형되어 사용될 수 있다. 이 중 처음 타로 상담의 포문을 여는 것이 바로 질문이다. "다음 주에 있을 승진 시험 결과가 어떻게 나올까?", "지금 사귀고 있는 여자 친구와 올해 안에 결혼할 수 있을까?" 등의 미래 결과를 파악하는 질문부터 "지금 나에게 필요한 것은 무엇일까?", "현재의 관계에서 잠재의식이 미치는 영향력은 무엇일까?" 등의 내면을 파악하는 질문까지 질문은 여러 가지 형태로 진행될 수 있다.

또한, 타로상담은 질문의 대상에 따라 여러 가지로 나누어질 수 있다. 가장 많은 경우의 상담은 상담자가 내담자를 앞에 두고 하는 방법이다. 물론 이 경우에도 여러 가지로 세분될 수 있다. "제가 다음 주 진행되는 납품 공개 입찰에서 낙찰을 받을 수 있을까요?"와 같이 내담자가 본인의 질문을 할 때가 있고, "우리 아들이 이번 대학 입시에서 1지망으로 지원한 ○○ 대학에 합격할 수 있을까요?"와 같이 내담자가 가족, 친구 등 자신과 직접적으로 어느 정도 연관된 대상의 질문을 할 때가 있다. 또한, "우리나라의 이번 분기 물가 상승률이 어떻게 될까요?"와 같이 내담자가 일반인, 주변 상황 등 자신과 직접적으로 연관되지 않은 대상의 질문을 할 때가 있다.

과학 문명의 발전과 시대적 흐름에 편승하여 힐링과 행복이 강조되고 있는 최근의 타로카드의 트렌드를 살펴보면, 타로카드의 여러 종류 중 오쇼젠 타로 및 심볼론 타로 등 자신의 내면을 파악하는 타로카드가 큰 인기를 얻고 있다. '계속적으로 느껴지는 현재의 스트레스에 있어 지금 나에게 진정으로 필요한 것은 무엇일까?'와 같이 자신의 내면을 파악하는 경우에는 상담자=내담자가 되어 본인이 자신의 질문을 하는 경우가 생긴다. 물론, 유니버셜웨이트 타로카드 등에서도 상담자=내담자가 되어 본인이 자신의 질문을 하는 경우가 많다. 이렇게 타로상담은 질문의 대상에 따라 상담자가 내담자를 앞에 두고 상담하는 방법, 상담자=내담자가 되어 본인이 자신의 질문을 하는 방법으로 나눌 수 있다. 타로카드 상담의 적용 원리에 따른다면 이 중 가장 효율적인 상담은 상담자가 내담자를 앞에 두고 상담하는 방법 중, 내담자가 본인의 질문을 할 때다.

셔플이란, 질문이 정해지면 질문에 맞는 타로상담을 진행하기 위해 타로카드를 잘 섞는 방법이다. 타로카드를 골고루 잘 섞어야 타로 상담의 근본원리인 동시성의 원리에 의한 타로카드를 선택할 수 있다. 이 셔플 방법은 여러 가지가 있다. 그중 대표적인 셔플 방법은 아래와 같다.

사진 1   사진 2   사진 3

사진 1은 가장 많이 사용하는 방법으로 타로카드를 왼손(오른손)에 잡고 오른손(왼손)으로 카드가 잘 섞이게 쳐 주는 방법이다. 이 방법은 '화투'에서 카드를 섞는 방법과 같아, 우리나라에서는 조금 저급하게 보이나 외국에서는 많이 사용하는 방법이다.

사진 2는 **사진 1**의 부정적 시선을 피할 수 있는 셔플 방법으로, 타로카드를 왼손에 쥔 채, 오른손으로 뒤쪽에 있는 적당한 양의 카드를 집어 앞쪽으로 옮겨 주며, 왼손의 엄지손가락으로 살포시 잡아 주는 방법이다. 타로상담 전문가의 전문성이 돋보일 수 있는 방법이다.

사진 3은 내담자에게 셔플 과정을 진행하며 타로카드에 대한 신비한 인상을 줄 수 있고, 순식간에 골고루 섞을 수 있다는 장점이 있으나, 카드가 휘어지기 쉽다는 단점이 있다.

앞의 셔플 방법 모두를 사용해도 좋지만, 여러 번 실습해 보고 이 중 본인에게 적합하고 잘 셔플이 이루어지는 방법을 사용하면 된다. 스프레드란 카드를 잘 선택할 수 있도록 타로카드를 배열하는 방법을 의미하는 말로 스프레드 천 위에 타로카드를 펼치는 방법과 내담자의 질문에 적합한 방식으로 카드를 배열하는 방법 모두를 포함한다. 일반적인 스프레드는 **사진 4**와 같이 무지개(부채꼴) 모양으로 스프레드 천 왼쪽 끝에서 오른쪽 끝까지 펼치는 방법을 사용한다.

사진 4

물론 **사진 5**와 같이 스프레드를 별도로 실시하지 않고 카드를 셔플한 상태에서 카드를 선택할 수도 있고, **사진 6**과 같이 하나의 덱을 2~3개의 덱으로 나누어 이 중에서 하나의 덱을 이용해 타로카드를 선택하는 방법도 있다.

사진 5

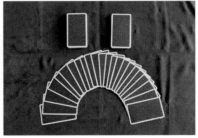

사진 6

또한, 스프레드란 배열 방법을 말하는데, 한 장을 선택하여 상담을 진행하는 원 카드 배열 방법, 세 장을 선택하여 상담을 진행하는 쓰리 카드 배열 방법 등이 있다. 어떤 스프레드를 사용할 것인가의 스프레드의 선택은 내담자의 질문을 듣고 그 질문에 대한 답변에 어떤 내용이 들어가야 할지를 파악하면 쉽게 결정할 수 있다.

스프레드 종류는 전 세계적으로 수없이 많이 존재하고, 누군가는 지금 이 순간에도 자신만의 스프레드를 만들고 있을지도 모른다. 이 많은 스프레드를 다 사용하기에는 효율성이 떨어진다. 그렇다고 해서 몇 개 안 되는 스프레드를 사용한다면 전문성이 떨어지게 될 것이다. 따라서 우리는 타로상담 전문가로 역량을 발휘하기 위해 알아야 할 13개의 전문 스프레드를 공부하게 된다.

13개의 스프레드는 원 카드 배열법, 쓰리 카드 배열법, 갈래길/선택 배열법, 말편자 배열법, 매직 세븐 배열법, 매직 크로스 배열법, 이너 배열법, 선형 배열법, 시계 배열법, 사랑-인연 배열법(하트 배열법), 켈틱 크로스 배열법, 컵 오브 릴레이션십 배열법, 생명의 나무 배열법이다. 이 13개의 전문 스프레드에 대해 자세히 살펴보고 공저이신 전문 타로 트레이너분들의 전문 상담 노하우를 실전 상담을 통하여 선보인다. 이 13개의 전문 스프레드는 어떤 질문에서 사용할 수 있는 스프레드인지, 타로 상담에 어떻게 사용하는지 등의 자세한 설명에 앞서 자유 배열법과 고정 배열법에 대해 살펴보자.

2) 자유 배열법

자유 배열법은 고정된 형태가 있는 것이 아니라 상담자가 내담자의 상황에 따라 자유롭게 스프레드하여 상담하는 방법을 말하며, 내담자의 질문에 따라 즉흥적으로 배열하는 방법이기도 하다. 또한, 자유 배열법 안에서 원 카드 배열법, 쓰리 카드 배열법 등이 사용될 수 있으므로 고정 배열법을 알지 못하는 무지의 상태에서 자유 배열법을 사용하게 된다면 당연히 상담의 한계에 부딪히게 된다. 자유 배열법은 1셔플에 보통 2~5가지 질문을 하여 3~7분이 소요되는 것이 일반적이다. 질문당 일반적으로 1~3장의 카드를 사용하나 갈래 길/선택 배열법 등의 방법에서는 약축 켈틱 크로스 스프레드 방법인 6장씩, 총 12장을 사용하는 방법도 응용하여 전문적으로 사용할 수 있다. 물론 타로 상담 전문가 교육을 받은 상담자는 전문적인 여러 응용 방법을 사용할 수 있어, 전문성을 발휘할 수 있다. 자유 배열법은 고정 배열법보다 상황에 따라 폭넓게 확장할 수 있고, 카드를 많이 뽑아 전문 상담에 자유로운 접목이 이루어질 수 있으며, 카드를 자유롭게 배치할 수 있다는 장점을 가지고 있으며 시각적 화려함을 느낄 수 있다는 점에서 잠재의식과 쉽게 연결되고 잠재의식의 정보를 이끌어 낼 수 있다는 장점이 있다. 보통 질문당 3장 이내로 배열하며 간단명료하고 확장적으로 상담을 진행할 수 있다는 특징을 가지고 있다.

고정 배열법에서는 내담자가 궁금해하는 하나의 질문에 하나의 배열법으로 진행하지만, 자유 배열법은 내담자가 궁금해하는 하나의 질문에 이어 연계된 추가 질문을 해 나갈 수 있고, 이로 인해 내담자의 질문 사항을 자세히 살펴볼 수 있다는 장점을 가지고 있다. 자유 배열법에서는 내담자의 질문이 언제까지 계속될 수 있을까?

타로카드가 78장인 만큼 타로카드의 상담 원리인 '동시성의 원리'를 적합하게 적용하기 위해서는 한 번의 스프레드로 무한정 추가 질문을 하고 카드를 뽑을 수 없다. 일반적인 타로상담에서는 하나의 질문에 하나의 스프레드를 사용하여 상담하는 것이 원칙이지만, 자유 배열법에서는 하나의 스프레드에 주가 되는 기본 질문 이후, 이에 따른 보조 질문과 추가 질문까지 상담을 진행할 수 있다. 물론, 기본 질문은 내담자가 파악하고 싶은 여러 개의 질문으로 나누어질 수 있으며 이를 자유 배열법으로 진행할 수도 있다. 다음의 기본 질문과 보조 질문, 추가 질문 설명을 참고하기 바란다.

기본 질문: 질문 중 핵심 질문을 의미하며 내담자가 타로 상담을 통해서 파악하고자 하는 질문이다. 보통 내담자는 기본 질문을 확인하고 나면 대체로 만족하는 경향이 있다.

내담자: "소개팅으로 만나, 2년을 사귀어 온 남자 친구가 있습니다. 사귀면서 많은 트러블도 있었지요. 특히, 종교가 맞지 않아 많이 부딪혔습니다. 이 남자 친구에게 2주 전에 프러포즈를 받았습니다."

위와 같은 내담자의 상황에서 아래와 같은 기본 질문을 예로 들 수 있다.

A. 올해 안에 결혼하려고 생각하고 있는데, 결혼의 과정이 순탄할까요?

B. 사귀면서도 간혹 서로의 마음이 달라 큰 싸움까지 한 적이 있는데, 우리의 마음은 하나가 될 수 있을까요?

C. 막상 결혼이라는 상황을 선택해야 하니 두렵고 걱정이 되기도 합니다. 지금 우리가 하는 사랑이 진실일까요?

보조 질문: 상담 전에 내담자가 타로 상담을 통해서 파악하고자 하는 기본 질문 외에 추가적이고 부차적인 가벼운 문제들을 확인하는 질문을 말한다 (보조 질문이 오히려 핵심일 때도 간혹 있다).

A. 결혼은 언제 하는 것이 좋을까요?

B. 결혼을 하게 된다면 우리의 경제 상황은 어떻게 될까요?

추가 질문: 가장 중요도가 낮은 질문이 많고 문득 떠오르는 질문이 대다수이다. 보통 "그런데요, 선생님…."과 같은 표현을 쓰기도 하며, 추가 질문은 오히려 가장 중요한 질문이 될 수도 있고, 이미 알고 있는 내용을 다시 확인할 수도 있다. 물론 간혹 엉뚱한 질문 등이 나올 수도 있다.

A. 그런데요 선생님, 만일 결혼을 하게 되면, 아이(출산)는 어떻게 될까요?

B. 그런데요 선생님, 만일 결혼을 하게 되면, 남자 친구가 다른 이성에게 마음이 돌아서지는 않을까요?

타로상담은 이론적인 부분이 뒷받침되어야 하지만, 이론은 실전 상담을 위한 기틀이라고 생각하면, 역시 실전 상담이라는 부분이 가장 중요하다. 앞의 질문을 실전 상담에 접목하여 살펴보도록 하자.

기본 질문: 질문 중 핵심 질문을 의미하며 내담자가 타로 상담을 통해서 파악하고자 하는 질문

Q1. 올해 안에 결혼하려고 생각하고 있는데, 결혼의 과정이 순탄할까요?

A1. 큰 문제는 없어 보인다. 좋은 방향으로 흘러가게 되며, 과정적인 면에서도 어려움이 없어 보인다.

Q2. 사귀면서도 간혹 서로의 마음이 달라 큰 싸움까지 한 적이 있는데, 우리의 마음은 하나가 될 수 있을까요?

A2. 처음에는 서로 적극적이었으나, 현재는 약간 정체기를 맞이하고 있다. 하지만 곧 어려움을 극복해 낼 것이며, 안정적인 조화로운 마음을 갖게 될 것이다.

Q3. 막상 결혼이라는 상황을 선택해야 하니 두렵고 걱정이 되기도 합니다. 지금 우리가 하는 사랑이 진실일까요?

A3. 서로 때 묻지 않은 순수함으로 가득 차 있다. 즉 흥적일 수도 있다. 또한, 행복한 가정을 이루기 위한 진실한 마음이 충만해 있다.

보조 질문: 상담 전에 내담자가 타로 상담을 통해서 파악하고자 하는 기본 질문 외에 추가적이고 부차적인 가벼운 문제들을 확인하는 질문

Q1. 결혼은 언제 하는 것이 좋을까요? (현재 3월)

A1. 4~6월은 큰 충만을 이루기 어려울 것 같으며, 7~9월은 균형과 갈등 등 이중성이 내포되어 있으며, 10~12월이 아주 성공적인 결혼이 될 수 있을 것이다.

Q2. 결혼을 하게 된다면 우리의 경제 상황은 어떻게 될까요?

A2. 결혼 후 경제 상황은 발전적인 면으로 변화가 있어 희망적이다.

추가 질문: 가장 중요도가 낮은 질문이 많고 문득 떠오르는 질문이 대다수, "그런데요, 선생님…."과 같은 표현, 간혹 엉뚱한 질문

Q1. 그런데요 선생님, 만일 결혼을 하게 되면, 아이(출산)는 어떻게 될까요?

A1. 모든 가족의 사랑과 관심을 받는 건강한 아이의 출산이 이루어질 수 있다.

Q2. 그런데요 선생님, 만일 결혼을 하게 되면, 남자친구가 다른 이성에게 마음이 돌아서지는 않을까요?

A2. 경쟁자가 생길 수 있다(내가 패배자가 될 수 있다). 항상 주위의 상황을 잘 파악하며, 유지할 필요가 있다.

이상의 자유 배율법을 하나의 스프레드로 펼치면 아래와 같다.

실전 타로상담에서는 다음과 같은 스프레드를 사용하여 진행하게 된다.

Q1. 올해 안에 결혼하려고 생각하고 있는데, 결혼의 과정
　　이 순탄할까요?

Q2. 사귀면서도 간혹 서로의 마음이 달라 큰 싸움까지 한
　　적이 있는데, 우리의 마음은 하나가 될 수 있을까요?

Q3. 막상 결혼이라는 상황을 선택해야 하니 두렵고 걱정이
　　되기도 합니다. 지금 우리가 하는 사랑이 진실일까요?

Q4. 결혼은 언제 하는 것이 좋을까요?

Q5. 결혼을 하게 된다면 우리의 경제 상황은 어떻게 될까요?

Q6. 그런데요 선생님, 만일 결혼을 하게 되면, 아이(출산)
　　는 어떻게 될까요?

Q7. 그런데요 선생님, 만일 결혼을 하게 되면, 남자친구가
　　다른 이성에게 마음이 돌아서지는 않을까요?

　　자유 배열법은 타로카드를 펼쳐 놓고 여러 질문을 하며 전반적인 상담을
할 수 있다는 큰 장점이 있는 반면에 무턱대고 너무 많은 질문을 진행하기
에는 무리가 있다는 단점이 있다. 78장의 타로카드 중에서 질문에 해당하
는 타로카드가 선택되어야 할 필요가 있음에도 불구하고 이미 카드가 선택
된 경우가 바로 그렇다. 따라서 가능하다면 1개의 질문에 1개의 스프레드
를 사용하여 상담을 진행하는 것이 제일 효과적인 상담이다. 하지만 즉각적
인 연계 질문을 파악하기 위해서나 여러 기타 사유로 자유 배열법을 진행할
경우에는 가능하면 10~15장 이내의 카드가 선택될 수 있도록 상담을 진행
하는 것이 좋다. 이것은 일반적으로 많이 사용하는 고정 배열법에서 한 번
의 타로 상담으로 진행할 수 있는 최대 장수에 해당하는 켈틱 크로스 배열
법(10장)이나 작은 십자가 배열법(15장)의 장수를 고려한 것이다.

3) 고정 배열법

타로상담 전문가라면 능숙히 다루어야 하는 스프레드인 원 카드 배열법, 쓰리 카드 배열법, 갈래길/선택 배열법, 말편자 배열법, 매직 세븐 배열법, 매직 크로스 배열법, 이너 배열법, 선형 배열법, 시계 배열법, 사랑-인연 배열법, 켈틱 크로스 배열법, 컵 오브 릴레이션십 배열법, 생명의 나무 배열법 13개를 선보인다. 독자의 전문성을 향상시키기 위해 원 카드 배열법, 쓰리 카드 배열법, 말편자 배열법, 갈래길/선택 배열법, 매직 세븐 배열법은 서로 다른 질문에 대해 전문 상담 노하우를 제시했고, 매직 크로스 배열법, 이너 배열법, 선형 배열법, 시계 배열법, 사랑-인연 배열법, 켈틱 크로스 배열법, 컵 오브 릴레이션십 배열법, 생명의 나무 배열법은 공통 질문에 각각 다른 상담으로 진행하는 전문 상담 노하우를 선보인다.

또한 원 카드 배열법, 쓰리 카드 배열법, 갈래길/선택 배열법은 기초 배열법으로, 말편자 배열법, 매직 세븐 배열법, 매직 크로스 배열법, 이너 배열법, 선형 배열법은 중급 배열법으로, 시계 배열법, 사랑-인연 배열법, 켈틱 크로스 배열법, 컵 오브 릴레이션십 배열법, 생명의 나무 배열법은 고급 전문 배열법으로 나누었으며 3개 스프레드의 기초 배열법은 이 책에 자세한 소개와 설명을 수록했다. 그리고 협회 타로상담 전문가분들의 전문 실전 상담을 소개함으로써 독자들의 기본 실력 배양에 신경을 썼다.

5개 스프레드의 중급 배열법과 5개 스프레드의 고급 전문 배열법은 배열법의 간단한 소개와 협회 타로상담 전문가분들의 전문 실전 상담을 소개함으로써 독자들의 실전 실력의 초석을 마련하고자 한다. 중급 배열법과 고급 전문 배열법 10개의 스프레드에 대한 자세한 소개와 설명은 『타로상담의 정석(실전편)』에서 다루고자 한다. 물론 추가적인 파워풀한 최고급 배열법도 『타로상담의 정석(실전편)』에 수록할 예정이다.

02. 고정 배열법

1) 기초 배열법

(1) 원 카드 배열법

①

원 카드 배열법이란, 타로상담을 진행함에 있어 위와 같이 타로카드 한 장을 뽑아 상담을 진행하는 방법을 말한다. 이렇게 타로카드 한 장으로 상담을 진행하는 원 카드 배열법에는 여러 장점과 단점이 있다.

먼저, 다음 두 개의 상담 사례를 살펴보도록 하자.

〈질문 1〉 지난주 시험 본 결과가 오늘 발표가 납니다. 결과가 어떻게 나올까요?

〈답변〉 완성이 이루어진다.

즉, 오늘 발표에서 합격이라는 결과가 나오게 될 것이다.

〈질문 2〉 2주 전 소개팅으로 만난 남자는 어떤 사람인가요?

〈답변 1〉 즉흥적인 사람이다.

〈답변 2〉 자유연애자이다.

〈답변 3〉 순수하고 청순한 사람이다.

〈답변 4〉 무계획적인 사람이다.

〈답변 5〉 가진 것이 없고 소박한 사람이다.

〈답변 6〉 위험한 상황을 인지하지 못하고 있는 사람이다.

앞의 〈질문 1〉과 같이, 원 카드 배열법은 빠른 결과로 긍정(Yes) 또는 부정(No)으로 나올 수 있는 질문이거나 단순한 답변을 얻을 수 있는 경우, 결과만을 알고 싶을 경우 등에 손쉽게 사용할 수 있다는 장점이 있다. 하지만, 〈질문 2〉와 같이 타로카드 한 장으로 "2주 전 소개팅으로 만난 남자는 어떤 사람인가요?"라는 내담자의 질문에 답변 1~6 중 어떤 방향으로 맞추어 상담을 진행할지는 전문가의 수준이 아니고서는 어려울 수 있다는 단점이 있다.

일반적으로 원 카드 배열법은 타로카드를 처음 배우는 초보 수강생들이 첫 시간에 실습한다. 첫 시간에 원 카드 스프레드를 배우고 많은 사람이 〈질문 1〉과 같이 Yes 또는 No만으로 상담하면 된다는 잘못된 인식으로 타로카드 상담에 자신감을 갖게 되고 심지어는 거만해지기 시작한다. 하지만 더욱 수련을 한 후에는 〈질문 2〉와 같이 원 카드 스프레드에 여러 가지 답변이 나올 수 있음을 알고 나서는 다시금 차분해지고 겸손해진다.

원 카드 스프레드를 사용할 질문을 살펴보면 다음과 같다.

- 어제 집 나간 강아지가 오늘 집으로 돌아올까요?
- 나의 오늘 하루 일상은 어떨까요?
- 지난주 치렀던 시험 발표가 오늘 있는데, 합격할 수 있을까요?
- 지난주 다툰 여자 친구에게서 오늘 전화가 올까요?

앞에서 이야기한 대로 보통 원 카드 스프레드의 리딩은 대답이 Yes 또는 No로 나올 수 있는 질문이거나 단순한 답변을 얻을 수 있는 경우, 결과만을 알고 싶을 경우 등에 사용된다. 하지만 카드의 개수가 많으면 많을수록 더욱 자세하고 명확한 리딩이 이루어짐을 알게 되면서 오히려 원 카드 스프레드 리딩을 어려워하기 시작한다. 카드는 비록 한 장이지만 그 카드에는 여러 상징과 의미가 내포되어 있기 때문이다.

〈질문 3〉 지금 나의 마음 상태는 어떤가요?

〈답변〉 현재 여러 가지가 혼란스러운 상황이다. 눈앞에 있는 여러 가지 상황이 당신을 유혹하더라도 자신의 본연을 잃지 말고 정확한 행동으로 참된 선택을 하여야 할 것이다.

원 카드 배열법으로 진행하는 상담이 모두 이러한 것은 아니다. 위의 〈질문 3〉과 같이 타로상담 전문가라면 타로카드 한 장으로도 충분한 상담을 진행할 수 있다. 즉, 타로상담 전문가로서 실력을 쌓게 된다면 원 카드 배열법도 실전 상담에서 효율적이고 유용하게 사용할 수 있는 배열법이 될 수 있음을 명심하고 열심히 공부할 필요가 있다.

한국타로&NLP상담전문가협회의 타로상담 전문가인 공저자분들의 원 카드 배열을 통한 실전 상담 사례를 살펴보도록 하자.

질문 1. 직장 생활을 하며 더 늦기 전에 공부를 더 해야겠다는 간절함으로 어렵게 야간 대학원에 진학하였습니다. 현재 상황에서, 저에게 가장 필요한 것은 무엇일까요?

········ 전문 상담 김현식 마스터 트레이너 ·········

늘 꿈꾸던 대학원 공부를 어렵게 시작하게 되었지만, 걱정이 앞서시는군요. 저도 직장과 학업을 병행하며 공부했던 시절이 있어서 매우 공감이 됩니다. 카드를 보면 내담자분의 마음을 잘 표현해 주고 있습니다. 조절, 균형, 절제가 필요합니다. 가정과 직장 그리고 대학원 공부까지 병행하려면 무엇보다도 한곳에 치우치지 않는 균형 잡힌 조절이 필요하겠지요. 한곳에 너무 치우치면 갈등이 생기고 끝까지 하기가 힘들겠지요. 하지만 내담자분은 잘하실 거예요. 서두르지 마시고 차분하게 공부를 하신다면 충분히 좋은 결실을 이룰 수 있습니다. 이 카드는 균형 있게 조절을 잘하여 끝까지 간다면 내가 이루고자 하는 목표 지점에 잘 도달한다는 의미이지만 금방 성과를 내는 것은 아니라서 시간이 필요하다 볼 수 있습니다.

어렵게 시작하셨는데 중도에 포기하지 마시고 끝까지 해내시길 바랍니다.

질문 2. 딸아이가 고등학교 2학년 1학기 기말고사를 앞두고 있습니다. 그런데 지금까지 진로를 결정하지 못하고 있습니다. 딸아이에게 가장 필요한 것이 무엇일까요?

전문 상담 장선희 트레이너

따님에게 아주 중요한 시기가 되겠군요. 이번 기말고사를 통해 많은 것이 결정될 텐데 진로를 정하지 못한 것이 걱정되시겠어요.

내담자께서 따님을 위해 여러 가지로 도움을 주고 싶으시겠지만, 최종 결정은 따님의 몫이고 그 고민 또한 따님 스스로 치열하게 해야 할 것입니다. 자신이 원하는 것, 잘하는 것, 관심을 갖고 있는 것에 대해 깊게 생각해 보고 미래를 위한 자신의 결정이 확고할 수 있도록 가치관을 만들어 가는 것이 필요합니다.

내담자께서는 어머니로서 따님이 별생각 없어 보이고 답답하실 수도 있겠지만, 따님 스스로는 자신에게 필요한 것이 무엇인지 막연하게나마 깨닫고 있는 것으로 보입니다. 기말고사 기간을 거치면서 현실을 직시하고 목표를 분명하게 설정하는 과정을 통해 자신의 결정에 대해 흔들림 없이 행동에 옮길 수 있도록 판단을 내려야 할 것입니다. 따님 스스로 의지를 갖고 자신의 진로를 고민하여 결정할 수 있도록 지원해 주시면 좋을 것 같습니다.

질문 3. 최근 들어 무력감이 느껴집니다. 너무 쉽게 피로감을 느끼고, 잘 해소가 되지도 않습니다. 그러니, 인생을 살아가는 즐거움도 없구요. 제가 어떻게 해야 할까요?

⋯⋯⋯ **전문 상담 박신영 트레이너** ⋯⋯⋯

최근 들어 무력감이 느껴지시는군요. 정신적인 피로감이 극에 달하신 상태인 것 같고 말이죠. 내담자는 지혜롭고 자신의 노력으로 이미 많은 풍요를 이룬 상태입니다. 많은 것을 가지고 이루어 내고 난 사람이 느낀 공허일 수도 있습니다.

자신의 주위를 둘러보세요. 내담자께서 이루어 놓은 많은 것이 이미 내담자의 주변과 내담자를 가득 채우고 있습니다. 본인 주변을 둘러보고 노력으로 채워 놓은 것들을 즐겁고 행복하게 바라보세요. 물질적, 정신적으로 당신을 기쁘게 하는 것들은 이미 내담자의 곁에서 인생의 행복을 줄 준비를 하고 있습니다. 그리고 주변 분들과 내담자께서 이룬 것을 함께 나눈다면 인생이 더 즐거워질 수 있습니다. 마음을 열고 나와 주변을 다시 바라봄, 그것이 지금 내담자에게 가장 필요할 것 같습니다.

질문 4. 다음 주에 결혼을 약속한 남자 친구 부모님을 만나게 됩니다. 남자 친구 부모님은 제가 남자 친구보다 나이가 3살 더 많은 것을 별로 달갑지 않게 여기고 계신데, 이런 남자 친구 부모님께서 저를 직접 보시고 어떻게 생각을 하시게 될까요?

········ 전문 상담 서경은 협회장 ········

내담자께서는 결혼을 약속한 남자 친구 부모님을 뵐 생각에 긴장도 되시고 여러 생각과 걱정이 많이 있으시군요. 자, 카드를 보세요. 메이저 17. THE STAR. 카드입니다.

이 카드가 어떻게 느껴지시나요? 하늘 정중앙에 노란색 별이 크게 보이시죠?

THE STAR. 카드는 희망을 상징하는 카드입니다. 두 분은 서로 진실함과 변함없는 마음가짐으로 결혼까지 약속하지 않았나 싶습니다.

염려하지 마세요. 나이는 숫자에 불과합니다.

두 분의 교제가 진심이라는 것을 확인하신 남자 친구 부모님께서는 내담자님을 마음에 들어 하실 겁니다. 앞으로 새로운 시작과 밝은 전망이 펼쳐지실 것으로 보입니다.

(2) 쓰리 카드 배열법

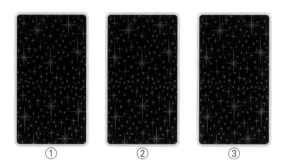

①   ②   ③

    쓰리 카드 배열법이란, 타로상담을 진행함에 있어 위와 같이 타로카드 세 장을 뽑아 상담을 진행하는 방법을 말한다. 쓰리 카드 배열법은 타로카드 한 장을 사용하는 원 카드 배열법보다 전반적인 방향을 수월하게 잡을 수 있고, 더 많은 장수를 선택하는 다른 배열법보다 명료하다는 장점이 있어 타로카드 상담에 있어 기본 배열법으로 사용된다.

    먼저, 다음 두 개의 상담 사례를 살펴보도록 하자.

〈질문 1〉 남자 친구가 입대를 합니다. 남자 친구와의 관계가 어떻게 될까요?

과거   현재   미래

〈답변〉 과거 서로의 호기심으로 시작한 이성 간의 관계가 현재 진실한 사랑의 관계로 연결되었군요. 하지만 이 관계는 남자 친구의 입대로 인해 변수가 없는 한, 계속 지속되지 못하고 종결되는 흐름으로 흘러갈 것입니다.

〈질문 2〉 코로나19로 인해 2년 넘게 사업이 부진합니다. 다른 사업자들도 마찬가지겠지만, 대출 이자의 한계에 부딪혀 있습니다. 어떻게 해야 할까요?

리딩   조언   결과

〈답변〉 현재 사업이 앞으로 나아가지 못하고 정체되어 있는 상황이군요. 이 상황에서 현실적 목표를 냉철히 살펴봐야 합니다. 절대로 현실을 부풀리거나 허황된 생각을 하시면 안 됩니다. 그래야만 다시 사업이 정상적인 궤도에 올라 잘 순환될 수 있습니다.

이렇게 타로카드 세 장으로 상담을 진행하는 쓰리 카드 배열법은 여러 가지의 방법으로 사용될 수 있으나 〈질문 1〉과 같이 가장 많이 사용되는 방법은 시간의 흐름에 따른 방법이다. 이 시간의 흐름에 따른 쓰리 카드 배열법은 일반적으로 '과거-현재-미래'의 방법이 많이 사용되나 질문의 유형에 따라 과거의 상황을 파악할 필요가 없을 경우에는 '현재-진행(과정)-미래(결과)'의 방법 등도 많이 사용될 수 있다. 또한, 과거의 상황을 더 자세히 살펴보기 위해서 '먼 과거-가까운 과거-현재' 등의 방법을 사용할 수도 있고, 미래의 상황을 더 자세히 살펴보기 위해서 '현재-가까운 미래-먼 미래' 등의 방법을 사용할 수도 있다.

최근에는 〈질문 2〉와 같은 '리딩-조언&코칭-결과'의 배열법이 많이 활용되면서 쓰리 카드 배열법 안에서 현재 상황, 그에 따른 조언, 그 조언을 따랐을 때의 결과를 파악함으로써 전반적인 상황을 파악하고 더불어 문제의 해결책을 찾을 수 있는 포괄적인 타로상담의 방법이 전문적 타로상담에 활용되고 있다. 쓰리 카드 스프레드를 사용할 질문을 살펴보면 다음과 같다.

– 오늘 하루 오전, 오후, 야간의 저의 컨디션은 어떨까요?

– 현재의 이 문제를 야기한 과거의 사건들을 알고 싶어요.

– 어제 저녁에 소개팅을 한 남자와의 관계가 어떻게 될까요?

– 다음 주에 있을 수능의 결과가 어떻게 나올까요?

앞에서 이야기한 대로 보통 쓰리 카드 스프레드를 기본 배열법이라고 칭하는 것은 거의 모든 질문을 해결할 수 있는 배열법이기 때문이다.

원 카드 배열법 사용을 어려워하는 독자가 있다면 오히려 순서를 바꾸어 쓰리 카드 배열법을 먼저 사용하는 것이 타로상담을 진행하는 데 더 효율적일 수 있다.

〈질문 3〉 다음 달 대학을 졸업하는 저에게 필요한 것이 무엇일까요?

리딩   조언   결과

〈답변〉 대학 졸업이 얼마 남지 않은 현재에 새로운 목표를 추진하려 시도를 하고 있군요. 지금 내담자에게 필요한 것은 바로 강인한 용기를 발휘하는 것입니다. 그렇게 한다면 자신의 능력을 발휘하게 될 것이고, 목표하는 바를 성취하게 될 것입니다.

쓰리 카드 배열법을 능숙히 사용할 수 있다면 복잡한 배열법도 상담으로 잘 진행해 나갈 수 있다. 왜냐하면, 10장을 선택하여 배열하는 켈틱 크로스 배열법 안에도 쓰리 카드의 배열법이 포함되어 있기 때문이다. 세 장의 타로카드를 사용하는 배열법인 쓰리 카드 배열법을 능숙히 사용할 수 있는 연습 방법을 하나 소개한다.

바로 타로 일기를 매일 작성하는 것이다. 보통 많은 타로 초보자는 아침에 일어나서 "오늘 하루가 어떻게 흘러갈까?" 등의 뉘앙스에 해당하는 질문을 많이 한다. 참 좋은 연습 방법이다. 하지만 여기에는 초보자의 한계, 즉 실력이 부족함에 따른 문제가 발생한다. 타로카드의 의미를 정확히 모르는 상태에서 오늘 하루의 상황이라는 미래를 정확히 파악하기보다는 추측으로 예상할 확률이 높다. 이러한 경우에 타로 일기를 작성한다. 일기는 하루의 생활을 모두 겪은 뒤, 하루를 마무리할 때 작성하는 것이다. 즉, 오늘 하루가 어땠는지를 '오전-오후-야간'으로 나누어 글을 쓰게 된다면 '오전-오후-야간'에 해당하는 상황은 미래의 일이 아니라 이미 내가 겪어 지나온 과거이다. 따라서 내가 겪은 과거는 모두 내가 파악할 수 있는 상황이기에 그 상황에 맞추어 타로카드의 의미를 정확히 파악하고 해석할 수 있는 것이다.

　이렇게 기본 배열법인 쓰리 카드와 타로 일기를 접목하는 방법을 꾸준히 연습해 나간다면 다른 어떤 방법보다도 쉽게 타로상담 전문가의 길로 나아갈 수 있을 것이다.

　한국타로&NLP상담전문가협회의 타로상담 전문가인 공저자분들의 쓰리카드 배열을 통한 실전 상담 사례를 살펴보도록 하자.

질문 1. 약속을 목숨같이 생각했던 친구가 있습니다. 그런데 어느 날부터 자기가 한 약속을 지키지 못하고 계속 변명만 합니다. 그럴 만한 사정이 있을 것이라 생각하고 있지만, 반복되는 변명이 안타깝습니다. 이 친구의 상황을 알고 싶습니다.

     과거   현재   미래

전문 상담 김현식 마스터 트레이너

약속을 잘 지키던 친구가 어느 날부터 약속을 매번 지키지 않아 많이 속상하겠군요. 친구는 왜 잘 지키던 약속을 지키지 못하고 변명만 하는 걸까요?

과거에는 여유롭고 풍요로운 생활과 함께 사회생활도 잘하고 친구들 사이에서도 잘 베풀기도 하면서 즐겁게 지내 왔던 것 같습니다. 현재는 친구분이 현실에 맞지 않는 어떤 부분에 빠져 있는 듯합니다. 뭔가 하고 싶은 일도 잘 안되고 있지만, 더 큰 문제는 무엇을 해야 할지도 모르고 있습니다. 게다가 자신의 현실에 맞지 않는 것을 바라보며 뜬구름만 잡고 있는 모습입니다. 하지만 미래에는 다행히도 희망을 가져 볼 수 있겠습니다. 친구는 머지않아 내담자에게 와서 왜 그동안 그렇게 행동을 했는지 스스로 자신의 사정을 솔직하게 이야기할 것 같습니다. 조금만 더 친구에 대한 믿음을 가지고 기다려 주시면 좋을 것 같습니다.

질문 2. 1년을 사귀어 온 여자 친구가 이별을 통보해 왔습니다. 아무런 문제가 없이 평범하게 잘 지내 온 것 같은데, 지금 이 상황에서 어떻게 행동해야 할까요?

리딩

조언&코칭

결과

전문 상담 장선희 트레이너

내담자께서는 자존심을 굽히지 않고 자신의 영역을 지키려는 모습이 있지는 않았는지 혹은 금전 관계에 있어서 짠돌이 같은 모습을 보이지 않았는지 생각해 보시기 바랍니다. 본인은 아무런 문제가 아니라고 생각하는 의외의 부분에서 여자 친구분이 이별을 결심할 계기를 얻게 되지는 않았을지 모를 일입니다. 현실적인 부분에 대한 생각이나 의견이 서로 달라서 빚어진 일일 수도 있습니다. 이 관계는 단절이 되어 혼자만의 시간을 갖게 될 수 있습니다. 자신을 돌아보고 여자 친구에 대한 감정을 다시 생각하여 정리할 필요가 있습니다. 이전의 과오를 바로잡고 새로이 관계를 연다는 생각으로, 소통이 부족했다면 허심탄회하게 대화하시고 관계 개선을 원한다면 이전에 해 보지 않았던 것들을 하는 것도 좋은 시도일 것입니다.

질문 3. 동서와 같이 카페 동업을 해 볼까 합니다. 둘 다 직장을 다니고 있지만, 의견을 모아 같이 운영을 해 볼까 합니다. 우리의 관계가 어떻게 흘러갈까요?

나 　　　　　　관계 　　　　　　동서

전문 상담 박신영 트레이너

능력이 있으신 내담자분과 강한 의지와 개성을 가지신 동서분이 카페 동업을 하려고 하시네요. 두 분 모두 직장을 다니고 계시지만 의견을 모아 같이 운영을 하신다고 하니 참 기대가 되는 상황입니다.

먼저, 내담자분께서는 독창적이고 강한 의지로 카페 동업 계획을 실현시키고 중간중간 있을 어려움을 능수능란하게 잘 통제하면서 지혜롭게 사업을 펼쳐 나가실 것이라고 생각합니다. 동서분 또한 강한 추진력과 어떤 어려움도 극복하려는 의지를 갖고 계시기 때문에 자신감을 갖고 동업에 임하겠지요.

두 분은 서로가 서로를 조율하고 과함을 서로 인내하면서 조화롭게 나아가실 수 있으리라 믿습니다. 한쪽의 결정이나 의지보다는 양쪽 모두의 의지나 결정이 중요하다고 생각하고 서로 간의 적절한 공감을 유지한다면 카페 동업은 긍정적인 방향으로 흘러갈 수 있으리라 생각합니다.

질문 4. 다음 주에 용인에 있는 조그마한 전원주택을 하나 사려고 합니다. 주말 주택용으로 사용하려고 하는데 앞으로의 투자 가치는 어떻게 될까요?

현재   가까운 미래   먼 미래

전문 상담 서경은 협회장

내담자께서는 다음 주에 용인에 있는 전원주택을 사려 하시는군요.

현재 사려고 하는 집이 꽤 마음에 드셨나 봅니다.

신중하게 눈여겨보신 것 같습니다. 본인의 소망하던 기회가 온 것 같습니다. 주택을 계약하기까지 문제없이 매끈하게 일사천리로 진행이 되며 집 단장을 하시느라 바쁘겠습니다.

꿈꾸셨던 주말 전원생활을 하시면서 내담자분만의 생활에 푹 빠져 인생에서 진정한 삶의 행복을 느끼실 것 같습니다. 주말 주택용으로 생활의 만족을 하시겠지만, 용인 지역 주택에 대한 투자 가치성은 빠른 시기에 오를 것 같지는 않습니다.

주택을 구매하는 목적에 대한 신념을 뚜렷하게 밝힐 필요가 있겠습니다.

(3) 갈래길/선택 배열법

A 이성을 만날까?   B 이성을 만날까?

A 대학에 갈까?   B 대학에 갈까?

A 직장에 입사 지원서를 낼까?   B 직장에 입사 지원서를 낼까?

A 지역의 아파트를 살까?   B 지역의 땅을 살까?

위와 같이, 우리는 삶을 살아가면서 선택의 연속이라고 해도 과언이 아닐 정도로 계속적인 선택의 상황을 접하게 된다. 심지어 삶과 죽음까지도 선택을 해야 하는 경우가 생긴다.

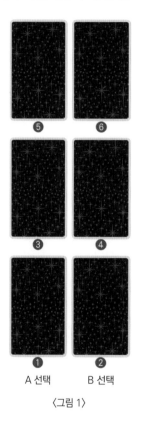

〈그림 1〉

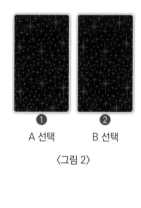

〈그림 2〉

갈래길/선택 배열법이란, 바로 이러한 선택의 상황에서 전체적인 흐름을 파악함으로써 어떤 선택이 더 효율적인지를 파악할 수 있는 상담 방법이다.

앞에서 안내한 대로 쓰리 카드 배열법이 일반적인 타로상담의 기본 배열법이기에 〈그림 1〉과 같은 갈래길/선택 배열법에서도 이 쓰리 카드 배열법을 사용하여 위와 같은 형태로 스프레드를 진행한다. 하지만 전반적인 흐름을 파악하기보다 결과 위주로 비교할 경우, 〈그림 2〉와 같이 원 카드 배열을 이용한 형태로 스프레드를 진행하여 사용할 수도 있다.

　아래의 상담 사례 두 개를 살펴보자.

〈질문 1〉 제가 지난주 토요일과 일요일 한 번씩, 2번의 소개팅을 진행했습니다. 두 명의 여성분 모두 외모는 맘에 들지만, 가정적인 여성분을 원합니다. 두 분은 어떤 분인가요?

A

B

〈답변〉 A 여성분은 현모양처와 같은 성향으로 평안과 여유로움을 추구하며, 가족을 소중히 생각하는 분이며, B 여성분은 능력과 사회적 지위는 있으나 가족이라는 환경보다 자신만의 환경을 더 추구할 수 있는 분입니다.

〈질문 2〉 부모님의 유산을 얼마 전에 받았습니다. 그냥 통장에 넣어 두는 것보다 서울 강남의 소형 아파트를 매입할까, 제주도의 임야를 매입할까 고민 중입니다. 이 두 개의 물건을 매매했을 때의 상황이 어떻게 흘러갈까요?

〈답변〉 서울 아파트는 현재 즉흥적으로 매입할 생각이고, 매입을 하게 되면 얼마 지나지 않아 많은 근심과 걱정에 휩싸이게 될 것입니다. 경제적 손실이라는 결과가 도출될 것이구요. 제주도 임야는 지금 다른 분들과 같이 매입을 하려는지 여러 전문성을 발휘하고 있고, 조만간 만족을 불러오게 될 것이며, 이를 통해 안정적으로 내담자분의 울타리를 마련하시게 될 것입니다.

서울 아파트　제주도 임야

앞의 〈질문 1〉과 같이, 원 카드 배열법을 활용한 갈래길/선택 배열법은 질문에 대한 각각의 결과를 보여줄 수도 있고, 각 질문을 선택했을 때의 특징을 보여 줄 수도 있다. 이처럼 원 카드 배열법을 활용한 갈래길/선택 배열법은 여러 가지의 의미로 원 카드를 사용할 수 있다.

〈질문 2〉와 같이 쓰리 카드 배열법을 활용한 갈래길/선택 배열법은 질문에 대한 '현재-진행-결과' 등의 전반적인 흐름을 보여 줄 수도 있으며, '리딩-조언-결과' 등의 포괄적인 상황을 살펴볼 수도 있다.

원 카드 배열법, 쓰리 카드 배열법을 자유롭게 구사할 수 있는 타로상담 전문가라면 갈래길/선택 배열법을 내담자의 질문에 포커스를 맞추어 좀 더 전문적으로 사용할 수 있을 것이다.

한국타로&NLP상담전문가협회의 타로상담 전문가인 공저자분들의 갈래길/선택 배열법을 통한 실전 상담 사례를 살펴보도록 하자.

질문 1. 고 3 학생입니다. 이번 1학기 기말고사까지 이과 계열의 선택 과목을 많이 이수하며 공부하고 있습니다. 그런데 내신 성적이 잘 나오지 않아 수능은 교차 지원으로 인문 계열 선택 과목으로 응시하려고 합니다. 수능에서 이과 계열로 응시할 경우와 인문 계열로 응시할 경우 어떻게 될까요?

······· 전문 상담 김현식 마스터 트레이너 ·······

이과 공부를 열심히 해 오셨는데 내신이 생각만큼 나오지 않아서 교차로 인문 계열 수능을 생각하시는군요. 많이 힘드시겠어요.

<왼쪽> 이과 계열로 응시할 경우, 현재 많은 것을 준비했고 이룬 것이 있음에도 불구하고 포기하려고 하네요. 미련이 많이 남기도 하지만 성과도 있기 때문에 포기하려다가 다시 이과 계열을 시작할 수도 있겠어요. 그렇게 되면 공부하는 과정에서는 자신감을 가지고 자신의 능력을 발휘하며 공부에 임하겠지만 결과적으로는 생각했던 것만큼 결과가 나오지 않아서 상심이 클 수도 있습니다.

<오른쪽> 인문 계열을 지원할 경우, 현재 상황에서 갑자기 새롭고 많은 것을 해야 하는 부담감이 있을 것 같아요. 하지만 잘 이겨 낼 수 있는 힘을 가지고 계실 것 같습니다. 공부 과정에서도 차근차근 자신의 목표를 향하여 도전하는 모습이며 본인이 목표로 한 것은 이룰 수 있을 것 같습니다. 선택은 내담자가 잘 생각하셔서 하시기 바랍니다.

질문 2. 2년 정도 계속 목과 허리가 안 좋아 물리 치료를 받고 있습니다. 하지만 좀처럼 회복이 안 되어 도수 치료를 받든지 헬스 개인 PT를 받으려고 생각 중입니다. 어떤 방법을 사용하는 것이 회복에 도움이 될까요?

전문 상담 장선희 트레이너

내담자께서는 자신의 건강에 무척이나 신경을 쓰고 계시군요. 아마 2년 동안 꽤 고생하셨을 것으로 추측됩니다.

<왼쪽> 우선 도수 치료를 받으실 경우 카드의 상황을 살펴보면, 도수 치료를 받는 즉시에는 개선 효과가 느껴지나 시간이 지나면 다시 아픈 상태로 돌아오는 것을 반복하여 온전히 회복하기까지 어려움이 있을 것으로 보입니다.

<오른쪽> 한편 헬스 개인 PT를 받으실 경우 상당히 호전되는 효과가 나타날 것으로 보입니다. PT를 통해 새로운 몸의 변화를 느끼실 수 있지만, 완전하게 회복하는 상태가 되기 위해서는 PT에 의존하기보다 평소 일상생활에서 목과 허리에 부담을 적게 주는 자세를 유지하거나 이에 필요한 근력 운동을 하는 등 여러모로 몸에 대해 필요한 것이 무엇인지 공부하고 혼자서라도 꾸준히 운동하며 관리하는 것이 큰 도움이 될 것입니다.

질문 3. 마냥 공부를 하는 것이 좋아 대학원의 여러 전공을 공부하고 있습니다. 현재는 부동산이나 반려동물 관련 공부를 해 볼까 하는데, 어떤 것을 선택하는 것이 도움이 될까요?

전문 상담 박신영 트레이너

공부하는 것을 즐기는 분이시군요.

현재 부동산과 반려동물에 관심이 있어 보이시네요.

<왼쪽> 부동산 관련 공부를 해 보신다면, 현재는 좋아 보이고 관심이 생기시겠지만 이것저것 상상만 하고 어설픈 생각만 하다가 오히려 위기에 빠지는 상황을 겪거나 불명예스러운 상황에 놓일 수 있을 것 같습니다. 특히 자신이 예측할 수 없는 상황에서 위기에 빠지거나 혼란스러운 상황이 올 수 있으니 조심하셔야겠네요.

<오른쪽> 반려동물 관련 공부는 처음에는 다소 부담스러울 수 있으나 용기와 강한 내적인 힘을 발휘하여 오히려 좋은 직업적인 인연까지도 이어질 수 있습니다. 성공에 대한 압박감은 누구에게나 있고, 쉽게 하는 성공은 없습니다. 노력이 이어지고 내담자 본인의 지혜로 힘든 상황을 이겨 낸다면 더 달콤한 성공으로 이어진다는 것을 명심하시면 좋겠습니다.

질문 4. 생각 외로 내담자가 빠르게 많이 늘어나 상담센터에 전문 상담 선생님을 추가 채용하려고 합니다. 지원서를 제출해 주신 선생님들의 전문 영역이 모래놀이치료, NLP상담, 명상인데 우리 상담센터에 제일 적합한 분야는 어떤 것일까요?

전문 상담 서경은 협회장

상담센터가 바빠짐에 따라서 전문 상담 선생님을 채용할 계획이시군요.
전문 영역의 순서대로 상담을 진행해 보겠습니다.
<왼쪽> 모래놀이치료 분야는 무모한 시작이고 성과가 없으며 비현실적인 부분을 파악하여 현실적인 것을 직시하셔야 합니다. 센터에 모래놀이치료 영역과 관련 연계 준비성이 약해 보이며, 힘든 일을 극복해야 할 상황이 많아 보입니다.
<중앙> NLP상담 분야는 일의 확장 및 더 큰 계획을 할 수 있다고 보이는 카드입니다. 센터에 창조적인 비전과 꿈이 생길 수 있으며 긍정적인 마인드에 세상의 불을 밝힐 수 있는 지혜로운 NLP상담 전문가 선생님을 만나게 되실 것 같습니다.
<오른쪽> 명상 분야는 애매모호하며 명확하지 않은 상황이 생길 수 있습니다. 일의 역할, 기초, 계획의 틀을 균형 있게 잡아야 하며 센터와 연계하여 실용적일지 고민을 많이 하는 카드가 나왔습니다.
상담센터에서 현실적인 비전 방향, 그리고 전문적으로 진행 가능한 영역을 잘 고려하여 신중하게 선택하실 필요가 있습니다.

2) 중급 배열법

(1) 말편자 배열법

　현재 상황을 파악하고 앞으로의 문제 상황 또는 앞으로의 희망과 기대를 살펴보며, 현재 상황의 핵심 문제가 무엇인지를 살펴보고 싶은 경우가 많다. 또한 추가적으로 다가올 미래의 상황에 대해 세부적으로 나누어 살펴보고 싶을 때도 많을 것이다. 바로 이러한 경우에 사용되는 배열법이 말편자 배열법이다. 말편자 배열법은 배열된 카드가 말굽의 형태를 띠고 있다고 해서 말편자, 말굽 배열법이라고 칭하며 5장의 타로카드로 상담을 진행한다.

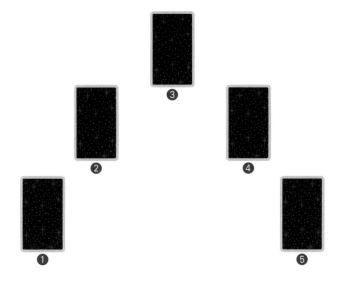

❶ 현재 상황　　　　❷ 희망과 기대 또는 다가올 문제　　❸ 핵심 문제
❹ 가까운 미래: 1~3개월 후　　❺ 먼 미래: 4~6개월 후

　한국타로&NLP상담전문가협회의 타로상담 전문가인 공저자분들의 말편자 배열법을 통한 실전 상담 사례를 살펴보도록 하자.

질문 1. 제가 장학사 시험을 준비해야 할지, 진로진학 상담교사로 전과를 해야 할지 고민을 하다 결국 진로진학 상담교사로 전과를 결정했습니다. 이 부분에 대해 좀 더 자세히 살펴보고 싶습니다.

······ **전문 상담** 김현식 마스터 트레이너 ······

장학사와 진로진학 상담교사와의 선택에서 고민하시다가 현재는 진로진학 상담교사를 선택하셨군요. 진로진학 상담교사로 전과를 결정하셨는데, 어떻게 흘러갈지 카드로 세세한 부분을 살펴보겠습니다.

진로진학 상담교사를 선택하신 것은 장학사 시험 준비보다는 안정적이고 편안할 것 같아서 선택하신 듯 보입니다. 내담자는 자신이 신중하게 잘 선택했고 앞으로도 자신이 상담교사로서 아이들과 균형과 조화를 잘 이루어서 명예로운 일을 하고 싶다는 희망을 가지고 계시네요.

가장 핵심적으로 생각해야 하는 부분은 자신의 감정이 계속 흔들리지 않도록 중심을 잡고 자신의 결정에 만족할 필요가 있습니다. 이미 결정을 한 부분이고 신중하게 선택했기 때문에 상담교사로서의 능력을 충분히 발휘해서 힐러로서의 역할을 잘하신다면 강한 자신감도 얻고 능력을 발휘하실 수 있습니다. 또한 순조롭게 노력의 대가도 얻게 될 것입니다.

질문 2. 이제 다음 달이면 전역을 앞두고 있습니다. 집에서는 바로 1학년 2학기 대학 복학을 원하는데, 저는 반수를 해서 다시 대학에 입학하고 싶습니다. 어떻게 하는 것이 좋을지 모르겠습니다.

전문 상담 장선희 트레이너

내담자께서는 현재 재학 중인 학교나 학과보다 더 낫다고 생각하는 대학으로의 목표가 있으신 것 같군요. 자신의 발전을 위한 일이라고 생각하기 때문에 나름의 자신감도 가지고 있습니다. 내담자분은 자신의 의지대로 일단 입시 준비를 시작하게 되면 매우 능동적으로 움직일 것이고, 반수를 하는 것이 아마도 새로운 시작을 할 수 있는 아주 좋은 기회라고 생각하시는 것 같습니다. 그래서 자신의 생각이 흔들림 없이, 또한 과정이 힘들어서 지치지 않고 진행될 수 있기를 간절하게 바라고 있네요. 많은 상황과 여건을 신중하게 고려하여 1~2개월 이내에 이성적으로 판단을 내리시게 되면, 아마 그 결정이 무엇이 되었든 그 이후에는 새롭게 시작하는 마음으로 임하게 되어 매우 만족스럽고 행복한 나날들이 기다릴 것입니다. 밝고 희망찬 미래가 기대됩니다만, 자신의 결정에 확신을 가질 수 있도록 선택에 있어서 충분히 생각하고 매우 신중해야 함을 기억하셔야 합니다.

질문 3. 인턴직을 그만두고, 다시 공무원 시험을 준비하려고 합니다. 부모님도 그렇고, 여자 친구 부모님도 그렇고 제가 안정적인 직장을 갖기를 원하세요. 6개월 후 있을 공무원 시험 준비를 잘 해내어 합격을 할 수 있을지 모르겠습니다.

전문 상담 박신영 트레이너

인턴직을 그만두고, 다시 공무원 시험을 준비하려고 하시는군요. 현재 상황에서는 인턴직이 본인의 꿈이 아니고 주변의 기대에 미치지 못하여 안정적인 직장인 공무원 시험에 도전하려고 하실 수도 있습니다.

부모님도 그렇고 여자 친구 입장에서는 내담자께서 안정적인 직장을 갖는 것을 원하시지만 막상 내담자 본인께서는 공무원 시험을 준비하시는 것이 현실적이지 못한 사고를 하는 것은 아닌지 걱정하고 계실 수 있습니다. 내담자께서는 지금은 인턴이지만 오히려 앞으로 나아갈 수 있는 길이 있어 포기하고 준비해야 한다는 부담감도 있으시겠네요. 그러나 앞으로 내담자께서 꾸준히 노력하시고 근면 성실함을 보이신다면, 6개월 후에 있을 공무원 시험에 준비를 잘 해내어 어려운 상황에서도 좋은 결과로 이어져 여자 친구와 가족들과 함께할 수 있을 것이라고 기대해 봅니다.

질문 4. 저의 상담 센터를 오픈하려고 합니다. 이것저것 여러 일을 해 봐도 역시 저는 상담 관련 일이 제일 좋습니다. 비록 직원으로 근무를 했어도 보람찼습니다. 상담센터장이 되면 저의 일이니 더 보람이 있을까요?

전문 상담 서경은 협회장

네, 내담자께서는 일에 있어서 가치 있고 보람된 일을 찾아 상담센터를 오픈 하실 예정이시군요.

현재 내담자께서는 본인이 원하는 것을 파악하셨네요. 상담센터를 오픈해서 일을 함으로써 보람되고 마음이 충만하기를 바라고 있습니다. 새로 시작하는 일에 대한 걱정, 근심, 두려움으로 과연 나의 길이 맞는 걸까 혼란스러워하시 네요. 가까운 미래에는 주변 상황의 감정에 휘말리지 마시고 현실적이고 실용 적인 것을 점검하시고 계획대로 진행하신다면 3~6개월 후에는 사람들과 원 만한 의사소통으로 관계를 형성하며 발전적인 변화로 내담자께서 상담센터를 오픈하고 상담 관련 일을 하시면서 많은 보람을 느끼게 되실 것입니다.

(2) 매직 세븐 배열법

우리는 남녀노소와 관계없이 인생을 살아가면서 심각성의 경중 여부를 떠나 여러 문제 상황에 봉착하게 된다. 이럴 때 현재의 문제 상황과 연계된 과거와 미래의 상황도 파악하며, 문제의 해결책을 통해 현재 상황의 문제 해결을 원하는 경우가 상당히 많다. 바로 매직 세븐 배열법은 이러한 문제 상황을 해결하기 위한 상황에서 많이 사용되는 스프레드이다.

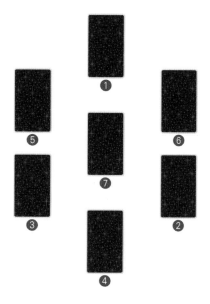

매직 세븐 스프레드는 두 개의 삼각형(△, ▽)이 연결되어 6장의 카드가 배치된다. 또한, 두 삼각형의 가운데에 결과의 카드 하나를 배열하여 7장의 카드로 구성된다.

❶ 질문과 관련되는 과거 상황 ❷ 질문과 관련되는 현재 상황 ❸ 질문과 관련되는 미래 상황
❹ 문제를 해결할 수 있는 방법 ❺ 현재 상황에 미치는 영향 ❻ 문제 또는 장애물
❼ 예상되는 결과

한국타로&NLP상담전문가협회의 타로상담 전문가인 공저자분들의 매직 세븐 배열법을 통한 실전 상담 사례를 살펴보도록 하자.

질문 1. 결혼한 지 5년 차입니다. 남편이 요즘 쌀쌀하게 대합니다. 무슨 이유가 있냐고 해도 전혀 그런 것은 없다고 이야기합니다. 다른 여자가 생긴 것은 아닌지 걱정이 태산입니다. 제가 어떻게 해야 할까요?

전문 상담 김현식 마스터 트레이너

남편분이 요즘 쌀쌀맞게 대하셔서서 많이 속상하시군요. 다른 여자가 있는지 의심도 되고 자꾸 불안해하는 마음이 있으시군요. 혹시 과거에 남편분이 의심스러워서 여기저기 알아보기도 하며 남편분을 믿지 못한 일이 있으신가요? 그래서 남편분께서 대화를 회피하시고 쌀쌀맞게 대하시는 것은 아닌지 생각해 볼 필요가 있습니다.

현재는 서로 생각과 행동이 맞지 않고 솔직해야 하는 부분에서 솔직하지 않으며 감정, 가치관, 생각 등에서 많은 갈등을 가지고 있는 상태입니다. 곧 서로의 관계가 어떠했는지 생각하면서 숨겨진 어두운 감정을 알게 될 수도 있겠어요. 지난 좋았던 시절도 있으셨겠지만 서로 숨겨 놓았던 감정들을 솔직하게 대화로 푸시고 내담자께서 다시 새롭게 관계를 맺는 시도를 하면 어떨까요? 편안한 안식처가 될 만한 곳에서 깊은 대화로 관계를 풀어 보실 수도 있구요. 추억이 깃든 장소로 여행을 가 보시는 것도 좋습니다. 남편과 함께할 수 있는 것이라면 그게 뭐든 새롭게 시도해 보는 것이 좋을 것 같습니다. 어떤 노력이라도 하신다면 다시 관계를 회복할 수 있는 계기가 생길 수 있습니다. 행동이 따르지 않는 생각만으로는 관계의 회복이 이루어지지 않습니다. 그 점만 주의하셔서 노력하신다면 다시 안정적인 가정으로 돌아갈 수 있을 것 같습니다.

질문 2. 얼마 전, 공인중개사 시험에 합격하여 실무 교육도 받고 자격증을 받았습니다. 공인중개사에 합격하면 바로 사무실을 오픈하고 싶었는데, 지금은 조금 시간적 여유를 가지며 법무사 공부를 하고 싶습니다. 법무사 공부를 시작하면 어떨까요?

전문 상담 장선희 트레이너

내담자께서는 현실적 계획을 가지고 자격증 취득을 하며 부단하게 노력하고 계시군요. 현재 자신의 상황과 미래를 저울질하며 또 다른 자격증의 취득이 도움이 될지 고민 중이시고요. 하지만 법무사에 대해 갖고 계신 정보가 다소 부족해 보입니다. 단순히 자격증의 취득으로 인한 성취가 목적이거나, 주변의 말을 듣고 준비 없이 고려하고 있는 것은 아닌지 살펴볼 필요가 있습니다.

내담자께서는 이해타산에 굉장히 밝으시고 이를 위해 자신에게 필요한 것과 아닌 것을 잘 구별해 낼 줄 아는 판단력이 있으시기 때문에 자격증 준비를 하기 전에 현실적으로 정말 필요한 것인지에 대해 좀 더 고민하신 후, 이에 대한 정보를 더 체계적이고 구체적으로 수집하고 차근차근 목표 설정을 하여 접근하는 것이 현명한 방법일 것입니다. 아마도 생각하고 계신 미래 방향이 있으실 텐데 계획적인 준비를 통해 미래는 더 선명하게 드러나고 나아갈 방향이 뚜렷해질 것입니다. 주의해야 할 것은 이전의 공인중개사 자격증 취득 경험을 통해 얻어진 자신감이 자만심으로 변질되지 않도록 겸손할 필요가 있으며, 충분히 통찰력도 있고 자기 확신이 있으시기 때문에 단계를 거쳐 노력하신다면 좋은 결과를 기대하셔도 될 것 같습니다.

질문 3. 중 3인 딸아이가 공부보다는 요리 쪽에 관심이 크고 능력이 있습니다. 부모는 공무원이나 안정된 직장을 갖기를 원하는데, 본인은 요리를 하고 싶어 합니다. 어떻게 하는 것이 최상의 방법일까요?

> **전문 상담** 박신영 트레이너

내담자께서는 따님이 공부보다는 요리 쪽에 관심이 크고 능력이 있다고 느끼고 계시고, 따님 본인 또한 요리에 흥미를 느끼고 있는 것 같습니다. 따님은 부모님께서 원하는 진로가 있기 때문에 괴롭기도 하고 산만한 마음을 겪고 있는 상황이네요. 부모님의 말씀을 들어야 할지 본인이 좋아하는 것을 해야 할지 계속 고민하는 상황이 펼쳐지게 될 것 같습니다. 따님 본인의 뜻에 따른 차분한 계획을 세울 수 있는 상황이 필요할 수 있습니다. 이를 위해서는 현실을 직시하고 냉혹한 판단이 필요하며 용기가 필요하겠지요.

현재 따님은 본인에게 계속되는 압박적인 상황이 힘이 들 수도 있겠습니다. 따님에게 부모님의 의견을 차분히 전달하고, 따님의 의견을 잘 들어 볼 수 있는 상호 작용이 이루어진다면 더 좋은 상황과 결정이 일어날 수 있으리라 기대합니다. 따님을 믿고 기다릴 수 있다면 진정 본인이 원하는 것과 적성을 찾으며 의지를 갖는 목적에 달성할 수 있지 않을까 생각합니다.

질문 4. 입사한 지 6개월이 지났지만, 직장에서 대인 관계가 참 불편합니다. 다른 직원들이 나를 왕따시키는 것 같이 느껴지구요. 저는 평생을 이 직장에서 근무하고 싶은데 걱정이 큽니다. 어떻게 해야 하는 걸까요?

전문 상담 서경은 협회장

사회생활을 하면서 가장 힘든 부분은 대인 관계인 것 같습니다.

6개월 동안 참 힘드셨겠습니다. 현재 내담자께서는 외로운 상황에 안정을 취하고 싶은 상황입니다. 직장에서 더 일하고 싶다고 하셨으나 소외를 당하는 기분이 들어 회사를 그만두고 싶다는 생각도 하신 것 같네요. 마음을 잡고 초심을 잃지 않으려 과거에 노력하신 모습도 보입니다. 가까운 미래에는 돈에 대한 집착이 보입니다.

대인 관계로 마음은 상하나 생활을 해야 하니 돈 때문에라도 다녀야겠다는 모습입니다. 회사에서 사람들과 불편한 것의 대안으로 내담자께서 사람들과 소통하고 협력하며 적극적인 모습을 보여 줄 필요가 있겠습니다.

현재 여러 생각과 스트레스로 상처를 받으셨군요. 내담자께서 직장 동료들에게 너무 방어적으로 대하지는 않았나 생각할 필요가 있습니다.

(3) 매직 크로스 배열법

   현재의 문제 상황과 연계된 과거를 시간적 흐름에 따라 파악하여 원인을 찾고자 할 때가 많다. 문제 상황을 파악하고 희망과 기대를 포함한 미래의 상황을 파악하고 싶을 경우에 사용하는 배열법이 바로 매직 크로스 배열법이다.

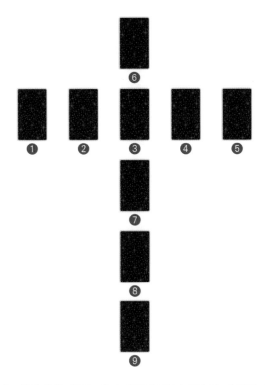

   매직 크로스 배열법은 위와 같이 일반적으로 9장의 카드를 사용하며, 미래의 상황을 세부적으로 파악하고 싶을 때에는 ❾ 밑에 ❿, ⓫을 배치할 수도 있다.

❶~❷: 과거의 상황   ❸: 현재   ❹: 문제 상황 1

❺: 문제 상황 2   ❻: 희망이나 기대   ❼~❾: 미래의 상황

   한국타로&NLP상담전문가협회의 타로상담 전문가인 공저자분들의 매직 크로스 배열법을 통한 실전 상담 사례를 살펴보도록 하자.

질문 1. 이제 33년의 공직 생활을 마치고, 정년퇴직을 하게 됩니다. 노후에는 연금을 받아 생활하려고 했는데, 얼마 전에 2월에 명예퇴직을 한 동료분이 4개월 후 돌아가시는 모습을 보고, 남편이 연금보다는 일시금으로 받아 보유하고 있는 돈을 보태 건물을 매입, 임대업을 하자고 합니다. 정년퇴직 후, 퇴직금을 일시금으로 받아 임대업을 하게 되면 어떨까요?

퇴직을 앞두고 여러 가지로 고민이 많으시겠어요. 그동안 수고 많으셨습니다. 퇴직 후 제2의 인생을 멋지게 시작하시기 바랍니다. 노후 경제생활을 연금으로 할지, 건물을 사서 임대업을 해야 할지 굉장히 고민이 많으시겠어요. 중요한 문제라서 매우 신중히 결정하셔야 할 것 같습니다. 현재는 큰 꿈을 가지고 사업을 하고 싶은 마음입니다. 구체적인 계획도 웬만큼 세우신 것 같습니다. 과거에 사업 계획을 세우셨거나 잠깐이라도 사업을 하신 적이 있어 보입니다. 가까운 과거에 가정에서 감정적으로 압박을 받으셨거나 하고 싶은 대로 하지 못한 부분이 있으신가요? 그에 대한 불만이 있어서 생각과 다른 행동을 하신 적도 있어 보이고 이제는 자신이 하고 싶은 일을 당당히 하고 싶으신 것 같습니다. 하지만 문제는 자신 있게 행동을 하고 싶으나 뜻대로 안 되고 있으며, 또한 임대업에 따른 지식도 없어서 자신감이 없으신 것 같습니다. 내담자분의 바람은 열심히 살기보다는 봉사하는 마음으로 살고 싶은 기대가 있습니다. 앞으로 자신이 무엇을 원하는지 깊이 성찰하는 시간을 거쳐서 신중한 결정을 하실 것 같습니다. 그동안 열심히 사셨는데 자신이 원하는 것이 무엇인지 잘 결정하셔서 편안한 가정생활을 하시기 바랍니다.

질문 2. 이제 33년의 공직 생활을 마치고, 정년퇴직을 하게 됩니다. 노후에는 연금을 받아 생활하려고 했는데, 얼마 전에 2월에 명예퇴직을 한 동료분이 4개월 후 돌아가시는 모습을 보고, 남편이 연금보다는 일시금으로 받아 보유하고 있는 돈을 보태 건물을 매입, 임대업을 하자고 합니다. 정년퇴직 후, 퇴직금을 일시금으로 받아 임대업을 하게 되면 어떨까요?

질문 2. 이제 33년의 공직 생활을 마치고, 정년퇴직을 하게 됩니다. 노후에는 연금을 받아 생활하려고 했는데, 얼마 전에 2월에 명예퇴직을 한 동료분이 4개월 후 돌아가시는 모습을 보고, 남편이 연금보다는 일시금으로 받아 보유하고 있는 돈을 보태 건물을 매입, 임대업을 하자고 합니다. 정년퇴직 후, 퇴직금을 일시금으로 받아 임대업을 하게 되면 어떨까요?

내담자께서는 오랜 공직 생활을 통해 어느 정도 그 권위를 인정받으셨고, 스스로 설정한 목표도 달성하실 정도로 성실하게 연륜을 쌓아 오셨군요. 내적으로도 상당히 강인한 힘을 갖고 계신 분입니다. 그렇게 일해 오신 보상을 연금으로 받으셔도 되었겠지만, 최근에 접한 소식으로 인해 급격한 생각의 변화가 오셨군요. 하지만 임대업을 고려하기에 망설여지는 요소가 많은 것으로 보입니다. 주변에서 들려오는 이야기와 조언들이 아마 고민을 더 깊게 하시도록 만들겠지요. 이미 충실한 가정생활과 사회적인 활동으로 안정적 입지를 다진 내담자께서 새로운 무언가에 도전하기를 결심하는 것이 쉽지는 않아 보입니다. 어쩌면 생각이 너무 많고 새로운 변화를 거부하고 있어서 행동에 옮기는 것이 어려울 수 있습니다. 하지만 지금까지의 삶의 패턴을 마무리하고, 새로운 사업을 구상하고 시작함으로써 오히려 사업적 수완을 발휘하여 또 다른 성공으로 나아갈 수도 있습니다. 다만 주의하지 않으면 주변에서 속임수를 쓰거나 믿는 사람으로부터 배신을 당하여 잃는 것이 생깁니다. 이에 좌절하지 않고 내담자의 장점인 내면의 강인한 힘과 목표한 바를 향한 진취적 자세로 돌진한다면 기존의 것이 무너지고 새로운 상황을 맞이하는 순간을 맞게 되어 제2의 인생을 살게 될 수 있습니다.

질문 3. 이제 33년의 공직 생활을 마치고, 정년퇴직을 하게 됩니다. 노후에는 연금을 받아 생활하려고 했는데, 얼마 전에 2월에 명예퇴직을 한 동료분이 4개월 후 돌아가시는 모습을 보고, 남편이 연금보다는 일시금으로 받아 보유하고 있는 돈을 보태 건물을 매입, 임대업을 하자고 합니다. 정년퇴직 후, 퇴직금을 일시금으로 받아 임대업을 하게 되면 어떨까요?

33년 공직 생활 동안 참 많은 능력을 보이신 분이군요. 내면의 강한 의지도 있으시고 주변 분들께 관용적이고 이상적인 분이셨네요. 정년퇴직을 앞두고 많은 생각이 있으셨던 것 같습니다. 특히 노후에 연금을 받아 생활하려던 생각이 있었으나 주변 분의 갑작스러운 소식에 매우 혼란스러움을 겪게 되었으며 본인의 계획에 변화를 주게 되어 매우 고민이 큰 상황으로 스트레스에 시달리시는 것으로 보입니다.

 정년퇴직 후에 퇴직금을 일시금으로 받아 임대업을 하게 된다면 만족스러울 것 같다는 기대를 품고 계시네요. 미래 상황에서도 임대업을 하게 된다면 좋은 결과를 이룰 수 있으리라고 기대됩니다.

질문 4. 이제 33년의 공직 생활을 마치고, 정년퇴직을 하게 됩니다. 노후에는 연금을 받아 생활하려고 했는데, 얼마 전에 2월에 명예퇴직을 한 동료분이 4개월 후 돌아가시는 모습을 보고, 남편이 연금보다는 일시금으로 받아 보유하고 있는 돈을 보태 건물을 매입, 임대업을 하자고 합니다. 정년퇴직 후, 퇴직금을 일시금으로 받아 임대업을 하게 되면 어떨까요?

222

현재 퇴직금을 일시금으로 받아 임대업을 목표로 본격적으로 추진하려는 상황이군요.

명예퇴직을 하신 동료분의 죽음으로 여러 생각이 번잡하여 근심이 많았던 나날 속에서 지내셨군요. 그런 시기에 건물을 매입해 임대업을 해야겠다는 강렬한 열정이 생겨 본격적으로 추진하려 하시는군요.

너무 물질적, 실질적 이해타산만 생각하시는 건 아닌지, 과한 욕망이나 압박감은 아닌지 생각해 보셔야 합니다. 현실적인 계획이 필요하신 것 같습니다. 마음먹었을 때 야심 차게 도전하겠다는 의욕이 앞서 보이나 여러 전문가의 조언을 주의 깊게 들어 보시고 여러 사람의 도움을 받아야 하겠습니다. 믿었던 사람들에 의해서 갈등과 원하지 않는 결과가 생길 수 있습니다. 성급하지 않게 신중하게 잘 알아보시고 시작하시길 당부드리고 싶습니다.

(4) 이너 배열법

이너 배열법은 작은 십자가 배열법을 실제 상담에 적합하게 응용한 배열법이다. 참고로, 15장을 선택해서 5장을 확인하는 작은 십자가 배열법은 다음과 같다.

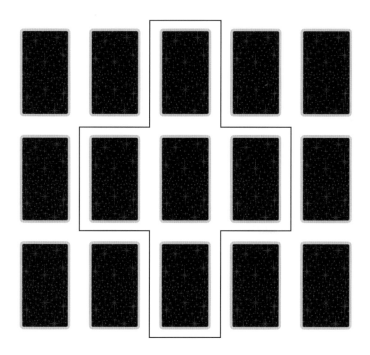

이너 배열법은 위의 작은 십자가 배열법에서 꼭 필요한 9장을 선택하여 5장의 카드만을 배열하는 방법이다. 이너 배열법은 관계 배열법으로 내담자와 상대의 관계를 파악하고, 주변의 시선 및 환경적 요인을 파악할 수 있는 배열법이다. 이너 배열법의 스프레드 형태는 다음과 같다.

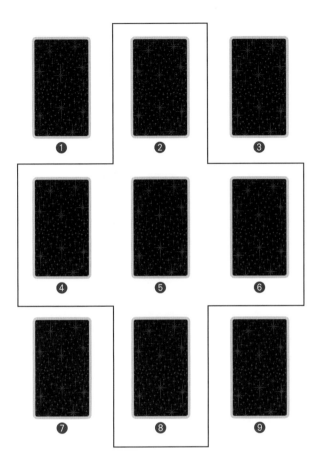

❹ 내담자의 상황   ❷ 상대방의 상황   ❽ 주변의 영향력, 주변의 시선

❻ 둘 사이의 관계   ❺ 둘 사이의 결과

　한국타로&NLP상담전문가협회의 타로상담 전문가인 공저자분들의 이너 배열법을 통한 실전 상담 사례를 살펴보도록 하자.

질문 1. 대학 선배와 학원을 동업하여 운영하려고 합니다. 선배가 원장, 제가 부원장을 맡으려 합니다. 투자금이 꽤 들어가는 학원 사업이라 신경이 쓰이기는 하나, 최선을 다해 운영해 보려고 합니다. 선배와의 관계가 지금처럼 좋을지 알고 싶습니다.

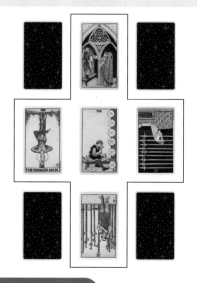

········ **전문 상담** 김현식 마스터 트레이너 ········

선배와 학원을 동업으로 운영하려고 하시는군요. 큰돈이 투자되기도 하지만 혼자 하는 것이 아니고 선배와의 동업 관계로 시작하는 학원이라서 많이 걱정되고 신경이 쓰이시겠어요. 선배와 내담자의 마음을 알아보도록 하겠습니다. 선배는 각자의 전문성을 인정하고 서로 존중하면서 화합하여 일을 하고자 합니다. 내담자분도 선배랑 잘 맞지 않는 부분이 있어도 선배에게 잘 맞추어 가며 인내하면서 서로 욕심을 부리지 않고 최선을 다하려는 모습입니다. 주변에서는 동업은 힘들다고 보는 입장이며 부정적인 시선으로 보고 있네요. 두 분의 관계는 동업이 힘들 수도 있고 고통스러울 수도 있다는 생각에서 벗어나려고 노력하고 있습니다. 서로 믿어 주며 각자의 전문적인 분야를 인정해 주는 노력을 하신다면 결과적으로 안정적이고 꾸준한 수입은 있을 것 같습니다. 동업은 사실 생각처럼 쉽지 않으나 결심을 하셨다면 처음 시작할 때 가진 서로의 마음이 변하지 않도록 성실히 각자의 위치에서 꾸준한 노력을 하시면 좋을 것 같습니다.

질문 2. 대학 선배와 학원을 동업하여 운영하려고 합니다. 선배가 원장, 제가 부원장을 맡으려 합니다. 투자금이 꽤 들어가는 학원 사업이라 신경이 쓰이기는 하나, 최선을 다해 운영해 보려고 합니다. 선배와의 관계가 지금처럼 좋을지 알고 싶습니다.

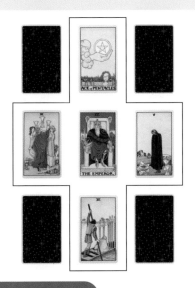

전문 상담 장선희 트레이너

내담자께서는 뜻이 잘 통하는 대학 선배와의 관계에 매우 만족하고 있으며, 학원 동업에 관한 계획을 세우며 장밋빛 미래도 기대하고 있습니다. 선배 역시 이 동업을 통해 금전적으로 큰 이득을 얻을 수 있는 좋은 기회라고 생각하고 있습니다. 두 사람은 과거에 있었던 좋은 추억을 공유하고 있지만, 동업에 대한 두 사람의 생각은 전혀 달라서 갈등이 생겼을 때 이를 해결하지 못해 손실을 보거나 이전보다 의미 없는 우정으로 변질되어 동업을 하는 중에 부딪히게 될 수 있습니다. 주변에서 보기에도 둘은 한배를 탔지만 서로 소통이 부족한 채 억지로 동업을 유지하는 모습으로 비치겠네요. 능력자인 두 분의 노력으로 인해 결과적으로 학원의 운영은 잘되겠지만, 감정적으로 서로가 고립되고 교류는 단절된 채 눈치만 보며 스트레스를 주는 관계가 될 것으로 보입니다. 학원 운영을 통해 각자가 얻고자 하는 미래의 모습이 비슷한지 대화를 통해 알아보고, 그 격차를 줄이고 갈등 해소를 위한 방법을 찾아 가는 노력이 필요합니다.

질문 3. 대학 선배와 학원을 동업하여 운영하려고 합니다. 선배가 원장, 제가 부원장을 맡으려 합니다. 투자금이 꽤 들어가는 학원 사업이라 신경이 쓰이기는 하나, 최선을 다해 운영해 보려고 합니다. 선배와의 관계가 지금처럼 좋을지 알고 싶습니다.

········· 전문 상담 박신영 트레이너 ·········

투자를 하셔서 대학 선배와 학원을 동업하여 운영하려고 하시는군요. 선배가 원장, 내담자가 부원장을 맡으려고 하는 상황인 듯한데 내담자께서는 동등한 위치와 소통, 투자금에서 시작하기를 원하시는 상황 같습니다. 그러나 상대인 대학 선배는 즐거운 척하지만 지금 무언가 사업이 어쩔 수 없이 시작되고 있는 상황인 듯싶습니다.

주변에서는 내담자분이 현명하고 지혜로우신 분이라 잘 이끌어 가고 조율할 것이라고 생각하고 있는 것 같습니다. 하지만 상황이 흘러가다 보면 의견이 불일치되고 책임의 소재가 불분명해지며 협력이 중요한 순간이 필요할 수도 있을 것 같습니다. 중요한 순간 협력이 이루어지지 않으면 결국에는 동업이 깨지며 서로의 이익을 챙기려고 하는 불안정한 상황이 생길 수도 있으니 주의하시길 바랍니다.

질문 4. 대학 선배와 학원을 동업하여 운영하려고 합니다. 선배가 원장, 제가 부원장을 맡으려 합니다. 투자금이 꽤 들어가는 학원 사업이라 신경이 쓰이기는 하나, 최선을 다해 운영해 보려고 합니다. 선배와의 관계가 지금처럼 좋을지 알고 싶습니다.

전문 상담 서경은 협회장

선배분과 동업을 하면서 앞으로 관계가 지금처럼 좋을지 궁금하시군요.
내담자께서는 사업 분야의 노련한 지도자 스타일입니다. 선배분은 이런저런 상상은 많으시고 행동력이 부족한 모습을 보여 줍니다.지금 사업에 대해서 이 것저것 해야 할 일도 많고 큰 싸움은 아니지만 서로 의견 차이 및 논쟁과 트러블이 있는 모습입니다.
주변에서는 내담자분이 본인 의견만 너무 내세우고 밀어붙이는 건 아닌가 하고 있습니다. 내담자께서는 행동이 앞서고 책임감이 투철하신 성향이라서 상대방 선배분께 오해의 소지를 일으킬 수 있습니다. 상대방을 생각하여 좀 더 배려하고 세심하게 대할 필요가 있으며 서로 장점과 단점을 보완하며 각자의 부분에서 존중해 준다면 분명 두 분은 앞으로도 안정적이고 좋은 관계를 형성하며 사업의 과정을 함께하면서 큰 만족감을 느끼실 것입니다.

(5) 선형 배열법

　시간의 흐름에 따른 변화를 파악하고자 할 경우나 전반적인 상황적 흐름의 비교 등을 살펴보고자 할 경우가 많다. 이러한 경우 유용한 배열법이 선형 배열법이다. 선형 배열법은 '과거-현재-미래'를 나타내는 쓰리 카드 기본 배열법을 확장한 방법이라 생각하면 이해하기 쉽다. 즉, 선형 배열법은 시간의 흐름을 시간을 나타내는 선(Line)에 배열하는 스프레드 방법이다.

|먼 과거|가까운 과거|현재|가까운 미래|먼 미래|
|❶|❷|❸|❹|❺|

　선형 배열법은 "먼 과거는 이랬고 과거는 이래서 현재는 이렇고 미래는 이러한 방향으로, 그 이후의 미래는 이러한 방향으로 흐른다.", "현재는 과거들의 이러한 영향이고, 이러한 방향들로 나아간다." 등으로 해석할 수 있다.

　특히 파악하고자 하는 시간에 해당하는 부분에 더 많은 카드를 배열함으로써 해당 시점에 대해 자세히 상황 분석을 하여 전문적인 상담이 가능하다는 특징이 있다. 예를 들어 과거의 상황을 더 자세히 파악하고자 할 경우에는 아래와 같은 특화 배열 방법을 사용할 수 있다.

|아주 먼 과거|먼 과거|가까운 과거|현재|미래|
|❶|❷|❸|❹|❺|

한국타로&NLP상담전문가협회의 타로상담 전문가인 공저자분들의 선형 배열법을 통한 실전 상담 사례를 살펴보도록 하자.

질문 1. 결혼한 지 3년째인데, 남편의 외도가 너무 심합니다. 오히려 시간이 지나면 지날수록 더욱 상처가 커져 더 이상 결혼 생활을 유지하기 어렵다는 생각만 듭니다. 하지만, 3살 된 딸아이를 부모의 사랑을 주며 잘 키우고 싶은 마음에 남편과의 관계가 혹시나 좋아질까 실오라기를 잡는 심정으로 기대를 해 봅니다. 앞으로 남편과의 관계가 어떻게 흘러갈지 알고 싶습니다.

먼 과거 가까운 과거 현재 가까운 미래 먼 미래

전문 상담 김현식 마스터 트레이너

남편의 외도로 인하여 많이 힘드시군요. 더군다나 어린 딸아이까지 있어서 헤어지기도 힘들고 딸아이에게 사랑을 주며 키우고 싶은 마음에 남편과의 관계를 회복하고 싶은 맘이 급하신 것 같습니다.

결혼할 당시에는 남편분이 여러 가지로 능력도 있으시고 내담자분도 완벽한 결혼이라고 만족하신 것 같습니다. 하지만 외도로 인하여 깊은 상처를 받으셨고 거의 관계가 끝났다고 생각하신 것 같습니다. 그러나 지금은 딸아이를 이유로 관계 회복을 위해 너무 급하게 서두르는 것은 아닌지 생각해 보셔야 할 것 같습니다. 관계라는 것이 하루아침에 손바닥 뒤집듯이 바로 좋아지거나 나빠지지는 않습니다. 성급하게 하다가 더 관계가 나빠질 수도 있습니다. 두 분 사이는 내담자가 원하는 대로 빠르게 좋아지지는 않을 것 같습니다. 너무 서두르지 마시고 두 분의 근본적인 문제를 해결하기 위해 노력을 하셔야 할 것 같습니다.

질문 2. 결혼한 지 3년째인데, 남편의 외도가 너무 심합니다. 오히려 시간이 지나면 지날수록 더욱 상처가 커져 더 이상 결혼 생활을 유지하기 어렵다는 생각만 듭니다. 하지만, 3살 된 딸아이를 부모의 사랑을 주며 잘 키우고 싶은 마음에 남편과의 관계가 혹시나 좋아질까 실오라기를 잡는 심정으로 기대를 해 봅니다. 앞으로 남편과의 관계가 어떻게 흘러갈지 알고 싶습니다.

먼 과거   가까운 과거   현재   가까운 미래   먼 미래

전문 상담 장선희 트레이너

두 사람은 매우 다른 사람이지만 비슷한 가치관을 갖고 축복 속에 부부의 연을 맺으셨겠군요. 하지만 남편분의 외도로 인해 내담자께서는 정신적 고통이 많으셨겠어요. 그럼에도 불구하고 자녀를 위해 혼인 관계를 유지하려고 노력하시는 모습이 고독하고 외로워 보입니다. 3년간 거의 홀로 육아를 하시면서 한편으로 남편과의 관계 개선을 위한 노력이 소홀하거나 소극적이지 않았나 생각해 볼 수 있겠습니다. 현재의 상황을 가까운 가족이나 친척들에게 알리고 도움을 구하는 것도 방법일 수 있습니다. 그분들의 도움을 통해 일시적으로 안정적인 가정의 모습을 유지할 수 있을 것으로 보이나 강한 인내심이 필요하며, 내담자께서 자녀를 위해 때로 단호하고 합리적인 판단으로 남편과의 관계를 만들어 가신다면 장기적으로 아내로서의 권위를 차지하고 가정을 지킬 수 있을 것입니다.

질문 3. 결혼한 지 3년째인데, 남편의 외도가 너무 심합니다. 오히려 시간이 지나면 지날수록 더욱 상처가 커져 더 이상 결혼 생활을 유지하기 어렵다는 생각만 듭니다. 하지만, 3살 된 딸아이를 부모의 사랑을 주며 잘 키우고 싶은 마음에 남편과의 관계가 혹시나 좋아질까 실오라기를 잡는 심정으로 기대를 해 봅니다. 앞으로 남편과의 관계가 어떻게 흘러갈지 알고 싶습니다.

아주 먼 과거   먼 과거   가까운 과거   현재   미래   가까운 미래   먼 미래

전문 상담 박신영 트레이너

결혼 초기에는 좋은 인연으로 사랑을 하셨고, 내담자께서는 지혜로운 마음으로 가정을 다스리고 지키셨던 것으로 보입니다. 그러나 말씀하셨던 대로 남편의 외도 때문인지 갑작스러운 상황의 변화로 가정의 좋지 않은 상황이 오래 지속되고 있네요.

그로 인하여 극심한 스트레스가 지속되고 더 이상 외면할 수 없는 외로움과 절망이 내담자께 보이고 있습니다. 3살 된 딸아이를 부모의 사랑을 주며 키우고 싶으신 마음은 이해하지만 이것은 현실성 없는 상상에 불과한 모습으로 보입니다.

물론 아이에게 행복한 가정을 주고 싶은 마음은 이해하나 시간을 끌다가 본인의 진정한 행복과 아이의 행복, 그 두 마리 토끼를 모두 놓칠 수 있습니다. 남편과의 관계는 안타깝지만 3살 된 딸아이와 내담자 본인을 진정으로 위하는 길을 생각하고 결심하시기를 바랍니다.

질문 4. 결혼한 지 3년째인데, 남편의 외도가 너무 심합니다. 오히려 시간이 지나면 지날수록 더욱 상처가 커져 더 이상 결혼 생활을 유지하기 어렵다는 생각만 듭니다. 하지만, 3살 된 딸아이를 부모의 사랑을 주며 잘 키우고 싶은 마음에 남편과의 관계가 혹시나 좋아질까 실오라기를 잡는 심정으로 기대를 해 봅니다. 앞으로 남편과의 관계가 어떻게 흘러갈지 알고 싶습니다.

먼 과거   가까운 과거   현재   가까운 미래   먼 미래

전문 상담 서경은 협회장

네, 그동안 상심이 크셨겠습니다.

과거 남편의 외도로 예상하지 못했던 충격과 급격한 상황의 큰 위기를 보내셨네요. 현재 절망스럽고 극심한 스트레스가 고질적으로 내담자를 힘들게 하네요.

마음의 평정을 위해 엄격하게 결단을 세우려고 이혼까지도 고려하려 합니다.

하지만 가까운 미래에는 서로 화목했던 가정을 추억하며 그리워합니다. 어린 딸아이와 가정을 위해 전체적인 조화를 이루려고 남편과의 교류를 위해 노력하며 안 좋은 감정을 절제할 것입니다.

쉽지는 않겠지만, 회유를 하여 받아들일 것은 받아들이고 상처받은 부분은 연고를 잘 발라 덧나지 않도록 관리를 하듯이 서로 진솔한 마음을 살펴보시며 가정의 평화와 서로 관계의 개선을 위해 마음을 여시고 노력해 보시길 바랍니다.

3) 고급 전문가 배열법

(1) 시계 배열법

해마다 연말, 연초가 되면 사람들은 새로운 한 해의 흐름이 어떨지, 올 1년은 나에게 어떻게 작용할지, 올해는 나에게 행운을 주는 해일지 등을 궁금해한다. 이렇게 1년간의 전반적인 흐름을 파악할 수 있는 방법이 시계 배열법이다. 시계 배열법은 1년이 12개월이고, 시계의 숫자가 1~12로 되어 있어, 시계의 숫자에 해당 월을 매칭하는 방법이며, 스프레드의 형태는 아래와 같다.

❶ 1월의 상황 ❷ 2월의 상황 ❸ 3월의 상황 ❹ 4월의 상황
❺ 5월의 상황 ❻ 6월의 상황 ❼ 7월의 상황 ❽ 8월의 상황
❾ 9월의 상황 ❿ 10월의 상황 ⓫ 11월의 상황 ⓬ 12월의 상황

시계 배열법은 『타로상담의 정석(실전편)』에 수록될 하우스 배열법 등 다른 고급 전문 스프레드를 응용하여 사용할 수 있다.

한국타로&NLP상담전문가협회의 타로상담 전문가인 공저자분들의 시계 배열법을 통한 실전 상담 사례를 살펴보도록 하자.

질문 1. 제가 일주일 후, 새해가 밝아 오면 39살이니 아홉수에 접어들게 되어 행동이 조심스럽습니다. 다른 해보다 특히 내년의 상황이 알고 싶습니다. 저의 내년 한 해의 전반적인 흐름은 어떻게 흘러갈까요?

우리나라는 예로부터 아홉수를 조심하라고 하고 아홉수에는 결혼도, 이사도 안 하는 경향이 있지요. 그래서인지 많은 사람이 아홉수가 있는 해는 그 해가 어떻게 흘러갈지 매우 궁금해하는 경향이 있는 것 같습니다. 월별로 카드를 살펴보도록 하겠습니다.

1월에는 뭔가 두 가지 일을 하실 것 같네요. 2월에는 1월에 두 가지 일을 한 것이 잘되어서 큰 보상이 따를 것 같습니다. 좋은 소식이 올 수도 있구요. 3월에는 나눠 줄 수 있는 위치에서 배려하고 작게나마 나눠 줄 수 있는 여유가 있는 달이 될 것 같습니다. 4월, 5월에는 가정의 행복과 불편 없는 만족한 생활이 이어질 것 같습니다. 특히 가정에 기쁜 일이 있을 것 같네요. 6월에는 신중하게 판단할 일이 있습니다. 7월에는 경제적으로 이득이 있거나, 내 것을 지켜야 하는 일이 있을 수 있습니다. 8월에는 고민스러운 일로 정체기를 거쳐서 9월에는 너무 급하게 처리한 일이 손실이 생겨 후회할 일이 생길 수 있습니다. 11월엔 절제와 균형을 통하여 12월에는 계획했던 일을 적극적으로 추진하는 일이 생길 것 같습니다.

내년에는 후반기보다 전반기가 더 좋은 한 해가 될 것 같습니다. 6월에 뭔가 결정할 일이 생겼을 때 신중하게 하시고, 9월, 10월에 생기는 일 중에 너무 서두르지 마시고 신중하게 행동하신다면 올 한 해는 전반적으로 좋은 한 해가 될 것 같습니다. 또한 내년은 주변 환경에 의해 벌어지는 사소한 일들보다는 내담자 자신에게 의미 있는 한 해가 될 것 같습니다.

질문 2. 제가 일주일 후, 새해가 밝아 오면 39살이니 아홉수에 접어들게 되어 행동이 조심스럽습니다. 다른 해보다 특히 내년의 상황이 알고 싶습니다. 저의 내년 한 해의 전반적인 흐름은 어떻게 흘러갈까요?

내담자분의 내년 한 해의 흐름을 월별로 살펴보겠습니다. 1월에 뭔가 급진적으로 추진되는 일이 있으시겠군요. 성급할 수 있으니 주의 깊게 잘 살피며 진행하신다면 성과가 있을 것입니다. 2월에 일, 사업 혹은 학업으로 새로운 것을 시작하려고 합니다. 3월에 목표로 하던 것을 달성하거나 물질적 풍요를 바탕으로 안정적인 위치에 도달하지만 불안 요소가 있어서 스트레스가 높은 상황입니다. 주변과 소통하시면서 스스로 고립되지 않도록 하세요. 4월에 좋은 계약을 하거나 귀인 혹은 인연을 만납니다. 5월은 모든 상황이 자연스럽게 흘러가며 이동, 이직과 같은 변화가 있을 수 있습니다. 6월에는 4월에 있었던 인연과 좋은 결실을 보거나, 하는 일들의 성취를 얻게 됩니다. 상당히 만족스럽고 행복한 6월이 되겠군요. 7월에는 그동안 이뤄 왔던 것을 주변에 베풀거나 분배를 하게 되며 이로써 본인은 뿌듯함과 기쁨을 누립니다. 8월에 다시 한번 무언가를 시작해 보려고 하지만 다소 무모하고 행동만 앞서는 것 같군요. 상황이 급박하게 돌아갈 수 있으므로 주의를 기울이고 방심하지 말아야 합니다. 이에 대해 9월에 상황을 파악하고 대처하려 하지만 완벽하지 못하고 미숙하게 처리될 수 있습니다. 10월에 모든 상황에 대해 이성적이고 합리적인 판단을 통해 균형을 잡아 나갈 것입니다. 11월에 새로운 모험심을 가지고 일이나 사업의 확장을 구상하려고 합니다. 대단한 도전 정신을 가진 분이시군요. 12월에는 1년간 일구고 계획하여 진행해 왔던 대부분의 일에서 보상을 얻게 되어 풍요로워지고 성공을 향해 나아가게 됩니다. 완벽한 한 해가 되시겠군요. 내년에는 전반적으로 현실적, 물질적인 부분에 대한 많은 것을 추진하여 결실을 얻게 되고, 내담자 본인도 열정적으로 임하게 되는 한 해입니다. 3월, 5월, 6월, 10월, 12월이 내담자께 의미 있는 달이 될 것이며, 전체적으로 주변 여건과 환경도 잘 받쳐 주고 있는 해입니다. 아홉수에 매몰되지 마시고 스스로 추진력은 갖추고 있으니 그 과정에 신중함을 더한다면 큰 무리 없이 원하는 것을 이뤄 낼 것입니다.

질문 3. 제가 일주일 후, 새해가 밝아 오면 39살이니 아홉수에 접어들게 되어 행동이 조심스럽습니다. 다른 해보다 특히 내년의 상황이 알고 싶습니다. 저의 내년 한 해의 전반적인 흐름은 어떻게 흘러갈까요?

새해가 밝아 오면 39살, 9수에 접어드시는군요. 한 해가 조심스러우실 것 같습니다. 올해는 전반적으로 주변 환경도 내담자님을 도와줄 것 같고, 본인의 의지도 대단한 해가 될 것 같군요. 특히 노력과 의지가 조화되는 한 해일 것 같습니다.

1월에는 의지를 세워 완벽한 준비를 하실 것 같네요. 특히 공부에 관해서 뚜렷한 목표를 세우실 듯합니다. 이 의지가 2월까지 이어져서 좋은 흐름으로 갈 것 같습니다만 3월에는 잠시 갈등이 오네요. 하지만 이 또한 잘 이겨 내셔서 강한 의지로 어려운 상황을 극복하는 4월을 맞이하실 것 같습니다. 5월부터는 본인의 노력을 살피면서 지속적으로 노력하실 것 같으며 6월에 좋은 결과를 맞이하실 수 있겠네요.

7월과 8월에는 약간의 정체기를 겪으실 수는 있으나 또한 잘 극복하셔서 9월, 10월에는 만족스러운 결과를 비롯하여 11월과 12월에는 끝내 본인이 노력하신 일들이 무르익는 즐거운 일들이 기다리고 있으리라 기대합니다.

올해는 내담자께서 지난 시간 동안 노력하신 결과가 조화되는 한 해이니 힘내시길 바랍니다.

질문 4. 제가 일주일 후, 새해가 밝아 오면 39살이니 아홉수에 접어들게 되어 행동이 조심스럽습니다. 다른 해보다 특히 내년의 상황이 알고 싶습니다. 저의 내년 한 해의 전반적인 흐름은 어떻게 흘러갈까요?

서른아홉을 앞두고 새해 행동거지나 마음가짐이 신경 쓰이시죠?

저도 서른아홉에는 그랬던 것 같습니다. 곧 다가올 새해 1월에는 생각지도 못한 제안이 들어옵니다. 현실적이고 실질적인 부동산, 사업 또는 새로운 일의 제안, 뜻밖의 수익이 발생할 수도 있겠습니다.

2월은 1월의 실용적인 제안을 토대로 터닝 포인트 시점으로 자연 순환하여 순리적으로 일이 진행되겠습니다. 3월은 새롭게 시작된 것들 또는 기존에 하고 있는 일의 방향이 맞는 것인지 걱정과 근심하는 달이 되겠습니다. 하지만 4월은 걱정하고 대립했던 두 가지 알 수 없는 마음이 균형을 맞춰 한마음으로 조화를 이룰 것 같습니다. 연애 운에서는 마음이 통하고 썸을 타는 연인이 생기며, 대인 관계에서는 귀인이 찾아올 수 있습니다. 5월은 일적으로 버거워 보입니다. 내가 일궈 둔 일, 업무를 잘 견뎌 내겠다는 의지가 보입니다. 6월은 버겁던 그 일로 인해 주변에서 능력 있고 일을 잘하는 사람으로 인정을 받을 것이며 열정이 넘치며 생산적인 일을 도모할 것으로 보입니다. 사람들과의 관계에 있어서 행동이 먼저 앞설 수 있으니 좀 더 세심한 배려가 필요합니다. 6월의 흐름에 이어져 다재다능한 능력자의 모습으로, 맡은 일을 잘 이끌어 가는 카리스마와 당당하고 책임감 있는 지도자의 모습을 갖게 되는 7월이 되겠습니다. 8월은 경계심과 조바심을 가지게 되는 달입니다. 생각이 짧을 수 있으니 경솔하지 않도록 주의를 가져야 할 필요가 있습니다. 9월은 이것저것 일이 많아 분주하며 경쟁이 치열한 달을 보내겠습니다. 10월은 노력한 일과 업무에 대한 명시적인 보상을 받겠습니다. 11월은 가족이 기뻐하는 행복한 가족 카드가 나오며, 이 시기에 마음의 안정과 행복감이 찾아옵니다. 연애 중이시라면 행복한 연애 및 결혼을 약속할 수도 있는 시기이기도 합니다. 12월은 그동안의 경험을 통한 물질적 풍요와 성취, 자기 확신으로 풍요롭고 성공적인 한 해를 마무리할 것 같습니다.

전반적인 흐름이 매우 좋아 아홉수라고 걱정하지 마시고 원래 하시던 대로 본인을 믿고, 최선을 다해 나아가신다면 정신적, 물질적으로 생산적인 한 해가 되실 것이라고 생각합니다.

(2) 사랑-인연 배열법

사랑-인연 배열법은 자신과 상대의 마음뿐만 아니라 장점, 단점을 파악할
수 있고 기대(희망)와 행동까지 파악할 수 있는 배열법이다. 총 11장의 카드
를 선택하여 정중앙을 기준으로 왼쪽은 내담자(또는 남성)의 상황, 오른쪽은
상대방(또는 여성)의 상황이다. 마지막 11번째 카드가 결과의 카드이다. 하
트 모양으로 생겼다고 해서, 하트 배열법이라고 부르기도 한다. 사랑-인연
배열법은 관계 배열법이며, 특히 남녀 사이의 관계를 파악해 볼 수 있는 좋
은 배열법으로 사용된다.

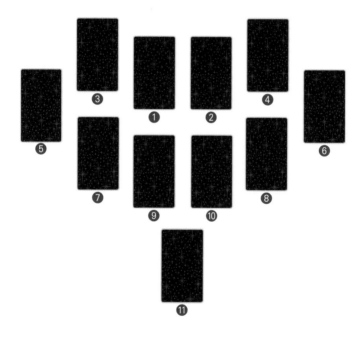

❶ 속마음　　　　❷ 속마음　　　　❸ 드러난 행동　　❹ 드러난 행동

❺ 장점　　　　　❻ 장점　　　　　❼ 단점　　　　　❽ 단점

❾ 상대방에 대한 기대　❿ 상대방에 대한 기대　⓫ 결과

한국타로&NLP상담전문가협회의 타로상담 전문가인 공저자분들의 사
랑-인연 배열법을 통한 실전 상담 사례를 살펴보도록 하자.

질문 1. 직장 입사 동기인 여자 친구와 몰래 사내 비밀 연애를 한 지 벌써 3년째입니다. 그런데 회사에서 부장님들이 여자 친구에게 좋은 사람을 소개해 준다고 하면 여자 친구는 좋다고 이야기를 합니다. 회사에 우리가 사귀고 있다는 것을 밝히고 싶은데, 그 전에 여자 친구와의 관계를 살펴보고 싶습니다.

전문 상담 김현식 마스터 트레이너

회사에서 사내 비밀 연애를 하고 계시는군요. 내담자분은 자신감도 있으시고 능력도 있으신 분으로 더 이상 숨기지 않고 회사에 드러낸 연애를 하고 싶은 마음이 굴뚝같으십니다. 반면에 여성분은 현재의 만남을 부담도 없고 좋게 생각하고 있으나 아직은 회사에 밝히지 않고 활동을 편하게 하고 싶은 마음입니다. 내담자분은 정의롭고 행동이 빠른 장점을 지닌 반면 상처를 많이 받고, 받은 상처를 잘 처리하지 못하는 단점을 가지고 있습니다. 아무래도 장점인 성격이 단점으로도 연결이 되는 것 같습니다. 여성분은 안정적이고 편안한 행복을 추구하고 있으며 너무 안정감을 추구하다 보니 내 것에 대한 집착과 경제적인 부분에 집착이 강한 것으로 보입니다. 내담자분은 여성분과 당당하게 사이를 밝히고 연애를 했으면 하는 마음이 있고, 여성분은 좀 더 개인적인 자유를 누리고 싶어 합니다. 결과적으로 내담자분이 프러포즈를 하셔서 좀 더 나은 관계로 발전할 수 있는 계기를 마련하실 것 같습니다. 너무 서두르지 마시고 여성분의 감정을 잘 헤아려 주셔서 로맨틱하게 접근하시기 바랍니다.

질문 2. 직장 입사 동기인 여자 친구와 몰래 사내 비밀 연애를 한 지 벌써 3년째입니다. 그런데 회사에서 부장님들이 여자 친구에게 좋은 사람을 소개해 준다고 하면 여자 친구는 좋다고 이야기를 합니다. 회사에 우리가 사귀고 있다는 것을 밝히고 싶은데, 그 전에 여자 친구와의 관계를 살펴보고 싶습니다.

전문 상담 장선희 트레이너

내담자분은 지금까지 비밀 연애를 지켜 올 정도로 신중하고 매사 심사숙고하며 지나치게 걱정이 많은 성격이고, 여자 친구분은 순수하면서도 경솔하여 가벼운 유혹에 쉽게 넘어가거나 한쪽으로 치우친 판단을 하는 편입니다. 내담자분은 자신의 능력을 인정받고 발휘할 수 있는 분위기의 가정에서 자랐으며, 여자 친구분 역시 사랑받으며 화목한 가정에서 자란 것으로 보입니다. 만약 두 분이 결혼하신다면, 내담자분의 능력으로 충분히 가정 경제를 꾸려 가실 수 있으며, 여자 친구분도 경제 활동을 통해 안정적으로 살림을 꾸려 갈 것입니다. 속궁합의 경우 내담자분이 매우 적극적이고 왕성한 모습을 보이고, 여자 친구분도 열정적으로 임하셔서 서로가 만족스러워 보입니다. 내담자분은 회사에서 소개팅 제안을 거절하지 않고 다 좋다고 하는 여자 친구분의 처신이 불안하고 마음에 들지 않을 수 있으나, 여자 친구분은 내담자분에게 솔직하며 사랑과 신뢰가 깊기 때문에 가능한 행동일 것입니다. 두 분은 서로 뜻이 잘 맞고, 양보하고 배려할 줄 아는 관계지만, 감정의 표현 방법이 서로 다르기 때문에 서운한 부분은 솔직하게 털어놓고 서로를 이해하려 한다면 지금 그대로도 충분히 만족스러운 관계를 유지할 수 있을 것입니다.

질문 3. 직장 입사 동기인 여자 친구와 몰래 사내 비밀 연애를 한 지 벌써 3년째입니다. 그런데 회사에서 부장님들이 여자 친구에게 좋은 사람을 소개해 준다고 하면 여자 친구는 좋다고 이야기를 합니다. 회사에 우리가 사귀고 있다는 것을 밝히고 싶은데, 그 전에 여자 친구와의 관계를 살펴보고 싶습니다.

········· 전문 상담 박신영 트레이너 ·········

직장 입사 동기와 3년째 사내 비밀 연애를 하고 계시네요. 내담자님은 희생과 봉사를 즐기고 이성에 관심이 많으신 분입니다. 여자 친구를 매우 사랑하고 계시고 여자 친구분과 행복한 미래를 꿈꾸고 계시네요. 곧 함께할 미래를 위해서 여러 가지를 준비하고 계시는 중인 것 같습니다. 그래서 부장님들이 여자 친구에게 남자를 소개해 준다는 상황도, 그것을 거부하지 않는 여자 친구의 말도 모두 속상한 상황 같습니다.

그러나 여자 친구분은 자신이 늘 최고여야 하는 분입니다. 내담자님에 대한 애정이 없는 것은 아니지만 늘 더 좋은 것에 대한 갈망과 갈등이 있는 분인 것 같습니다. 아마 늘 내담자님과의 미래가 안정적이지 않고 불안하다고 여기고, 지금의 상황에서 더 나은 상황을 생각하고 있는 분이기에 부장님들의 소개도 거부하지 않고 내담자님과의 연애도 공개하지 않는 것이겠지요. 어쩌면 내담자님께서 이 상황을 잘 파악하여 결단을 내릴 필요가 있을지도 모르겠습니다.

질문 4. 직장 입사 동기인 여자 친구와 몰래 사내 비밀 연애를 한 지 벌써 3년째입니다. 그런데 회사에서 부장님들이 여자 친구에게 좋은 사람을 소개해 준다고 하면 여자 친구는 좋다고 이야기를 합니다. 회사에 우리가 사귀고 있다는 것을 밝히고 싶은데, 그 전에 여자 친구와의 관계를 살펴보고 싶습니다.

전문 상담 서경은 협회장

여자 친구분과 3년간 몰래 사내 연애를 하셨군요. 내담자께서는 여자 친구분을 향한 감정을 좀 더 발전시키고 싶은 마음이며 여자 친구분은 새로운 생각을 하게 되었습니다. 내담자께서는 회사에서 여자 친구분과 어쩔 수 없이 비밀 연애를 하고 있습니다. 여자 친구분은 내담자를 향한 마음과 감정은 있으나 점점 돌아서려 하고 있습니다. 내담자께서는 목표를 향해 완벽하게 성취하려는 완벽주의 성향의 사람이라서 너무 근면 성실하게 일에만 몰두하시는 것 같습니다. 여자 친구분은 본인이 원하는 것을 파악하는 감정이 충만한 감정적인 사람입니다. 남자 친구와 비밀 연애를 하고 있지만 만족하지 못하고 있는 모습입니다. 내담자께서는 여자 친구분이 다른 사람에게 남자 친구가 있다고 확실하게 말해서 더 이상 속상하고 싶지 않다고 희망하고 있습니다. 여자 친구분은 조금은 소란스럽고 이슈가 되어도 교제 사실을 빨리 밝혔으면 좋겠다고 희망합니다. 이러한 상황에서 두 분은 강한 자신감으로 행동을 시작하시되 교제 사실을 빨리 밝히고 다시 사랑의 열정으로 새롭게 관계 개선을 하시길 바랍니다. 사내에서 비밀 연애를 하다 보면 서로 말하지 못하는 서운함이 쌓이기 마련입니다. 여자 친구분은 감정이 중요한 분이고 내담자께서는 너무 일에만 몰두하는 모습이기에 새로운 시각과 방법으로 서로를 이해할 필요성이 있습니다.

(3) 켈틱 크로스 배열법

  켈틱 크로스 배열법*은 『타로 그림의 열쇠(1910)』에 아서 에드워드 웨이트
가 소개하면서 전 세계적으로 유명해졌다. 켈틱 크로스의 배열에는 내담자
(질문자)의 희망, 두려움, 시간의 흐름 등의 포괄적인 내용이 포함되어 있다
는 큰 특징이 있어 전 세계적에서 현재까지 전문 상담 배열법으로 많이 사용
되고 있다. 우리가 일반적으로 알고 있는 10장의 카드를 선택하여 진행하는
켈틱 크로스의 방법은 웨이트가 최초로 켈틱 크로스를 소개할 당시의 스프
레드 방법에서 일반적인 방법으로 변형된 방법이다. 켈틱 크로스의 전문 내
용은 『타로상담의 정석(실전편)』에서 살펴보도록 하겠다.

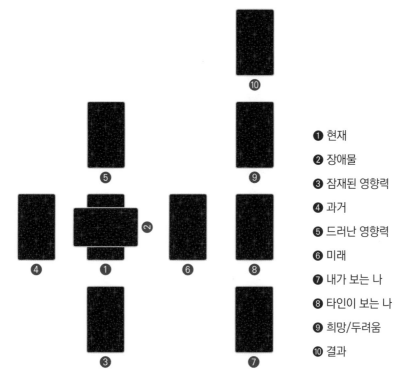

❶ 현재
❷ 장애물
❸ 잠재된 영향력
❹ 과거
❺ 드러난 영향력
❻ 미래
❼ 내가 보는 나
❽ 타인이 보는 나
❾ 희망/두려움
❿ 결과

  한국타로&NLP상담전문가협회의 타로상담 전문가인 공저자분들의 켈틱
크로스 배열법을 통한 실전 상담 사례를 살펴보도록 하자.

---

* 아서 에드워드 웨이트에 의해 개발된 정통 켈틱 크로스라고 칭하는 최초의 켈틱 크로스는 11장
이 배열된다.

질문 1. 경쟁사에서 스카우트 제안이 들어왔습니다. 7년째 현 직장에서 근무하면서 많은 선후배, 동료와 재미있게 지내고 있습니다만, 연봉이 기대만큼 책정이 되지 않습니다. 경쟁사에서는 제가 요구한 연봉을 수용하겠다고 하는데, 제가 경쟁사로 가면 어떻게 될까요?

요즘은 전과는 달리 한곳에서만 일하는 평생직장 개념이 사라졌다고들 합니다. 내담자는 회사에서 동료들과의 인간관계는 좋으나 연봉을 맞춰 주지 않아서 연봉을 맞추어 주는 경쟁사의 스카우트 제안으로 고민이 많으시군요.

현재 새로운 직장과의 교섭도 잘되고 있는데, 아무래도 이직이다 보니 강한 자신감이 필요한 상황입니다. 내담자는 이직을 꿈꾸며 설계를 하신 부분도 있는 것 같습니다. 지금 다니는 회사에서 자신만의 연구로 성과를 내신 부분이 있어 현재 스카우트 제안이 들어온 것으로 보이는데 곧 내담자에게 경제적으로 유리한 쪽으로 결정을 하실 것 같습니다. 그러나 그 과정에서 상처가 드러날 수도 있겠습니다.

이직에 대하여 내담자는 자신감이 없고, ‘그만한 실력이 있을까?’ 하고 이직을 망설이고 있습니다. 주변에서는 중요한 문제이니 신중하게 결정하길 바라고 있습니다.

내담자는 충분히 만족스럽고 정서적으로 풍요로운 가운데 베풀며 살기를 기대하는 것 같습니다. 결과적으로 경쟁사로 가면 현실에 가까운 목표를 세우실 듯합니다.

질문 2. 경쟁사에서 스카우트 제안이 들어왔습니다. 7년째 현 직장에서 근무하면서 많은 선후배, 동료와 재미있게 지내고 있습니다만, 연봉이 기대만큼 책정이 되지 않습니다. 경쟁사에서는 제가 요구한 연봉을 수용하겠다고 하는데, 제가 경쟁사로 가면 어떻게 될까요?

내담자께서는 현재의 회사에서 능력을 인정받고 그만큼 대우를 받고 있지만 본인의 기준에 비해 연봉이 기대에 못 미쳐서 완벽하게 만족스러운 상태가 아닙니다. 자신의 영역에서 타고난 능력과 감각을 충분히 발휘하여 다재다능함을 갖춰 왔고 이를 기반으로 더 높은 성장을 통해 더 많은 성과물을 얻고자 할 것입니다. 현 직장에서 동료들과의 관계는 말 그대로 찰떡궁합입니다. 이러한 관계 역시 자신의 미래를 위한 발판이 되기를 기대하고 있어 보이는군요.

그러나 내담자께서는 7년간의 직장 생활로 자신의 일에 대한 순수성과 열의가 퇴색되었다고 느끼고 새로운 무언가가 필요하다고 생각하는 것 같습니다. 주변에서도 내담자를 인정받은 사람으로 평가하지만, 어느 정도 내담자와 비슷한 생각으로 내담자에게 새로운 기회가 필요하다는 시선이 공존합니다. 경쟁사의 좋은 연봉 제안으로 현재 매우 흡족한 상태이며, 이직을 하게 되더라도 대인 관계나 일에 있어서도 성취가 높아 매우 만족스럽게 생활할 수 있을 것입니다.

질문 3. 경쟁사에서 스카우트 제안이 들어왔습니다. 7년째 현 직장에서 근무하면서 많은 선후배, 동료와 재미있게 지내고 있습니다만, 연봉이 기대만큼 책정이 되지 않습니다. 경쟁사에서는 제가 요구한 연봉을 수용하겠다고 하는데, 제가 경쟁사로 가면 어떻게 될까요?

경쟁사에서 스카우트 제안이 들어오셨네요. 7년 동안 한 직장에서 근무하시면서 열심히 묵묵히 자신의 일을 해 오며, 사람들과 즐겁게 잘 어울리셨습니다. 오히려 사람들과의 관계가 좋아서 지금 직장에 더 머무르고 싶으실 수도 있겠으나 현실적으로 연봉 책정이 잘 안된 측면에서 영향을 많이 받으셨네요.

그래서 경쟁사에서 들어온 제안을 계속 생각하면서 고민을 하고 계시군요. 본인이 생각할 때도 그 정도의 연봉을 받아야 하고, 다른 사람이 봤을 때도 내담자님이 한 노력에는 그 정도의 연봉은 받아야 한다고 생각하고 있습니다.

물론 이러한 동료들을 또 만날 수 있을까 하는 두려움과 기대가 있다는 것은 알지만, 결국 모든 것은 좋은 일로 이어질 것이라고 생각합니다. 내담자 본인의 선택을 믿으시고 능력을 존중해 주는 곳으로 가시면 좋을 것 같습니다.

질문 4. 경쟁사에서 스카우트 제안이 들어왔습니다. 7년째 현 직장에서 근무하면서 많은 선후배, 동료와 재미있게 지내고 있습니다만, 연봉이 기대만큼 책정이 되지 않습니다. 경쟁사에서는 제가 요구한 연봉을 수용하겠다고 하는데, 제가 경쟁사로 가면 어떻게 될까요?

경쟁사에서 스카우트 제의가 들어왔군요. 이직을 생각하는 게 쉽지는 않죠. 과거에는 현 직장에서 동료들과 라포도 좋았으며 좋은 감정으로 근무를 해 왔습니다.

현재 예상한 연봉 책정이 되지 않아 감정이 한쪽에 치우치지 않게 중심을 잡으려고 하는 상황에서 새로운 기회인 경쟁사 연봉 수용 제안이 문제의 상황으로 가로막고 있습니다. 내담자분의 속마음은 공정한 여러가지 면을 고려하여 저울질을 하고 있습니다. 여러 마음을 정리하여 일치되게 해결하려고 합니다. 가까운 미래에는 이직을 하면 회사 생활을 잘할 수 있을까, 이것저것 혼란스럽고 생각이 많습니다.

연봉 협상이 원하는 대로 되진 않았으나 다시 마음을 다잡아 현 직장에서 합심하는 기대도 해 봅니다. 주변 사람은 예상했던 연봉 없이 그 많은 업무와 일을 끌고 가기에는 어렵지 않겠나 생각합니다. 본인 스스로는 관점을 바꿀 필요가 있다고 바라보고 있습니다. 이성적이고 사리 분별을 명확히 하여 스카우트 제안을 받은 경쟁사에 가신다면 능력을 인정받고 연봉도 높여 그 분야 전문가로 인정받는 발전적인 미래가 예상됩니다.

(4) 컵 오브 릴레이션십 배열법

관계 배열법에는 여러 가지가 있으나, 그중에서 내담자와 상대방과의 심도 있는 관계를 파악하는 관계법으로 컵 오브 릴레이션십 배열법이 많이 사용된다. 일반적으로 총 11장을 사용하며, 조언이 필요할 경우 아래와 같이 1장을 더 선택하여 12장으로 진행하기도 한다.

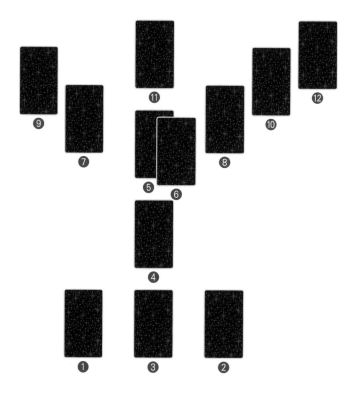

❶ 내담자　　❷ 상대방　　❸ 관계의 기초　　❹ 과거

❺ 현재　　❻ 관계의 장애물　　❼ 내담자가 바라보는 상대방

❽ 상대방이 바라보는 내담자　　❾ 내담자가 상대방에게 바라는 사항

❿ 상대방이 내담자에게 바라는 사항　　⓫ 결과　　⓬ 조언

한국타로&NLP상담전문가협회의 타로상담 전문가인 공저자분들의 컵 오브 릴레이션십 배열법을 통한 실전 상담 사례를 살펴보도록 하자.

질문 1. 대학에 입학한 후 사귀기 시작해서 2년이 다 되어 가는 남자 친구가 있습니다. 그런데 남자 친구 부모님의 요구가 심해 내년에 남자 친구가 일본으로 심리학 학위를 받으러 떠나야 할 상황입니다. 남자 친구와의 관계가 계속 유지될 수 있을까요?

2년 동안 사귄 남자 친구가 일본 유학을 떠나면 관계가 어떻게 흘러갈지가 궁금하시군요.

내담자는 서로 배려해 주는 넉넉한 마음으로 남자 친구를 만나고 있습니다. 반면에 남자 친구는 성격이 굉장히 자기중심적인 면이 강하고 이기적인 면이 있으며 우유부단한 면도 있습니다. 2년 동안 만나 오셨다고 했는데 서로 힘의 조율이 잘 맞지 않는 듯합니다. 어려움(경제적)으로 인하여 도움을 받아 해결한 일도 있는 것도 같고 현재에도 많은 스트레스에서 벗어나려 노력 중입니다. 현재의 스트레스는 아무래도 남자 친구가 일본에 가야만 한다는 생각에서 오는 고민 같습니다.

내담자는 남자 친구가 유학 가는 것은 때가 아닌 것 같다고 생각하고 있으며, 남자 친구는 지금의 여자 친구가 자신을 믿지 못하거나 이해하지 못한다고 생각합니다. 내담자는 남자 친구와의 관계에서 상처를 입더라도 결정을 내리고 다시 시작하기를 원하는 모습이고 남자 친구는 물질적, 경제적인 면에서 나아지기를 걱정하는군요. 두 분의 관계가 잘 유지되기는 힘들 것 같습니다. 남자 친구와의 관계를 계속 유지하고 싶으시다면 내담자의 감정을 잘 다스려서 마음을 넓게 쓰시고 중심을 잘 잡아야 할 것 같습니다.

질문 2. 대학에 입학한 후 사귀기 시작해서 2년이 다 되어 가는 남자 친구가 있습니다. 그런데 남자 친구 부모님의 요구가 심해 내년에 남자 친구가 일본으로 심리학 학위를 받으러 떠나야 할 상황입니다. 남자 친구와의 관계가 계속 유지될 수 있을까요?

내담자께서 현재 많은 스트레스 상황에 놓여 있군요. 남자 친구분은 자신의 유학에 대한 성취와 성공 여부에 많은 관심을 기울이고 있는 듯합니다. 두 분은 각자의 세계를 존중하고 인정하는 것에서부터 관계를 쌓아 왔지만, 최근에 남자 친구분의 유학 결정으로 인해 내담자분은 약간의 배신감과 절망감이 있는 상태입니다.

하지만 남자 친구분은 내담자의 생각과 감정을 눈치채지 못한 것 같군요. 이러한 상태를 불완전하게 그대로 두고 있는 것은 나쁜 감정을 산처럼 쌓아 두고 있는 것과 마찬가지로 보입니다. 내담자분은 남자 친구분에게 크게 실망하여 과거를 그리워하고 후회하고 있는 반면, 남자 친구분은 더 안정적인 미래와 행복을 꿈꾸고 있어 서로의 입장 차이가 매우 큰 상태입니다. 또한 내담자분은 남자 친구분을 여전히 깊이 사랑하고 배려하고자 하는 마음으로 대하고 있지만, 남자 친구분은 유학을 계기로 두 분의 관계에 있을 변화와 위기를 미처 예측하지 못하고 있는 것으로 보입니다. 이 관계를 안정적으로 이어 가기 위해서는 두 분 사이를 단단하게 이어 줄 수 있는 중간 매개체가 필요하며 감정의 공유를 통한 깊은 신뢰가 있어야 합니다.

질문 3. 대학에 입학한 후 사귀기 시작해서 2년이 다 되어 가는 남자 친구가 있습니다. 그런데 남자 친구 부모님의 요구가 심해 내년에 남자 친구가 일본으로 심리학 학위를 받으러 떠나야 할 상황입니다. 남자 친구와의 관계가 계속 유지될 수 있을까요?

대학에 입학한 후 2년을 사귄 남자 친구가 있으시군요. 내담자는 평소에도 현명하시고, 지혜로우신 분 같네요. 남자 친구는 부모님 말씀을 잘듣는 분 같습니다. 두 분은 순수한 사랑으로 시작하여 관계를 맺기 시작하셨으나 최근 남자 친구 부모님의 요구로 인하여 이러지도 못하고 저러지도 못하는 상태로 남자 친구가 일본으로 유학을 떠나야 하는 상황인 것 같습니다.

오히려 이러한 상황 때문에 두 분이 권태기를 겪는 상황까지 이르렀지 않았나 싶네요. 남자 친구 때문에 유학까지 가야 하나 하는 생각에 내담자께서는 많은 고민을 갖고 있는 것으로 보이고 있습니다. 그러나 내담자의 가장 본질적 고민은 남자 친구 또한 확신을 갖고 있지 못한 부분인 것 같네요. 남자 친구 또한 혼란과 고민에 빠져 있지만 내담자도 남자 친구가 확실하게 무언가를 제안해 오기를 바라는 것이라고 생각합니다. 또한 남자 친구는 내담자가 본인을 떠날 것이라는 걱정과 함께 일본으로 떠난다는 기대를 동시에 갖고 있기도 한 상황입니다. 남자 친구가 정확한 의사를 밝히지 않는다면 내담자께서 실망하실 수 있는 상황이 올 수 있을 것 같습니다.

질문 4. 대학에 입학한 후 사귀기 시작해서 2년이 다 되어 가는 남자 친구가 있습니다. 그런데 남자 친구 부모님의 요구가 심해 내년에 남자 친구가 일본으로 심리학 학위를 받으러 떠나야 할 상황입니다. 남자 친구와의 관계가 계속 유지될 수 있을까요?

남자 친구분이 유학을 가게 되셨군요. 내담자께서는 남자 친구분이 일본으로 유학을 떠나는 상황에 있어 솔직한 속마음을 표현하지 못하고 겉과 속마음을 달리하고 있습니다.

남자 친구분은 부모님의 요구이지만, 새로 시도하는 유학에 관하여 대단한 의지로 잘할 수 있다는 자신감이 올라왔습니다. 두 분은 그동안 관계에 대한 갈등이 있었어도 서로에 대한 확신과 믿음으로 지혜롭게 만남을 이어 왔습니다. 예전에도 서로의 분야나 추구하는 학업 및 다른 환경으로 인해 다툼과 어긋나는 일이 있었던 것 같습니다. 현재는 서로 본인의 학업이나 일에 파고들고 빠져 있는 상황입니다. 각자 처한 상황이 있지만 '우리는 그래도 너무 서로를 사랑하고 있어.'라고 생각하고 있습니다. 남자 친구가 일본으로 심리 학위를 받으러 가는 것을 이해도 축하도 해 주고는 싶지만, 눈에서 멀어지면 마음에서도 멀어질까 봐 염려하는 내담자의 심경이 아닐까 싶네요. 내담자께서는 남자 친구는 유학을 가려는 의지가 확고하고 이미 마음을 먹은 것 같다고 생각합니다. 남자 친구분은 본인이 유학을 가는 결정을 내담자께서 이해해 줄 거라 생각합니다. 내담자께서는 현실적으로 안정적이고 옆에서 본인을 잘 챙겨 주기를 바라고, 본인 또한 남자 친구를 바로 옆에서 챙겨 주고 싶어 하는 바람이 있습니다. 남자 친구분은 다른 시각으로 본인을 바라봐 주기를 바라며 유학을 가 있는 동안 시간은 걸리겠지만 내담자께서 기다려 주기를 희망합니다. 서로 생각하는 마음을 솔직하게 표현하고 서로의 사랑을 확인하고 각자의 위치에서 협력하고 배려해 나간다면, 유학을 가 있는 동안 떨어져 있어도 관계는 여전히 이어 나갈 수 있습니다. 진정으로 사랑한다면 서로의 입장에서 생각해 보시길 바라며 많이 대화해 보세요.

(5) 생명의 나무 배열법

삶의 궁극적인 이상, 보이지 않는 영감 등을 추구하는 고차원적인 문제 상황에 적합한 배열법이 바로 생명의 나무 배열법이다.

총 10장을 선택하여 배열하며 배열 순서와 카드의 역할은 아래와 같다.

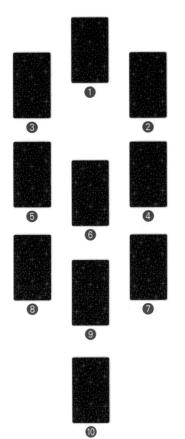

❶ CROWN, 왕관: 삶의 궁극적 이상/영적인 것

❷ WISDOM, 지혜: 보이지 않는 영감/책임

❸ UNDERSTANDING, 이해: ❶번을 달성하기 위한 ❷번의 과정, 영향력/장애물

❹ LOVE, 사랑 / MERCY, 자비: ❿번을 위한(사랑을 기반으로 한) 계획, 규칙/도움을 주는 것

❺ JUDGEMENT, 심판 / JUSTICE, 정의: ❿번 달성을 위한 엄격한 행동, 정의/반대 요인, 문제

❻ BEAUTY, 미: 성취할 수 있는 것, ❶번과 ❿번을 위한 조화, ❿번을 위한 보완

❼ VICTORY, 승리: 일시적인 현실적 성공(승리)/감정 관계

❽ GLORY, 영광: ❿번 달성을 위해 필요한 체계적 준비, 인간관계 및 커리어

❾ FOUNDATION, 기초: ❿번 달성을 위한 최종적인 준비, 기반/무의식들의 기반

❿ KINGDOM, 왕국: 위 카드들로 형성되고 산출된 최종적인 현실적 결과, 방향/가족

한국타로&NLP상담전문가협회의 타로상담 전문가인 공저자분들의 생명의 나무 배열법을 통한 실전 상담 사례를 살펴보도록 하자.

질문 1. 막내아들이 이번에 고등학교를 졸업합니다. 우리 부부는 대학 진학을 원하고 있지만, 아들은 대학에 다니는 셈 치고 4년 치의 등록금을 요구하며 사업을 하겠다고 합니다. 막내아들이 원하는 대로 사업을 하게 해도 될까요?

막내 아드님이 대학 진학을 하지 않고 4년 동안의 교육비로 사업을 하겠다고 하여 걱정이 많으시군요. 아드님의 솔직한 마음은 여러 가지로 지친 상태라서 쉬면서 재충전을 하고 싶어 하는 것 같습니다. 아드님은 과거에 받은 손실이나 상처로 인하여 헤어나지 못하는 부분이 있습니다. 새로운 시각으로 자신을 구속하고 있는 과거의 경험에서 하루빨리 벗어나야 할 것 같습니다. 막내 아드님은 일단 사업을 위한 돈을 부모님께 받고 싶어 하고 스스로 경제적인 문제를 해결해 나가기는 무리가 있어 보입니다. 또한 장기적인 계획보다는 즉흥적인 부분이 있습니다. 아드님의 문제는 아드님 스스로 해결하기보다는 주위의 도움을 받고자 하는 성향이 있습니다. 다른 사람과의 조화에서도 고집을 부리는 경향, 신경질적인 면, 예민한 부분을 보완해야 할 것 같습니다. 노력한다 해도 노력의 대가 또한 어려울 듯합니다. 인간관계에서도 잦은 다툼이 많이 일어나는 것 같네요. 사업을 하려면 신중하고 철저한 준비가 필요하며 여러 가지 면에서 능력이 기반이 되어야 하는데 그렇지 못한 상황입니다. 이러한 상황에서 사업을 한다면 실망만 클 수 있습니다. 아직 어린 나이에 사업을 한다고 해서 걱정이 많으시겠어요. 섣부른 판단으로 인하여 깊은 실망을 경험하지 않도록 아드님과 심도 있는 대화를 나누셔서 잘 풀어 가시기 바랍니다.

질문 2. 막내아들이 이번에 고등학교를 졸업합니다. 우리 부부는 대학 진학을 원하고 있지만, 아들은 대학에 다니는 셈 치고 4년 치의 등록금을 요구하며 사업을 하겠다고 합니다. 막내아들이 원하는 대로 사업을 하게 해도 될까요?

아직 어린 자녀분이 진학 대신 사업을 선택하여 걱정이 많으시겠습니다. 자녀분은 사업의 성공을 통해 가족에게 행복을 가져다줄 수 있을 것이라고 생각하는 것 같습니다. 어리고 미성숙해 보이시겠지만, 자녀분은 나름대로 구체적으로 계획하고 뜻하는 바가 뚜렷한 상태로 충분한 시간을 갖고 고민을 해 온 것으로 보입니다. 관심 사업 분야에 대해 공부도 해 보고 자문을 구하면서 나름의 정보를 수집하여 탄탄하게 준비를 하고 있으며 무엇보다 사업에 대한 의지가 강합니다. 세상의 시선과 부모님의 걱정 때문에 자신의 꿈이 발목이 잡힐 수는 없다는 생각으로 자신만의 길을 개척하려고 하며, 막상 사업을 시작하게 되면 상당한 속도를 갖고 일을 진행하게 될 것입니다. 자신이 계획하고 구상한 것을 이루기 위해 부모님을 설득하고 그 지지를 얻어 내는 것이 반드시 필요하다고 생각하고 있으며, 큰 부를 쌓을 수 있는 발판을 마련하고 시작할 수 있는 기회는 지금이라고 판단하는 것 같습니다. 다소 성급해 보이고 미숙해 보이지만 열정을 쏟아부으며 달릴 각오가 되어 있으며, 의외로 사업 수완을 발휘하게 될 것입니다. 이 모든 것은 가족을 위해서라는 성숙한 생각을 갖고 있으며, 합리적 판단과 결정으로 자신의 영역을 꾸리고 나아가 더 큰 사업으로까지 확장하여 안정적으로 입지를 다져 갈 것입니다. 내담자분께서 예상하시는 것보다 더 현실적으로 현명하게 자신의 진로를 결정했을 터이니 자녀분의 생각을 충분히 들어 보시고 그 후에 믿고 지원을 해 주시는 것도 방법이 될 것입니다.

질문 3. 막내아들이 이번에 고등학교를 졸업합니다. 우리 부부는 대학 진학을 원하고 있지만, 아들은 대학에 다니는 셈 치고 4년 치의 등록금을 요구하며 사업을 하겠다고 합니다. 막내아들이 원하는 대로 사업을 하게 해도 될까요?

내담자님의 막내 아드님이 고등학교를 졸업하는데, 대학 진학을 하지 않고 사업을 하기를 원하는군요. 아마 막내 아드님은 이전부터 고민이 많이 있었던 것 같고, 사업에 관심을 두고 지속적으로 정보를 얻고 있었던 것 같습니다. 또한 준비 과정에서 자금이 부족함을 느꼈고, 학력과 부모님 그리고 사업 자금에 대한 갈등으로 고뇌를 했던 것 같네요.

그러나 내담자님의 막내 아드님은 그간 아무도 알아주지 않았고 몰랐던(또는 몰래 했던) 본인의 노력과 계획이 사업에 큰 도움을 줄 수 있다는 것도 알고 있고, 이 상황에서 가족들과의 갈등이 가장 큰 장애물인 것도 알고 있습니다. 하지만 지금이 본인 인생에서 가장 큰 터닝 포인트이며 운명이라고 생각하고 있습니다. 결국 부모님의 돈으로 시작해야 하는 것이 문제이자 성취해 내야 할 것이라고 생각하지만 체계적으로 준비해서 이 돈을 잘 활용할 자신이 있는 막내 아드님은 부모님과 잘 조율할 준비도 되어 있습니다. 결국 내담자님의 막내 아드님은 이 상황을 지혜롭게 잘 극복해 낼 자신이 있기 때문에 믿어 주셔도 될 것 같습니다.

질문 4. 막내아들이 이번에 고등학교를 졸업합니다. 우리 부부는 대학 진학을 원하고 있지만, 아들은 대학에 다니는 셈 치고 4년 치의 등록금을 요구하며 사업을 하겠다고 합니다. 막내아들이 원하는 대로 사업을 하게 해도 될까요?

고등학교를 졸업하고 바로 사업을 하겠다고 해서 걱정이 많이 되겠습니다. 아드님은 본래 하고자 하는 것은 한다는 신념이 근원이신 분이며, 사업을 한다는 생각은 자기 스스로 엄격하게 판단하여 내린 결정인 것 같습니다. 세상을 바라보는 시각이 남다르게 창의적입니다. 부모님께서는 그 사업 수완이 일방적이지 않다고 바라보시는 것 같습니다.

또한 아드님이 정한 목표에 닿으려는 힘과 열정이 대단하나 무슨 경험이 있다고 사업을 하겠느냐고 부모님께서 아드님을 자꾸 심판하는 것이 장애물인 것 같습니다. 아드님은 굳건한 결심과 의지를 행동으로 옮김으로써 성취하고 확장하며 더 큰 계획을 그릴 줄 압니다. 그런 아드님의 능력을 주변 사람들은 인정해 줍니다. 아드님은 사업을 하면서 주변 사람들과 함께 협력하고 공유하고 더 잘해 보자는 과정을 중요시하는 모습을 보이는데, 이러한 모습은 주변 사람들에게 좋은 영향력을 줍니다. 또한 사업을 진행하면서 선택의 기로에서 주변 사람들의 유혹에 빠지지 않도록 좋은 인간관계를 맺는 것이 가장 중요하겠습니다. 흐름상 긍정적으로 변화를 수용하고 변화를 두려워하지 말고 움직이셔야 합니다. 이미 아드님은 본인이 생각하는 사업의 목표를 위해 건널 수 없는 강을 건넜고 돌아서려 하지 않을 것입니다.

누구보다 열심히 하려는 의지가 대단하며 부모님의 지원과 격려, 응원이 매우 중요할 것 같습니다. 아드님을 한번 믿어 봐 주시는 게 어떨까요?

에필로그(Epillogue)

『타로상담의 정석(기본편)』 원고를 마무리하며

지금까지, 타로상담 전문가가 되기 위한 타로상담의 기본 이론과 실전 상담의 내용을 체계적으로 살펴보았다.

혼탁하지 않은 제대로 된 타로상담의 기본 내용이 대중에게 전달되기를 원하는 마음으로 『타로상담의 정석(기본편)』을 저술하였다.

후속으로 타로상담의 고급, 실전 내용을 대중에게 알릴 『타로상담의 정석(실전편)』을 준비할 예정이다.

또한, 전국의 오쇼젠 타로트레이너들이 지속적으로 출판을 요청하고 있는 명상과 연계한 타로인 『오쇼젠 타로상담 전문가』 책을 준비 중이며, 전국의 교육 현장에서 출판 요청을 하고 있는 『타로상담을 활용한 진로진학&전문상담 프로그램』 책도 준비 중이다.

지금 이 순간에 저자의 책을 읽으며, 타로상담 전문가를 꿈꾸는 많은 예비 전문가에게 이런 말을 하고 싶다.

"모든 것은 마음먹기에 달렸다는 말이 있듯이 마음이 우리 자신의 성장 원동력입니다. 마음씨라는 말이 있습니다. 마음에 씨를 뿌린다는 말이지요. 그 씨는 싹을 피우고, 성장하여 열매를 맺게 됩니다. 모든 것은 처음이 중요합니다. 우리 모두, 우리의 마음에 큰 열매를 맺을 수 있는 씨를 뿌려 보자구요."

저자와 소통이 필요한 독자들은 아래 이메일을 사용하기 바란다.
choiok1833@hanmail.net

수많은 타로에 대한 정보가 넘쳐 나는 현시점에서 우리나라에 진정한, 제대로 된 타로상담의 체계가 세워지기를 간절히 기대한다.
또한, 저자의 수많은 수강생의 건투와 예비 전문가들의 도전도 기대한다.

테워드로스 아드하놈 거브러여수스 세계보건기구(WHO) 사무총장이 기자회견에서 이야기한 코로나19의 종식을 기대하며, 아울러 여러분의 미래에 항상 행복과 행운이 가득하길 진심으로 기원하면서….

대표 저자 **최옥환** (필명, 최지원)

타로카드 전문 상담가가 되기 위한
대표 저자 최지훤의 타로상담 전문서 안내

몇 년 사이에 국내에는 타로카드 관련 서적 출판이 홍수를 이루고 있다. 하지만, 안타깝게도 시중의 책들을 보면 도움이 되는 책만 있는 것이 아니라 오히려 혼돈에 빠지게 하는 책들이 즐비하다. 이에 『타로상담의 정석(기본편)』 독자들에게 타로상담 전문가로 나아갈 수 있는 최지훤의 대표 서적을 소개한다. 부디 타로카드 상담전문가라는 하나의 목표로 열공하여 주위의 어려운 상황에 있는, 상담이 필요한 사람들에게 도움을 줄 수 있는 그러한 멋진 타로상담 전문가가 되기를 기대한다.

1. 타로카드상담과 NLP 힐링치유(개정판, 2000권 품절)

저자: 최지훤 외
출판사: 해드림출판사
발행일: 2016년 6월 5일(초판)
페이지 수: 270   사양: 신국판

타로상담의 기초 내용을 자세히 소개했다. 기존 타로를 점이라고 인식하는 독자, 수강생들에게 타로상담을 소개하고 효율적인 상담 방법인 NLP 상담을 접목시킨 국내 최초의 타로상담&NLP 상담 서적이다. 너무나 좋은 인기로 아쉽게 2,000권 모두 품절이다.

2. 타로카드 상담전문가(개정판)

저자: 최지훤 외
출판사: 해드림출판사
발행일: 2018년 12월 20일(초판)
페이지 수: 350   **사양**: 양장, 컬러

타로상담 전문가를 꿈꾸는 사람이라면 반드시 읽어 보아야 할 필독서! 타로상담 기본 내용과 고급 실전 상담까지 수록되어 있는 타로카드 상담전문가를 위한 고급 전문서이다. 타로상담 전문가를 꿈꾸는 독자들에게 상당히 인기 있는 베스트셀러로 벌써 개정판(2쇄) 출판을 했다. 대학 평생교육원, 교원 연수 등에서 강의하는 내용의 실전 전문서이다.

3. 컬러타로상담카드(COLOR TAROT COUNSELING CARD)

저자: 최지훤 외
출판사: 하움출판사
발행일: 2021년 8월 20일
사양: 카드(7*11.5)

사람의 마음, 잠재의식과의 연결 고리, 내면과의 커뮤니케이션을 위해 컬러와 수비학적인 신비로움을 가미하여 컬러타로상담카드(COLOR TAROT COUNSELING CARD)가 제작되었다. 교육 현장 및 상담 현장에서 폭넓고 다채롭게 활용되고 있다. 수강생과 독자들은 한결같이 이야기한다. 서프라이즈라고….

4. 컬러타로카드 상담전문가

저자: 최지훤 외
출판사: 하움출판사
발행일: 2021년 9월 27일
페이지 수: 264   사양: 152*225

  컬러타로상담카드(COLOR TAROT COUNSELING CARD)의 사용을 자세히 소개한 책이다. 상담 현장에서의 실전 사례와 아울러 초보자도 컬러타로 상담전문가로 나아갈 수 있도록 자세한 설명이 되어 있다.

5. 타로전문상담전문가 프레젠테이션

저자: 최지훤 외
출판사: 해드림출판사
발행일: 2019년 11월 11일
페이지 수: 324   사양: 4*6배판(양장)

  타로전문 강사를 위한 PPT 강의 내용을 책으로 출판하여 타로상담 전문가의 커리큘럼을 표준화했다. 타로상담 전문가의 기초, 기본, 중급의 내용 모두를 한눈에 확인해 볼 수 있는 고급 전문서이다. 강사들도 강의를 위해 많이 참고하고 있는 베스트셀러이다.

6. 데카메론 타로카드 상담전문가(개정판)

저자: **최지훤 외**
출판사: **하움출판사**
출간일: **2020년 5월 20일(초판)**
페이지 수: **248**   사양: **152*225**

놀랄 만한 인기로 1판 1,000권 품절이다. 14C 중엽, 흑사병을 주제로 인문학의 대가인 보카치오가 1348년에 서술한 『데카메론』이라는 책 내용과 연계하여 이탈리아 LO SCARABEO 사에서 제작된 성인 대상 전문 데카메론 타로카드이다. LO SCARABEO 사와 강의 및 출판과 관련한 계약(라이센스)을 통해 국내 최초 『데카메론 타로카드 상담전문가』 책을 코로나19 극복을 염원하는 마음으로 집필하게 되었다.

7. 심볼론 카드 상담전문가

저자: **최지훤 외**
출판사: **하움출판사**
출간일: **2020년 8월 10일**
페이지 수: **272**   사양: **152*225**

심볼론 카드는 마음의 상처를 해결할 수 있는 경험을 우리에게 제공한다. 심볼론 카드는 독일의 점성학자, 심리학자, 동화 작가인 Peter Orban과 Ingrid Zinnel, Thea Weller에 의해 제작된 인간 내면의 심리와 연계한 전문 카드이다. 실전 상담 사례뿐만 아니라, 전문 사용법을 이해하기 위한 12별자리 10행성을 포함한 4원소, 3대 특(자)질, 양극성 그리고 점성학을 사용하는 방법과 사용하지 않는 방법 등 자세히 소개되어 있다. 총 78장의 카드에 대한 최지훤 대표 저자의 전문 해설도 수록되어 있다.

8. 마르세이유 타로카드 상담전문가

저자: 최지훤 외

출판사: 해드림출판사

출간일: 2020년 10월 1일

페이지 수: 384   사양: 162*231

타로카드의 어머니, 대표적인 정통 타로카드라고 이야기할 수 있는 마르세이유 타로카드에 대한 전문 기본 해설서이다. 투박하고 기풍이 있는 이미지는 고전적이고, 신비로움을 느낄 수 있다. 메이저 카드 22장, 마이너 카드 56장, 총 78장의 마르세이유 타로카드에 대해 4원소, 수비학의 설명을 포함하여 독자들이 쉽게 이해할 수 있도록 설명했으며, 실전 상담의 사례도 수록하여 누구나 쉽게 타로상담을 할 수 있는 노하우를 제시해 준다.

9. 학교 타로상담&NLP상담(기본편)

저자: 최지훤 외

출판사: 하움출판사

출간일: 2021년 5월 7일

페이지 수: 240   사양: 152*225

국내 최초로 교원, 학부모, 상담사들이 성공적으로 진행한 학교 교육 현장에서의 타로 실전 상담을 수록하고 있는 타로상담&NLP상담 기본 전문서이다. 한국교원연수원(http://www.hstudy.co.kr) 교원 및 일반인 대상 타로상담 전문가 자격연수의 교재이기도 하다. 타로카드 한 장, 한 장의 의미와 함께 기본적인 실전 상담과 연계할 수 있는 노하우, 전문가로 나아가기 위한 팁을 수록했다.

10. 이후의 출판

타로상담 전문가를 꿈꾸는 많은 수강생과 독자를 위해 다양한 전문 서적을 준비하고 있다. 지금 독자들이 보고 있는 『타로상담의 정석(기본편)』에 이어 출판될 예정인 『오쇼 젠 명상 타로카드 상담전문가』, 『타로상담의 정석(실전편)』, 『학교 진로진학&전문상담 타로상담 프로그램(전국타로교사연구회)』 등을 포함하여 타로 카드 종합 실전 상담(유니버셜웨이트+마르세이유+컬러타로+데카메론+심볼론+오쇼 젠 타로카드 등) 백과사전 등 다양한 카드를 전문적인 설명으로 출판 예정하고 있다.

기타 타로상담에 대한 의문점과 많은 정보는 인터넷 다음 카페(한국타로&NLP상담전문가협회, 전국타로상담&NLP상담교사연구회 http://cafe.daum.net/KANLP)를 활용하기 바라며, 한국교원연수원 타로 자격 과정(교원, 일반인 모두 수강 가능), 경기대(서울, 수원) 평생교육원, 단재교육연수원 등 전국에서 일반 전문 강좌 및 교원 연수로 인연을 이어 가기 바란다. 또한, 우리나라 전역(강원도~제주도)에서 제대로 된 정통 타로상담&NLP 상담 관련 교원 연수, 프로그램 운영 등의 특강을 원하는 교육 기관은 choiok1833@hanmail.net으로 연락하면 이른 시일 안에 인연을 맺도록 하겠다.

소중한 인연 감사하다.

타로상담의 정석 (기본편)

1판 1쇄 발행 2022년 10월 31일

지은이 최지훤 김현식 서경은 박신영 장선희

교정 주현강 편집 유별리
마케팅 박가영 총괄 신선미

펴낸곳 (주)하움출판사 펴낸이 문현광

이메일 haum1000@naver.com 홈페이지 haum.kr
블로그 blog.naver.com/haum1007 인스타 @haum1007

ISBN 979-11-6440-228-1 (13180)